Scaling
LEADERSHIP

*Building Organizational Capability
and Capacity to Create Outcomes
that Matter Most*

成長する組織とリーダーのつくり方

データで解明された持続的成果を生み出す法則

ロバート・J・アンダーソン ｜ ウィリアム・A・アダムズ ｜ 著
ROBERT J. ANDERSON ｜ WILLIAM A. ADAMS

井上奈緒 ｜ 監訳 バランスト・グロース・コンサルティング株式会社 ｜ 訳

中央経済社

監訳者まえがき

　VUCA という言葉が使われ出してもう何年も経つ。不確実で予測不可能な状態はさらに混迷を極めている。昨年来の新型コロナウイルスの蔓延はその状態下の人々の行動や心の状態をあからさまにしている。

　実は，世の中はこれまでも変動していて予測不能なことで溢れていた。ただこれまでは，組織や行政をリードする立場の人々がそこに触れずとも（もしくは表面的なキャッチフレーズとして触れるだけで）何とかなってきた。日本は30年前の経済的な豊かさを持っていた頃の自分たちのアイデンティティーを大切にしすぎて，世界的に起きている変化の波にはあまり積極的に乗ってこなかったように思う。

　昨年来の新型コロナウイルスの蔓延と東京オリンピック・パラリンピックの準備のプロセスにより，蓄積していた課題が露わになった。身体的，精神的，経済的にも，大変な痛みを持っている人が大勢いらっしゃる。この痛みは，次の変化，私たちが本当に望む姿への変化を起こすための原動力としたい。

　リーダーは，その発言や行動・振る舞いで人々にインパクトを与えている。人々はリーダーからインパクトを受けるが，それは，その人がどんな信念をもち，どのような情熱をもち，どんな成果が生まれることを心から願っているのか，そのためにどのくらいコミットしているのか，それによるところが大きい。

　自分の地位や存在価値（の感覚），つまりはエゴを守ることが動機になっていると，人々を動かすことは難しい。エゴはエゴに語りかける。

　そして，役職としてはリーダーの立場にはいない（と思っている）人々もまた，周囲にインパクトを与えている。それらのダイナミクスが一定期間パターン化すると，それは集合的な思い込みとなり，それがまるで真理であるかのようにある文化を支配してしまう。それは，職場でも学校でも家庭でも，国でも起こる。

　混迷を深める今こそ，リーダーの立場にある人々は言うまでもなく，私たち一人ひとりが，何を大切にし，共に何を生み出していくのか，目的を共有し，

間違いは認めてそこから学び，お互いにしっかりと耳を傾け合うことをしてこそ，大きな混乱に伴う変革の波に乗ることができる。そしてそれは，組織のリーダー一人ではなく，全員が意識的に当事者として担っていくものだと私は考えている。

　この本は，リーダー一人ひとりが過去の思い込みから自分を解放し，本当に大切なものを生み出すために，どんな自分で生きるかを選ぶことを私たちに教えてくれている。そして同じことを組織などのより大きなシステムに拡げていくことについても実践的に示している。

　一人の人間の中でも，自分をこれまで守ってきてくれたこれまでの思い込みや，そこから生じているアイデンティティーをアップデートするのは困難である。ましてや，それが家族，組織，社会などの集合体になるとその思い込みを書き換えるのはさらに難しい。しかし，それでもある数のリーダーたちが目的を共有しあい，（相手を貶めあったり，自分を正当化したり，地位を守ったり，不要な忖度をすることにエネルギーを使わずに，）心からそこに向かって共に一歩ずつ踏み出すと，集合的な思い込みは書き換えられ少しずつでも望む方に変化させていける。

　リーダーと書いたが，私たちは，全ての人がリーダーであると考えている。皆が周りにインパクトを与え，自分たちの望む世界を創る力がある。私たちが，これまでの個人の，組織の，社会の思い込みから自由になり，望む世界を創っていく，このことは訳者の人生の目的でもあり，このため本書を日本に紹介できることはこの上ない喜びである。

　訳者のこの思想は，実に多くの先人から学び影響をうけてきた。本書の著者，ボブ・アンダーソンとビル・アダムズは，その最たる師の二人だ。

　ボブ・アンダーソンには，2010年に出会った。ボブは，経営，組織開発，リーダーシップ開発，統計学，神学などを修め，東洋を含む様々な文化の伝統的な教えにも造詣が深い。近年では物理学など自然の摂理とリーダーシップや人間の成長についての繋がりにも着目し，そのインサイトを世界中のリーダー育成のために提供している。このように博識で多忙であるにも関わらず，訳者

が彼に（たとえバーチャルでも）会う時は，満面の笑顔で人懐っこく迎え入れてくれるなど，根本的に人間らしい様（さま）を体現し続けてくれている。

　ビル・アダムズとは2014年から数年の間，日本のよく知られた組織のリーダー育成の仕事を私が手伝う形でご一緒していた。情熱，力強さ，愛情，緻密さを持ってクライアントと関わるビルの姿からも訳者は非常に多くを学んだ。その瞬間に最善の成果を生み出そうとする集中力，そしてどんな時にも対話を受け入れてくれる包容力。学生の頃からリーダーシップについて探求し，自ら体現してきた賜物だろう。

　彼らから直接学べたことは訳者にとっては大切な宝物である。受け取ったものをご縁があった方々に役に立つように伝えていきたい。

　日本語化にあたりバランスト・グロース・コンサルティングの西田徹さんには，同社松田栄一さんの後押しともに情熱をもって旗を振っていただいた。同社の松村憲さんには，リーダーシップ，組織論，心理学等の研究に関する日本語表記で御助言いただいた。また，尾上典子さんには，私では分かりにくい概念の英語を訳すのにお手伝いいただいた。米田南海子さん，柳下良一さんには，監訳初期の頃から，日本の読者により伝わりやすい言葉になるように御助言をいただいた。また，ザ・リーダーシップ・サークル　アジア・パシフィックのアデル・リチャードさんとアルサブーニー美紀さんには，日本語版出版を温かく力強く後方から支援し続けていただいた。調査手法の監訳では，専修大学商学部の奥瀬喜之先生のご指導を仰いだ。そして日本語版の出版に際しては，長い翻訳のプロセスを辛抱強く見守ってご指導くださった中央経済社の市田由紀子さんに心から感謝を申し上げたい。皆様の情熱，友情，温かな励ましと奉仕の心のおかげでこの本を日本に紹介することができている。皆様に心から感謝を申し上げたい。

　思い込みから解放され，自分たちのありたい未来を共に創ることを願って。

2021年8月

井上　奈緒

推薦の辞

ピクサーは常に自らを問うことを優先項目にしているクリエイティブな企業だが，そんな企業でも，ある種のリーダーシップの障害が見えなくなり，有害なものが底に沈殿していくことがある。私のコンサルタントとして，著者のビル（ウィリアム）・アダムズは，リーダーシップの問題を突きとめ，それを修復する建設的な道に私を立たせてくれる。驚くほど頭の回転の速い人物だ。複雑な問題を見て，簡単で手を付けやすい解決法を考え出すのを助けてくれる彼の能力は，30周年を迎えた企業のリーダーシップを新鮮にリセットできるようにする上で，肝心要の顕著なものだった。ビルと彼のパートナーのボブ（ロバート）は，本書『成長する組織とリーダーのつくり方』で，リーダーを助けるための知恵とツールの精髄を捉えている。本書はどんなに薦めても薦め足りない。特に，読者がそんなものは必要ないと思っている場合には！

ジム・モリス（ピクサー・アニメーション・スタジオ社長）

ザ・リーダーシップ・サークル（TLC）はいつも気づきをくれるすばらしい贈り物だ。彼らの膨大なデータベースは長い間，定量分析において有無を言わさぬ力を提供してきた。今回，本書『成長する組織とリーダーのつくり方』で，アンダーソンとアダムズ両氏は，定性的な金脈を発掘し，真の変容に導く道を一層明るく照らし出した。すべてのリーダーと，リーダーを支援する人たちに必読の書！

ロバート・キーガン，リサ・ラスコウ・レイヒー（ハーバード大学教授，
『なぜ人と組織は変われないのか』『なぜ弱さを見せあえる組織が強いのか』共著者）

資本主義の将来はより「意識的な」資本主義だ。「意識的な」企業は，高次の意識的なリーダーシップによってしか生まれない。本書『成長する組織とリーダーのつくり方』で，アンダーソンとアダムズは，どうすればより意識的で効果的なリーダーになれるのか，それをどうしたら自分のチームで増やすことができるのか，どうしたら組織全体に意識的なリーダーシップを拡げることがで

きるのかを，はっきりと実践的に示している。本書を読んで実行するのみ！

ジョン・マッキー（ホールフーズ・マーケット共同設立者兼CEO，
コンシャス・キャピタリズム社共同設立者）

『成長する組織とリーダーのつくり方』とフル・サークル・グループのアプローチは，個人として，またチームとしてのリーダーの能力を変化させ，プラスの変化を推し進めて抜群の成績を出すための有効な道だ。組織として，読者を反応的・防御的・言い訳を探す状態から，創造的・目的に繋がり・成果指向の状態に移行させる。企業 CEO とそのチームの方々に本書と本書のアプローチを強くお勧めする。

エリック・フィルヴァルト
（シンジェンタ・インターナショナルCEO兼社長，
イーライリリー・アンド・カンパニー社取締役）

『成長する組織とリーダーのつくり方』は優れた書だ。実に的を射ている。太鼓判を押したい。うまくリードするために欠かせないテーマを漏れなく語っている。私自身の経験と強く共鳴する２点をご紹介しよう。第一に，私たちはバランスシートでも機械でもなく，人間をリードするということ。結局のところ，自由意志によるエネルギーを呼び起こす力がリーダーとしての差であり，その力は学ぶことができるのだ。本書はあなたにもそうするように挑んでくるしその方法が書かれている。第二に，私が社長に，そして後に CEO へと職務が移った時，私は自分の役割を改めて考え，自分の目標達成の力はどこから来るのか理解する必要があったということ。職務が移行したわけだが，それは，「私をその地位に就かせてくれたもの」（ビジネスと財務の眼力，戦略手腕，問題解決力，集中力）などから，「より重要なものにより大きな焦点を当てること」（目的・夢に結びついた絆の深い企業文化の創り方や，これのできるリーダーの養成のしかたを理解すること）への移行だった。先に述べたスキルは本当に大事だが（私は今も日常的に使っている），新たなスキルで補わなければ，限界を作ってしまうものになっただろう。本書はこういったテーマに重きを置き，著者たちが事例を展開しているが，大きな意味のあることだ。本書をリー

ダーシップの上級職にある人，またそれを目指す人なら誰にも強くお薦めする。

ゲリー・アンダーソン（DTEエナジー社長兼CEO）

企業を拡大するには，並外れたリーダーシップを拡大していかなければならない。アンダーソンとアダムズは『成長する組織とリーダーのつくり方』という決定的な本を著した。拡大できるように培われ，組織全体に効果的なリーダーシップを増殖させていくリーダーシップだ。十分にリサーチされた本書では，優れたリーダーたちが自分の言葉で，拡大できるリーダーシップとできないリーダーシップについて語っている。本書は読者が自分のゲームのレベルを上げることができるかについて，読者に挑戦し，対峙し，インスパイアするだろう。それ以上に，リーダーシップをスケールアップするために何をしなければならないか教えてくれる。

ヴァーン・ハーニッシュ
（起業家組織共同設立者，"Scaling Up (Rockfeller Habits 2.0)" 著者）

何という本だろう！アンダーソンとアダムズは，リーダーを真に優れたものたらしめているのは何か，自分たちの豊富なデータを掘り起こし，金の鉱脈を掘り当てた。彼らは，リーダーシップの中核的な強みの中でもあるものは，実際には拡大に際してマイナス要因になることを，私たちが理解できるようにして，最も大きなリーダーシップの謎の1つを解明したのだ。これで私たちは，真に超越したリーダーシップの力とはどんなものか，そしてどうやってそれを養えばいいのか理解できる。『成長する組織とリーダーのつくり方』は，魅力的で大胆で勇気ある書だ。本書は，これまで読者の役に立ってきたパターンから，よりよい将来を生むパターンへと移行する助けになるだろう。本書が世に出たことにとても興奮している。

ジェニファー・ガーヴェイ・バーガー博士
（"Simple Habits for Complex Times" および "Changing on the Job" 著者）

もし自分の，そして自分のチームのリーダーシップのパフォーマンスを上げたいと願うなら，本書を読もう！『成長する組織とリーダーのつくり方』はアダ

ムズとアンダーソンの前著 *"Mastering Leadership"* から自然に生まれた続編だ。本書は18の創造的コンピテンシーとリーダーシップ効果性項目の間に相関係数0.93もの高い相関を生むモデルを紹介する。世界何千人ものリーダーたちから得たインプットに基づく4象限のモデルから始めて，両著者はあらゆる人に開かれた成長の道筋を用意した。本書は実例とケーススタディ，裏付けとなる尺度を豊富に示す。各章の終わりに「振り返り」の課題があり，読者を自身の人格の旅へと連れ出す。企業の人間的な面を強くチェックし，確認する本書は，読者の誰もがリーダーシップのパフォーマンスを知るために利用できる無尽蔵なフィードバックの宝庫の扉へと誘う。ただしこれは簡単な旅ではない。最初の12章は，真の成長に求められる行動と態度を概説し，最後の章でなぜその旅が必要なのか説得力のある評価を示す。

スティーヴン・ユーウィング（AAAミシガン＆ACG社長,
MCNエナジー・グループ退職社長兼CEO, DTEエナジー退職副社長）

「リーダーは天候をもたらす」。上級リーダーたちの重要性と，私たちが幹部の振る舞いを変えようと熱心になる理由について，何と優れた説明だろう。『成長する組織とリーダーのつくり方』でLCP（リーダーシップ・サークル・プロファイル）について述べられているが，私の経験上，リーダーのマインドセットのシフト（およびその後の振る舞いの変化）のきっかけとなったものとして，LCPに並ぶものはない。これはリーダーに自分はダメだと感じさせることなく，本当に大切なことに時間とエネルギーを集中する力を与えるアプローチであり，リーダーができるよいことを相殺してしまうような振る舞いを避ける助けになる。そして広く適用すると，個々のリーダーの人生を変えるばかりか，リーダーが率いる組織をも変容させる。

タミー・ローリー
（エフ・ホフマン・ラ・ロシュ社タレント・イノベーション, グローバル・ヘッド）

勇敢で大胆で効果的なリーダーなら，アンダーソンとアダムズの新著『成長する組織とリーダーのつくり方』に触発されるだろう。この優れた著は，世界的なリーダーたちと協力してきた彼らの深い経験や豊富なデータベースと，個人

の成長やさらに大切な将来のリーダーの涵養・育成に関する鋭い見識を組み合わせて生まれた。リーダーとしての役割にあり，他者の例となるリーダーシップを通じて自分自身の成長と組織の成長・成功に関心のある人なら誰でも，本書をすぐに手に入れるべきだ。

ヴァル・ディフィーボ（ドイチュ NY CEO）

ビジネスを拡大するには，健全なやり方と健全でないやり方がある。私たちは最早，成長に不健全なアプローチを取ることはできない。人類と地球への負担が大きすぎるからだ。本書は，リーダーシップの道の真のマスター2人が著した，健全な成長のためのかけがえのないガイドである。

ラジェンドラ・シソーディア（バブソン大学F.W.オーリン グローバル・ビジネス科特別教授, コンシャス・キャピタリズム・インターナショナル共同設立者兼共同社長）

『成長する組織とリーダーのつくり方』と "Mastering Leadership" は，私たちのリーダーシップ育成プログラム，事業継承計画，そして社内で変曲点を突破する能力の基本になる。両書は私たちのパフォーマンスに，またそれ以上に組織内外での人間関係に直接的な影響力がある。

ピエール・トラパニーズ（ノースランド・コントロールズCEO）

自分の三十数年のビジネス人生を振り返ると，ビル・アダムズは私のリーダーとしての成長に，唯一にして最も重要なプラスの影響を与えてきた。彼のコーチングが私の目を開き，リーダーとして自分がどんな人間であるか，どんな人間になりたいのか，どうすればそうなれるのかを理解させてくれた。同じく，ビルの働きかけは一個人に留まらず，常にチームのリーダーシップ，チームの効果性という文脈で行われ，また個人が自分自身をよりよく認識し，他者がその認識を増幅して具体的な仕事上の結果を出せるようなやり方で行われる。『成長する組織とリーダーのつくり方』を通じて，ビルとパートナーのボブの深い見識が，自身の「ピーターの法則」や組織を超えて大きくなるチャンスを望む誰にでも，分け与えられるようになる。

ロバート・フューゲート（RFAマネージメントLLC社長）

リーダーシップに関する対話が，私たちの社会，地球，人類の将来にとって，これほど大切になったことは未だかつてない。本書は本当のリーダーシップとは何かを考え直そうと誘っている。アンダーソンとアダムズは具体的なデータを利用して，私たちがこれまで得てきたリーダーシップに関する見解の中核を問い直し，リーダーシップが何よりもまず私たちの人生と職場を変える力を持ち，私たちをよりよい人間にする変容の旅であることを教えてくれる。私のチームの推薦書リストにこれを加えよう！

パオロ・デ・マルティン（SCORグローバル・ライフCEO）

拙著 *"What Got You Here Won't Get You There"* で述べた通り，リーダーは，自分の組織を成長させたければ成長・発展しなければならない。『成長する組織とリーダーのつくり方』で，アンダーソンとアダムズは，影響力を指数関数的に拡大するために，効果的なリーダーがどのように進化すればよいのかを示す調査結果と人生経験を解き明かしてくれる。「そこに行き着きたい」と思うなら，本書を携えてスタートすべきだ。

マーシャル・ゴールドスミス（ベストセラー著者，評論家）

本書はすごい。『成長する組織とリーダーのつくり方』は *"Mastering Leadership"* から生まれるべくして生まれた確固とした姉妹書だ。リーダーシップの将来に明確に注目して，両著者は広範な調査に基づき，巨大で苛酷な難題に直面しても，対応力があり，思慮深く，意識が高く，現実的でヴィジョンのある状態でいられるように，リーダーが変容する必要性を強く訴える。今日，リーダーであることは簡単ではない。本書は何層もの意味を持っており，リーダーやコーチ，組織開発の実践者のやる気を高める以上の働きをするだろう。心底わくわくする作品だ。そして，リーダーの真の発展はそこにかかっている。『成長する組織とリーダーのつくり方』は成長や開発のみならず，勇気と大いなる存在との繋がりをも呼び覚ましてくれる。本書はプレッシャーが大きく，しばしば混沌とした今日の世界でリーダーとなる実践的アプローチである。

クリスティーン・M.ワール（教育学修士，MCC，ジョージタウン大学リーダーシップ・コーチング・プログラム創設者，地球リーダーシップへの顕著な貢献に対する

アート・シャーク・レガシー賞受賞者）

『成長する組織とリーダーのつくり方』は，仕事や人生における私たちのリーダーシップの質を評価するための，とても有益で実際的で十分リサーチされた方法を教えてくれる。自己の気づきを得るために，説得力のあるビジネス上の事例を示している。必要なのは，私たちが自分の人間性，精神・魂の意識を持つ力，周囲の複雑性についてこれまでとは違った考え方をする能力を深めることだ。これらは，偽物の確かさを約束し，支配や二者択一的思考へと誘惑してくる還元主義者の世界では強く求められる資質である。

ピーター・ブロック（デザインド・ラーニング社パートナー，*"Flawless Consulting: A Guide to Getting Your Expertise Used"*, *"An Other Kingdom"* 著者）

将来も繁栄するためには，リーダーは自分のリーダーシップの育て方を知る必要がある。売れるものなら何でも売る世界では，リーダーは自分がどこへ到達したいか非常に明確であるとともに，どのように到達するかについて非常に柔軟でなければならない。将来は明確さには報いてくれるが，確実であることは罰するだろう。明確さは拡がるが，確実であることは拡がらないからだ。『成長する組織とリーダーのつくり方』は思いやりと詳細さを両立しながらリーダーシップをスケールアップする方法を教えてくれる。

ボブ・ヨハンセン
（未来研究所名誉フェロー，*"The New Leadership Literacies"* 著者）

本書はビル・アダムズとボブ・アンダーソンの広範なデータと執拗なまでの分析に基づいており，私たちがあらゆるレベルで直面する幅広く複雑な課題に対応するため，個人的・集団的なリーダーシップをどこまで拡大できるかは，垂直的な成長にかかっているのだと思わせずにはおかない。

ゼイファー・エイチ（マッキンゼー・アンド・カンパニー社退職名誉ディレクター）

これほど完全に統計的分析に基づいた，リーダーシップの特徴と優秀さを見分ける指標についての書籍は滅多にない。アンダーソンとアダムズは，従来の優

れたリーダーシップの要素の見方がすべてではないという，驚くべき新たな証拠をいくつも提示している。まずはご一読を。そして驚きながら，どのように強みと弱さの両方が合わさって力になるか納得してもらいたい。

スザンヌ・クック=グロイター博士
（バーティカル・デベロップメント・アカデミー研究ディレクター）

シニアリーダーたちがリーダーシップについて何が有効で何が無効というのだろうかと思ったことはないだろうか？　ここに答えがある。『成長する組織とリーダーのつくり方』には科学・経験・実話に基づく答えがある。本書はどうやって自分のリーダーシップを増強し，組織全体でリーダーシップを膨らませるかを示している。アンダーソンとアダムズの初の著作，*"Mastering Leadership"* は今では古典だが，『成長する組織とリーダーのつくり方』も仲間入りするだろう。

マイケル・バンゲイ・スタニエ
（WSJベストセラー *"The Coaching Habit"* 著者）

これは驚くべき本だ！『成長する組織とリーダーのつくり方』はリーダーシップの解りにくいところを取り上げて，シンプルな平面上で見せてくれる。著者たちは読者や読者のチームが日常の業務に取り入れられる明快さで，リーダーシップの育て方を専門的にひもといている。自分の組織が大切なことを生み出せるように導きたいなら，個人的にも集団としてもリーダーシップの育て方を知る必要がある。また，組織がほとんどリーダーシップを得られない時に，限界のあるリーダーシップのボトルネックで道を逸れてしまいたくないなら，本書に書いてあることを実践すればよい。

『成長する組織とリーダーのつくり方』は実にユニークだ。特に，最高のリーダーが結果を出すために用いる強みと，効果を出せないリーダーが用いてそのリーダーシップを相殺してしまう全く別の行動パターンとの違いを，正確に区別するやり方がすばらしい。アンダーソンとアダムズが実に慎重かつ明快に明らかにした洞察とツールは，端的にすばらしく，実践的だ。

しかし，もっと特別なのは，本書を読み通す旅で得られる見識だろう。『成長

する組織とリーダーのつくり方』は方向を示し，読者とその部下双方を開発する道に立たせてくれる。リーダーとして最も難しいが最も効果的なことのやり方を示しているのだ。出発しよう，そうすればスケールアップできる。

著者たちは「リーダーは天候をもたらす」と言う。この道を進めば，一言で言って晴れ渡った天気に至るだろう。

　　ゲイリー・コルパート（フロエッドタート病院診療・サポートサービス担当副院長）

新著『成長する組織とリーダーのつくり方』で，ボブ・アンダーソンとビル・アダムズは，仕事と人生において，私たちは前進する（拡大する）か後退する（失敗する）かのどちらかであると巧みに思い出させてくれる。なぜ，そしてどうすれば人と企業を主体的でクリエイティブなスタイルでリードできるかを教えているのだ。「主体的であること」は，やはり，非常に効果的なリーダーの第一の基本習慣である。

　　スティーヴン・M.R.コヴィー
　　（CoveyLink CEO，『スピード・オブ・トラスト』共著者）

リーダーは自分のリーダーシップのスキルを磨いて組織を拡大し続けるか，時代遅れになるリスクを冒すかいずれかだ。この賢明な書は，読者の自己開発と組織の成長のポテンシャルとの間の直接的関連を明らかにする。あなたのビジネスの繁栄に何が役立つかを知りたければ，本書を読むこと！

　　スティーヴ・アーネソン博士
　　（アーネソン・リーダーシップ・コンサルティング社長）

私たちが階層社会からネットワーク社会に移行するに連れ，組織を成長させるために，リーダーの新人もベテランも日常的に新たな能力を開発し，応用しなければならない。両著者の誠実さを評価したい。彼らは，本書の一部は自分たち自身の痛みや失敗とその研究，同僚とのたくさんの対話，そこを通り抜けてきたリーダーたちとの作業から生まれたと告白しているからだ。著者たちは，どうすれば最もうまく才能を利用・開発・維持できるか，見解と経験と教訓をオープンにシェアしてくれる。

ビバリー・カイエ博士（『部下を愛しますか?それとも失いますか?』
"Up Is Not the Only Way" "Help Them Grow or Watch Them Go" 共著者）

『成長する組織とリーダーのつくり方』は，全世界のリーダーたちに，組織内でリーダーシップを拡げるための優れたチャレンジングな，そして深いところで力を与えるロードマップを示してくれる。組織のリーダーになることは世界にその影響を拡げることに大きく関わるので，私たちは本書を途中で置くことができなかった。ボブとビルが本書を通して語るストーリーやさまざまな分類や実践法は手が届きやすく，変革的である。組織と私たち皆の世界を取り仕切る上で，リーダーシップが果たす決定的重要な役割を認識する人にとって，言い訳は許されない。本書は，優れたリーダーシップとはどういうものか，リーダーシップを磨くことがなぜ最重要なのか，どうすれば磨けるのか，ありのまま正確に述べる。楽しい読書体験を！

ローレンス・ヴァン・アール, ジョエル・モンク
（コーチス・ライジング www.coachesrising.com創設者）

世界はより意識の高いリーダーを緊急に必要としている。そういうリーダーがいなければ，私たちは膨大な課題を克服して本当に機能する世界を作れないからだ。ボブとビルほどこのことをよく理解し，意識あるリーダーシップの現象を深く研究してきた人はいない。彼らは影響力ある著作 *"Mastering Leadership"* で，意識的なリーダーシップとはどういうものか教えてくれた。今回このすばらしい本で，私たちは組織内での意識的なリーダーシップの育て方，その影響力の最大化のしかたを知ることができる。読者が自分の率いる部下を通してよりよい世界を創りたいと望むなら，本書を読まなければならない。

セバスティアン・ロス（テレメディシン・クリニック人事部長,
コンシャス・キャピタリズム・スペイン社長）

『成長する組織とリーダーのつくり方』は地上で最も現実的で，エビデンスに基づく意識的なリーダーシップのアプローチを提供する。自分の組織を将来に強くし，騒然とした変化の中で繁栄し，豊かな世界を育てたいなら，本書の

ページから知恵をしっかり吸収し，その知恵をあなたが知っているすべての
リーダーと分かち合わなければならない。

バレット・C.ブラウン博士（グローバルなリーダーシップ専門家，
"The Future of Leadership for Conscious Capitalism" 著者）

画期的な本書『成長する組織とリーダーのつくり方』で，組織の専門家ボブ・
アンダーソンとビル・アダムズはまたしても，あらゆる業界のあらゆる企業の
リーダーのハードルを上げた。この変化の速く混乱した時代，優れたリーダー
シップはこれまで以上に求められている。しかし私たちは，もうそれを当たり
前のように得ることはできないのだ。本書を手に取れば，読者は自分のチーム
のパフォーマンスを上げながら，リーダーとしての自分のパフォーマンスを上
げる道がはっきりと解るだろう。

バリー・オライリー（ExecCamp創設者，ビジネス・
アドバイザー，*"Unlearn and Lean Enterprise"* 著者）

初めてボブ・アンダーソンに会ったのは1992年2月，エンパワーメントのワー
クショップに出た時だ。その時彼は，全員がリーダーとして成長できるようす
ばらしい手助けをしようとしていた。27年経った今，私たちは彼の最新の助け
を手にしている。『成長する組織とリーダーのつくり方』で，ボブとビル・ア
ダムズは，共著 *"Mastering Leadership"* で始めた旅を続けてきた。実際，彼
らが提案する理論には基礎となる多くの研究がある。裏付けが欲しい人には，
これは安心できるだろう。私が思うに，あらゆる成功したリーダーの中核と
なっているのは，この研究すべてを実践に移したということだ。私は多くの洞
察の中から自分に意味のあった2つをここに挙げる。
「リーダーとして自分の効果性の開発に取り組み始めたその時，私たちは人間
としての効果性も高め始める。究極のところ，私たちの人間性がリーダーシッ
プの基礎なのだから，この2つの道を切り離すことはできない」。
もし本書を読む理由をお探しなら，著者たちのリーダーシップの定義を見るだ
けでよい。「改めて，私たちはリーダーシップを，最重要なことを生み出すた
めに組織のキャパシティと能力を拡大することと定義する」。

ベイン・J.ファリス（ファリス・アドバイザーズ社長兼CEO）

『成長する組織とリーダーのつくり方』は，ピーターの法則を実に説得力を持って定義し直していると思う。人はその成長の最高レベルまで昇進できるというものだ。自分のリーダーシップのスキルを伸ばし，そのスキルを組織に拡げるため，自分の安楽なゾーンを過去のものとして抜け出すことに関心があるなら，本書を読むべきだ。

ジェニファー・ミュラー
（"Creative Change: Why We Resist It, How We Can Embrace It" 著者）

『成長する組織とリーダーのつくり方』は，効果的なリーダーとそうでないリーダーの差を見事なまでに解き明かす。アンダーソンとアダムズはどうすれば自信と根拠を持って効果的にリードできるか教えてくれる。彼らのシンプルで実践的なアプローチは，あらゆるレベルのリーダーの役に立つだろう。

アマンダ・セティリ
（"Fearless Growth: The New Rules to Stay Competitive,
Foster Innovation, and Dominate Your Markets" 著者）

網羅的に十分研究し，行動に移せる。アンダーソンとアダムズは読者のリーダーシップの道をもう１歩先へ進ませる本を書いた。リーダーシップの本を数々読んできた人なら必携。

アダム・クリーク
（経営コンサルタント，エグゼクティブ・コーチ，オリンピック金メダリスト）

＊所属と肩書きは原書発行時のものです。

出版に寄せて

　多くの混乱や崩壊が起きているのに，私たちには時間はほとんどありません。組織は優れた製品・サービスを提供することを期待されており，変動し揺れ動くこの環境の中でも実際に提供しなければなりません。組織をリードする私たちにとって，これは恐ろしくもあり，スリル満点のものでもあります。自分のチームをこの大きなチャレンジに導くのが私たちの仕事です。読者のみなさんはどうなのかは分かりませんが，私にとって，この仕事は途方にくれ，誰かの助けが必要になるようなものです。

　どんな集団でもパフォーマンスを変容させるのは難しく，思うよりも時間がかかります。中でも最も困難なのは最初のステップ，自分自身を変容させることです。本書『成長する組織とリーダーのつくり方』は，自分の組織を変容させるという強い願いを意識的に持ちながら，自分自身を変容させていくための本です。リーダーとしても問題解決者としても「創造的訳注1」になることを目的としています。

　ここで，創造的なリーダーシップとは，自分がひとりのリーダーとして創造的になるだけではなく，組織全体が創造的になることを意味しています。私たちの周囲の人々やリーダーたちの潜在的な可能性には途轍もないものがあります。直接は目に見えないかも知れませんが，そのポテンシャルを生かし実際に実らせるか否かを大きく左右するのは，私たちのリーダーシップなのです。

　優れたリーダー達の人格的な特徴は非常に多様であり，このことに私は本当に驚いています。一方，自分の組織の力を自らが制限しているのにそれを認識できていないリーダーも多く，いったい何故なのかと困惑します。もちろん理由があります。組織内で高い役職に進むに連れ，現場とのつながりを保つこと

（訳注1）原文ではCreative。本書では主に「創造的」と訳している。「創造的リーダーシップ」については，本書全体を通して説明されているが，「最も重要な成果を創り出す」ことを「創造的」，「恐れから動かされたり，慣習的に行動するのではなく，本当に大切なことを生み出すことに焦点を当てた意識からのリーダーシップ」を「創造的リーダーシップ」と表現している。

がどんどん難しくなるからです。これは気づかずに私たちによく起きていることです。多くのリーダーは，「リーダーとは，自信をもち決断でき完全な主導権を握っていなければならない」と思っているようです。彼らにとって，助けを求めるのは弱さを見せることになります。結果を出す責任を強く感じるがあまり，何をすべきか伝える時に自分自身のスキルと経験に頼ってしまう人もいます。しかし，これでは周囲の才能ある人々の学びや成長を妨げ，リーダーシップが拡がっていくことを制限してしまうでしょう。

　これらの思い込みは幻想であり，これは外部の複雑性が高まるにつれてより深刻な障害になります。これらの思い込みがリーダー達を反応的にし，自分の創造的な能力をそれとは気づかずに阻止し，そしてチームの能力にもブレーキをかけているのです。

　リーダーである私たちの行動は，その場の雰囲気を決定づけます。私たちは，安全な環境も危険な環境も「創る」ことができます。私たちが場の雰囲気を決定づけているとき，自分でその様子を見ることはほぼありません。しかし，そこにいる自分以外の人は皆，その振る舞いを感じ，目にしており，その振る舞いや雰囲気に対して反応します。その環境は，高い立場にあるシニアリーダーにとっては安心できるものかもしれません。しかしもしその雰囲気がシニアリーダーのために整えられたものであれば，それが全体に対してどんな影響を及ぼしているのかを，自分たちは見ることができていない可能性があります。リーダーが創った雰囲気は，人々が安全と感じられるかどうかを決定づけます。反対意見を言えるのか，リスクをとることができるのか，もしくは，（何かをやると，嫌な奴だと思われたり，自分のキャリアが危うくなるのを避けて）非常に注意深くいなければならないのか，これらは雰囲気によって異なります。

　人々は，安全な環境にいない場合，自分が感じていることをリーダーである私たちに伝えてくれることは普通はありません。このため，内観・内省することが極めて重要になります。

　私たちは，どのような「思い込みという幻想」を持ち，そのフィルターを通して物事をどのように見ているのでしょうか。自己評価は一人でやるべきものではありません。自分の限られた視点や自分では見えない幻想という箱の中に囚われているかもしれないからです。私たちは，他の人が経験していることを

そのまま経験することはできません。その現実の中で，私たちは，他の視点を得られるように自分を解放するにはどうすればいいのでしょうか。

　本書『成長する組織とリーダーのつくり方』で，ビルとボブは，私を含め成長に前向きに向き合う人たちに手引きを与えてくれています。リーダーである私たちがどのように認識されているのかについての入念な分析，私たちのリーダーシップが人々に与える影響，反応的な状態から創造的，さらには統合リーダーシップへのシフト，組織の人それぞれのポテンシャルの開発，周囲の全ての人々の，感情や人間としての要素を認知することなどについての手引きです。

　いろんな意味で，私たちの職場は家族であり，コミュニティです。仕事のコミュニティと家庭生活のバランス状態を保ち，健康であって欲しいと望んでいます。また，私たちは，組織のどのレベルでも目的意識を持ち，オープンで，安全であることを願っています。これが私たちが強く望む組織です。そしてこれが，直面するチャンスと脅威に対応するよう成長拡大する組織なのです。

エドウィン・キャットマル

ピクサー・アニメーション・スタジオ共同設立者，ピクサー・アニメーションおよびディズニー・アニメーション社長，『ピクサー流　創造するちから』著者

謝　辞

　私たち両著者は，本書制作に多くをなしてくれた4人に感謝したいと思います。まず，世界調査評価研究所（WIRE）執行役員，ラニ・ヴァン・ドゥーセンに感謝します。ラニと彼女のチームは本書の背景となるすべての調査を実施してくれました。彼女の専門能力と高い調査倫理基準は，本書の大きな支えとなっています。次に，ピーター・エコノミーに感謝します。彼は私たちと共に本書を執筆してくれ，彼の執筆・編集が本書の大きな助けになりました。彼のお蔭で本書ははるかにテーマに沿い，読みやすい本になったのです。続いて，私たちのグラフィック・デザイナー，ゾーイー・ヤングに感謝します。彼女は本書の表紙とすべての図表を，美しく芸術的に作成してくれました。そして最後に，本書のプロジェクト・マネージメント的なサポートすべてを行ってくれた，スコット・アンダーソンに感謝します。彼は進行をキープし（簡単な仕事ではありません），本書のような本の制作に必要なあらゆる細部まで管理してくれました。私たちは彼ら全員のプロフェッショナリズムと情熱に深く感謝します。

　さらに，TLCとFCGのパートナーたち，デイヴィッド・スパック，デイヴ・シュレイダー，スティーヴ・アシー，ネイト・デラハンティ，アデル・リチャーズ，ローマ・ガスター，パドレイグ・オサリヴァン，シンディ・アダムズにも感謝したいと思います。あなたたちの友情と愛とパートナーシップが違いのすべてを生み出してくれました。また，ベッツィ・レザーマンとポール・バーンにも感謝します。彼らのリーダーシップが私たちのビジネスを成長させ，インパクトを広げるために，私たちを大きく助けてくれました。また，世界中にいる私たちのスタッフやライセンシーのみなさんにも感謝しています。この仕事へのあなたたちの情熱と献身はとても大きな力となりました。それぞれが毎日，組織にこれほどのやる気と一体感をもたらしてくれたのです。

　私たちはあなた方のお蔭で1つの組織になれました。あなた方があなた方のような人でなく，あなた方がしてくれたようなことをしてくれなければ，私たちはこれだけの力を持てなかったでしょう。ありがとうございます。

　また，本書と参考文献で触れた一流の思想家たち全員に感謝します。私たちは全員，巨人の肩の上に乗っているようなものです。思想家たち全員が各分野で本書の参考として大きな助けを与えてくれました。特に，ボブ・キーガンとリサ・レイヒーに感謝したいと思います。ボブとリサの成人の発達段階，変化への免疫反応，発達指向型組織などに関する講義は，私たちの人生と仕事の深い教えとなっています。彼らの助けとサポートと友情にはどんなに感謝しても足りません。

　ボブより：まず，妻のキムに感謝します。キムは私の生涯愛する人であり，彼女の変わらず揺るがない愛情と精神の豊かさは，私の行うことすべて，そして何よりも本書執筆を支えてくれました。キム，あなたのお蔭で私はよりよい人間でいられるのです。言葉にできないほど感謝しています。

　そしてパートナーであり，共著者であるビルに感謝します。ビルは私の知る最高の人間の1人で，最高の友人です。コンサルタントとしても最高です。ビルは他の誰よりも，私が自分の生涯の仕事において何ができるか理解し，私が自分でできるよりはるかに優れたやり方でその力を使わせてくれました。ビルは真の師です。本書のために彼がなしてくれたことは計り知れず，彼が共著者でいてくれたお蔭で，本書はずっとよい本になりました。組織のCEOとしての彼のリーダーシップも，これまでずっと驚くべきものです。そして何よりも，ビルは愛情深い夫・父・祖父のお手本です。仕事上彼に求められることは膨大であるにも関わらず，彼はそのすばらしい家族に尽くしているのです。

　最後に，私の子どもたち，キャサリン，ロブ，スコットに感謝したいと思います。どれほど愛しているか，解ってくれていますね。あなたたちの父親であるなんて，また一緒に世界中を旅してきたなんて，私はどんなに幸運だったことか。一緒に過ごせた時間は私の人生最高の時間でした。

　ビルより：私は救い主イエス・キリストに感謝したいと思います。主の恵みの前ではただ驚きに打たれて立ちつくすのみです。

　そして，今生もその先も私のパートナーであるシンシア・アダムズに感謝したいと思います。心の底からありがとう。私の人生のどの瞬間も，あなたのお蔭で豊かなものとなっています。出会った最初のときからそうであったように。あなたは私の最高の親友で，真のパートナーで，最大の支えで，ビジネス・

パートナーで，最も偉大な先生で，唯一の人です。人生で何が求められどこへ連れて行かれても，私たちはパートナーとして共に歩んできました。

あなたがいてくれたお蔭で，私は男として，父として，夫として，人としてよりよいものになれました。あなたへの感謝と愛情は尽きることがありません。

また，世界中の数えきれないクライアントと熱心なリーダーにお礼を述べたいと思います。よりよい人間，より効果的なリーダーになるため，責任と情熱を持って仕事をしている人たちです。この世界に入って35年になりますが，そういう人々は何千人にもなります。飛び込んできてくれて，そして人生をフル活用してくれてありがとうございます。

共著者でパートナーであるボブにも感謝します。あなたはすばらしく，率先してこの地球に奉仕している驚くべきリーダーです。あなたの仕事のお蔭で，世界何千人ものリーダーシップのコンサルタントが，世界のリーダーがより効果的になれるよう助ける上で影響力を持てています。あなたのパートナー兼友人でいられるとは，誇らしい特権です。この世界を今よりよい場所にするために，あなたが献身的にしてくれていることに感謝しています。あなたが選んだ父・夫・息子・兄弟としてのあり方を尊敬しています。

はじめに

　生命は成長し，拡大します。さもなければ死ぬからです。成長はあらゆる生命体に組み込まれています。ある朝，私（ボブ）が玄関から出ると，ニセアカシアの巨木から落ちた小さな種で歩道一面が覆われていました。この種の一粒一粒は，いつの日か大きな木に成長することができ，その巨木は毎年何百万粒もの種をつけ命を拡げていきます。この意味で，種一粒一粒には，森へと成長する潜在能力があると言えるでしょう。

　ビジネスも庭の木とそれほど変わりません。ビジネスも成長しようとし，成長を実現するか死ぬか，どちらかです。つまり，ある意味で，成長・拡大するということは「生きていること」です。ところが，私たちは節度の無い成長が地球を脅かしているというその時代に生きています。私たちは組織の「規模」の概念をはるかに超えて成長・拡大しなければなりません。複雑なビジネス，組織，地球の問題に対する解決策を，新しく革新的なものへ進化させていかなければなりません。そしてそれをより一層複雑で不確実で変化の速い世界で行わなければならないのです。今，この能力は企業でも世界でも必須となっています。その鍵はリーダーシップです。

　リーダーはリーダーシップを拡げることにより，自らの力を拡大することを学ばねばなりません。しかし，どんなリーダーでもこれができるわけではありません。効果的で意識的なリーダーが必要です。組織の成長戦略だけでなく，イノベーションを生み，適応力・持続力・機敏さ・エンゲージメントを生み出すことのできるリーダーが求められるのです。さらに言えば，関係者全員が繁栄できるやり方で組織を成長させられるリーダーが必要です。会社の所有者や配当を受け取る人は，関係者の一部に過ぎません。社員たちは自分たちが繁栄できる職場を望んでいます。顧客は自分たちに絶妙なサービスを提供してくれて，熱く支援できる優れた会社から買いたいと望みます。サプライヤーは両者に利がある長期的な関係を望みます。地域社会・コミュニティも私たちのビジネスの場においてもっと注目されるべきでしょう。地球とその生態系にはもっと配慮すべきであり，持続可能で豊かなものにしなければなりません。偉大な

企業や組織は，これらすべてを考慮した上で拡大していきます。すべての関係者の幸福は相互依存的であり，偉大なビジネスとは，これを最適化するものなのです。

　これを実現する唯一の方法は，*意識的なリーダー*[訳注2]*が意識的なリーダーシップを拡大していくこと*です。これがリーダーシップの未来です。

　本書『成長する組織とリーダーのつくり方』は，シニアリーダーが，意識的なリーダーシップを組織内で育み拡大するにはどうすればよいかについて述べています。そういうリーダーになろうとするあなた「個人」についてのことであり，そして集団として[訳注3]の私たちが，迅速にリーダーシップを育成するリーダーになる方法を語ります。そのリーダーシップとは，複雑さと混乱の度合いを増す世界で組織が成長するために必要なものです。

　では，どうしたらそのようなことができるのでしょう？　既に１日24時間，１年365日が目一杯になっている世界で，そんな時間や余力や注意力はどこから来るのでしょう？　もしあなたが私たちがこれまで関わってきた多くのリーダーのようであれば，既にとんでもなく忙しいことでしょう。私たちの多くは頭の上まで仕事に埋もれて手が回らなくなっています。時間はないのに，組織は成長を望み，成長するよう要求し，自国を超えた国際的な舞台にあなたを引きずり出します。今から５年のうちに売上げを２倍にも３倍にもしろと望むのです。ある日突然，直属の部下として20人ものビジネスリーダーたちの報告を受けることになりますが，彼らは誰一人同じ国にはいません。あなたは，これまでの仕事はうまくできていたかもしれません。しかし，あなたが昇進したところは，その規模も複雑性も，あなたが「まだ準備ができていない」と感じる

（訳注2）意識的なリーダー（原文では conscious leader (s)）。より高次の意識状態にあるリーダー。本書で主に取り扱う「創造的リーダー」の意識は，置かれた環境の状態を認識し，その環境（そして空間的にも時間的にもより大きな環境）の中で，もっとも重要なことを生み出すことにつながっている。つまり，自分のエゴを守らなければならないという恐れではなく，目的やビジョンにつながっている。

（訳注3）原文ではcollective。専門書等では「集合的」と訳されていることも多く，The Leadership Circleが提供しているCollective Leadershipに対するツールは「集合的リーダーシップ」と訳している。本書では，現時点での日本の読者が受け取りやすいことを意図して「集団としての」などと訳している。

ようなレベルです。思い当たる節があったとしても，そう感じているのはあなただけではありません。おそらくあなたは，自分のリーダーシップを拡大する必要がある，その際に立っているのでしょう。個人的にも集団としてもです。

　私たちは，行く先々でこのようなことが起きているのを目にしてきました。そして，著者である私たちも，あなたと同じようにその最中にあります。皮肉な話ですが，「拡大する」ことに関するこの本を書いている私たちは，今，自らのビジネスを拡大するという大きな課題に向き合っています。急激な成長は問題の多くを解決しますが，それ以上に問題をもたらします。長年開発し実施してきたシステムや技術やプロセスが，突然，求められるボリュームと複雑さに合わなくなるのです。デザインのやり直しが必要です。ビジネスが小さかった頃には十分機能していた（少なくとも私たちがそう思っていた）リーダーシップは，今ではもう組織の役に立ちません。私たちは自分を発明し直すという難題を突きつけられているのです。このような時期に私たちは自社の組織文化診断を行い，何らかの投薬が必要であることを認識しました。私たちのリーダーシップは拡がっておらず，幸せな文化を生み出すことも（私たちが仕事を通じて皆に勧めてきたにも関わらず）できていなかったのです。

　このように，私たちが本書『成長する組織とリーダーのつくり方』を書いたのは，自分たち自身のリーダーシップの拡大を迫られていたその真っ最中でした。これは簡単なことではありません。本書は，もしあなたがそれを望むならば，あなたに課題を突きつけてくるでしょう。私たちもそうでした。本書はあなたのリーダーシップを進化させるために，あなたに挑んできます。あなたのリードのしかたで上手く役立っているものが何かを示してもくれますし，自分がどのように自分自身の足を引っ張っているかも教えてくれます。本書は諸刃の剣といえるでしょう。

　ただ，ここで断言できるのは，私たちもこの旅路にあなたと一緒にいるということです。私たちは，高みから見下ろしながら本書を書いているのではありません。リーダーが向き合う険しい成長曲線を登りきった安寧な場所に立って書いているわけでもありません。むしろ，私たちは，皆さんと同じように人間性を共有しながら，思いやりと謙虚さを持ち本書を書いています。私たちは，想像以上にペースを増し，変化しやすく，曖昧で複雑で危機に瀕している世界

の中でどうやって効果的にリードしていくのか，それを皆さんと一緒に学んでいます。

　ここから抜け出すには，やり通してみることです。本書はやり通すための方法を示しますが，道を示しているのは著者である私たちではありません。リーダーシップの道を歩んでいる私たちの仲間が示してくれます。つまり，あなたと同じようなリーダーたちが，私たち全員に教えてくれているような形になっており，その意味で本書は独特だと言えます。

　本書では理論的な部分は軽く触れるに留め，独善的にならないように努めています。この本は，リーダーたちがリーダーシップについて語らなければならなかったことをまとめたものです。リーダーたちは他のリーダーに対し，リーダーシップについてどんなことを語っているのでしょうか？　それを知るため，私たちが持つ360°評価の膨大なデータベースに書かれた記述コメントに目を向けました。これを整理し，書かれていることについて研究を進めました。私たちは，シニアリーダーたちが他のシニアリーダーに対してリーダーシップについてどんな風に語るか，そこから学びたいと考えたのです。拡大できるリーダーシップとは何か，できないものは何かについて，リーダーたちから教えてもらい，それを本書を通して読者に伝えることを試みています。

　本書は他のビジネス成長戦略についての書籍（業界でのビジネスを成長させる方法など）とは異なります。私たちが*自分の*リーダーシップを高め*拡げて*いくことについての本です。どのようにして？　成長をリードすることができる，特に急激な成長に伴い訪れる複雑性の中でも，効果的にリードし続けることができるリーダーとなることによってです。つまり，私たちは，リーダーシップを拡大することによって組織を拡大します。他のリーダーを育成開発するようなリーダーになることによりこれが可能になるのです。

　『成長する組織とリーダーのつくり方』は，リーダーがどうやって自らの変容を遂げ，そして組織を変容させながらリーダーシップを拡大していくのかについての本です。本書の前半では，リーダーたちが他のリーダーたちへのフィードバックとして記述したコメントの調査結果について主要な点を説明します。そして，これらのフィードバックの会話に耳を傾けることにより学んだことについて議論していきます。何が役に立ち何が役に立たないのか，さらに

は，組織を変容させる戦略としてリーダーシップを拡大していけるようなリーダーシップに，これらがどう関わっているのか，リーダーたちが語ってくれたことを探求していきます。もし，あなたがこの議論に興味を持ち，リーダーシップを拡大して組織を変容したいのであれば，第8章にその方法を記しています。ここまでが本書の前半部分です。

『成長する組織とリーダーのつくり方』は，あなたのリーダーシップの効果性を次の段階へと導くことも目的としているため，本書の後半では，個人としての自分を変容させるために求められる旅路について深く述べていきます。自己開発理論や研究は非常に有益ですが，本書の各章は，意図的に，理論には簡単に触れるだけにしています。リーダーシップが成熟するにつれ何が起こるのか，そしてリーダーたちが自分の言葉でそれをどう描写するのか，このことが私たちにとって最も関心があることだからです。

あなたのリーダーシップを拡大するための一助として，旅の友となる2つの付録をご紹介します。「リーダーシップ・サークル・プロファイル（LCP）の自己評価」と「リーダーシップ開発計画（LDP）」です。いずれも本書を購入して下さった方は無料で入手できます。www.leadershipcircle.com にアクセスしてください。表示されたページから「自己評価」に行くことができます。自己評価を完了すると，システムから結果と「リーダーシップ開発計画」が送られてきます。これには本書を通して提案している宿題等のステップも付記しています。この本を，（もしあなたが真剣に望むなら）あなたのリーダーシップを変容させる力強い一連の行動のガイドとしてお使いいただけると幸いです。

本書『成長する組織とリーダーのつくり方』が，あなたがより効果的なリーダーになる一助となれば嬉しいです。それ以上に，あなたが，あなた自身の特別でこの上なく素晴らしい人間性を大切にし生かしていくこと，そしてそれを他者や組織，そしてともに住まうこの世界のために活かしていく一助となることを望んでいます。

どうぞ本書をお楽しみ下さい。

ボブとビルより

目　　次

第 **1** 章　　*Exposed at Scale*
私たちのリーダーシップは，今，拡大せざるをえない
―リーダーのための精神・魂のブートキャンプ

1

第 **2** 章　　*Profiles in Leadership*
リーダーとしての人物像
―リーダーのプロファイル

15

第 3 章　*Getting a Street View on Leadership*

リーダーシップの実際を知る
—リーダーは他のリーダーをどう語るか　　37

第**11**章　*Transforming Reactive into Creative Leadership*

反応的リーダーシップを創造的リーダーシップに変容させる
―マインド（知性）と心の根本的移行　3つの動き

183

第**12**章　*Practices That Transform Leadership*

リーダーシップ変容のための実践
―変化はシンプルだが難しい

201

第**13**章　*Integral Leadership Informed by Grace*
大いなる恵みに導かれる統合リーダーシップ
—危機にある世界のためのリーダーシップの未来

231

リーダーシップ・サーク

低バランス

| | 10 | 20 | 30 | 40 | 5 |

関係性-任

クリエ

一貫性

自ら学ぶ

落ち着き

バランス

無私

対人知性

メンタリング と育成

協働

チームプレイ 推進

本

思いやりのある つながり

| 90 | 80 | 70 | 50 | 40 | 30 | 20 | 10 | | 90 | 80 | 60 | 50 | 40 | 30 | 20 | 10 |

保守的

他者の喜び優先

追属

受け身

心理的な隔たり

アイデン

自己認識

他者との関わり

他者依存

自己

批

リアク

効果的なリーダー

低 | | 10 | 20 | 30 | 40 | 5 |

(左側縦スケール)

関係性

クリエイティブ

リアクティブ-クリエイティブ スケール

リアクティブ

- 90
- 80
- 70
- 60
- 50
- 40
- 30
- 20
- 10

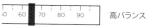

ル・プロファイル（LCP）

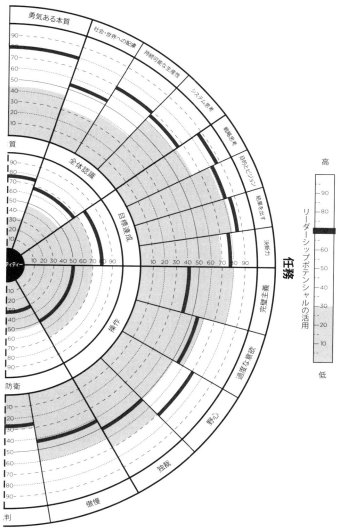

━━ 自己評価
▒▒ 他者からのフィードバック

第 1 章 Exposed at Scale

私たちのリーダーシップは，今，拡大せざるをえない
——リーダーのための精神・魂のブートキャンプ

　平均的な，または力不足のリーダーと真に優れたリーダーとを分けるものは何でしょうか。多くの人は，それはまだ未解明で謎のままだと思っています。リーダーシップは，もっとも研究されてきたテーマの一つなのに，もっとも不可解なものだと広く誤解されてきました。しかし，もうそうではありません。

　リーダーシップについてはこの70年以上もの間膨大な研究が行われてきましたが，私たちは今，新たな基準に立っています。今では，何が有効で何が違いを生むか，かなり明らかになりました。前著 "Mastering Leadership" では，この新たな基準について説明しています。この分野の最善の知識とデータを利用し，リーダーシップのモデルにまとめて，人間の本質やリーダーシップについて普遍的なものは何か，さらには，どうすれば実践的にリーダーシップを開発することができるかを明らかにしたものです。本書『成長する組織とリーダーのつくり方』では，何が役に立ち，何が役に立たないのか，また何をすべきなのかについて，優れたリーダーたちが非常に明確に語った言葉を探求することにより，リーダーシップの謎を解き明かしていきます。偉大なリーダーシップとは何か，私たちが既に，ごく明確に，深く知っていることをまとめたものです。

　組織における効果的なリーダーシップに欠くことのできない大前提は，「自己リーダーシップ」です。私たちは，自己リーダーシップを「*最も重要な成果を創り出す*」ことだと定義しています。私たちには人生において望んでいる成果があります。愛する家族，深い絆や友情，大切な仕事，人生を懸けるにふさわしい将来などです。最適な自己リーダーシップは，これらの望む成果を生み出すためにもっとも役立つものであるという意味で，なくてはならない必要な

ものです。また，自己リーダーシップは，目の前の生活や組織の現実のただ中にいても，自分の望む将来に絶えず焦点を合わせ，そのビジョンが現実となるように行動する（個人でも他者と協力してでも）という姿勢で，生涯続くものです。この姿勢がリーダーシップの基本になります。

　組織のリーダーシップとは，「*最も重要な成果を創り出すために*（つまりその組織の望む最適で実現可能な将来を生み出すために），*組織の持つ能力やキャパシティを拡大していくこと*」です。リーダーシップによって，他者の，チームの，そして組織の能力やキャパシティを大きくしていくことができます。また，リーダーシップが拡大することにより，不安定で変化し続ける条件下にあっても，組織が継続的に力を発揮し，迅速に自己変革する能力を高めることができます。

拡大を迫られるリーダーシップ

　ビジネスが成長すると，長期的・持続的な成功のためには，優れた製品・サービスの開発，必要な資金の確保，優秀な人材の採用・維持以上の大事なことがでてきます。リーダーシップをいかに拡大できるかも重要になります。

　スコット（仮名）はエンターテインメント業界で成功した注目企業の社長で，私たちのクライアントの１人です。彼は自分の組織の状態を振り返り，率直にこう言いました。「私たちは，リーダーシップを拡大しなければならない際に立たされていた。」彼らの会社が業績倍増や海外進出を進めるにつれ，それまでの自分たちのリーダーシップの能力やキャパシティの限界があからさまになっていたと言うのです。

　私たちがスコットとの仕事を始めたのは2016年のことです。これは彼のリーダーシップを間近で見る機会となりました。スコットは驚くほど知性的で，頭の回転がとびきり速く，意欲と責任感に溢れたリーダーです。スコットも彼の組織も，より高い目的を持ちそれに沿って事業活動をしていました。

　スコットは次のように説明してくれました。

　　　「『私たちは世界中の人々の人生がより良いものになるように影響をもた

らしていきます。』この目的を達成し続けるために，私はこの組織の力を解き放ちたい。それには，私たちがリーダーチームとして，どうすれば組織をよりよくリードできるのか学び，毎年のように成功を収められる可能性を高める必要があるんだ。そして，もしリーダーとしてここでそれができれば，人生の別の分野に広げて，いろんな形で良い方向の違いを生み出していけると信じている。

　陳腐に聞こえるかも知れないけれど，何かを世に残そうという重荷ではなく，むしろ喜びなんだ。力強いメッセージを持つ優れたエンターテインメントを創出して，ビジネスとして成功しながら，世界の人々をインスパイアすることのできる，静かな影響力を持つリーダーシップの喜びだよ」。

　スコットのリーダーシップの下で，この会社が市場に立て続けにインパクトある作品を出し，大きな成功を収めてきたことは驚くに当たりません。急速に成長したばかりか，ほぼ一夜にして中国での事業も目覚ましく拡大させました。しかしこのことは，他の要素とともに，まるで組織へのストレステスト（負荷を過度にかけた状態のテスト）にもなっていました。スコットが言うように，「会社が成長すると，私たちのリーダーシップや，何が私たちを効果的にさせ，何がそうでないかが，100％露わになった」のです。彼は，リーダーシップと組織の成長は切っても切れない関係にあることを知っていました。ある時点で，リーダーたちが効果的であるか，そうでないかが，組織の成長のさらなる可否を決めることになります。ビジネスは，その組織のリーダーシップの効果性を超えて成長することはできないからです。

　組織を効果的に拡大していくために，スコットとリーダーシップチームは自社の組織構造とリーダーシップシステム訳注1のあり方を細部まで見直さなければなりませんでした。現在のクリエイター達訳注2の才能をより広い分野に行き届かせるにはどうすればいいか，理解する必要があったからです。そして彼ら

（訳注1）リーダーシップの仕組みや，リーダーチームの関係性・構造など。
（訳注2）ここでは仕事としての「クリエイター」のこと。本書では「クリエイティブ（創造的）」は別の意味で多用する。

は，誰が誰にどのように報告するかを変更し，あらゆるレベルでリーダーの育成に乗り出しました。スコットは，リーダーとしての自分の務めは他のリーダーを育てること，そしてそれを成功させることだと思うと語りました。当時，クリエイター人材の大半は自分がリーダーになるなど考えたこともありませんでしたが，リーダーとしての立場に放り込まれたため，リードのしかたを学ばざるをえなくなったのです。

　組織にとって幸運なことに，スコットはリーダーシップを組織全体に拡大するためには正しい条件を創る必要性があることを認識していました。それこそが彼がしたことであり，組織を目覚ましい成長と創造的成功・経済的成功に導いたものです。

　効果的でないリーダーシップは組織が成長する力を頭打ちにしてしまいます。このマイナス面は組織を拡大しようとしたり，リーダーシップを拡げていこうとし始めた瞬間に明らかになります。あるレベルでは機能していたリーダーシップが，次のレベルでは深刻な限界に突き当たってしまうのはよくあることです。年商3,000万ドルで従業員100人の組織ではビジネスを十分にリードできていた人でも，年商1億ドルで従業員250人のリードはできないかも知れません。組織が大きく複雑になると，配下の社員の数が増え，リーダーが注意を払うべき事柄や機会がそれまでより多く頻繁になり，立て続けに起こるからです。

　あなたのリーダーシップは，拡大することができるものになっていますか？もしそうでなければ，自分のリーダーシップが対応しうる仕事のレベルや複雑性を超えた状況に置かれてしまっているかもしれません。そうすると，物事がうまくいかずにもがいていると感じているのではないでしょうか。今も大きな結果を出しているかも知れませんが，それに費やすエネルギーコストはもっと大きいのではないでしょうか。つまり，かける時間と労力は増大し続けるのに，得られる結果は小さくなってはいませんか。労働時間を延ばしても解決にはならないとつくづく感じているかも知れません（それは正しいと思います）。あなたが頑張れば頑張るほど，自分の足を引っ張っているようなものです。あなたが自分の力だけで事業を拡大・成長させようとし，他のリーダーやチームの力を借りないようであれば，組織の力は拡大することはありません。

　もし，このようなことに心当たりがあるならば，あなたは大きな「開発の

ギャップ」に直面している可能性があります。そうだとしたら，あなたは他の多くのリーダーたちと同じような経験をしています。ここで少し，この「開発のギャップ」について詳しく掘り下げ，なぜそれを意識すべきなのかを見ていきましょう。

開発のギャップ―成長の伸びしろ

　誰もが皆，これまでより変化が速くて混乱し，予測しにくい世界に生きているという感覚を持っています。これは単なる想像ではありません。この状況は以前から多く文書化されてきました。2009年（日本語版2013年）の書『未来を創るリーダー10のスキル』で，最先端の未来学者ボブ・ヨハンセンはこう書きました。「これまで40年間将来を予測してきましたが，最も悲惨な予測は，まだこの本の中にあるのです」。ヨハンセンは，私たちは変動性（volatility）・不確実性（uncertainty）・複雑性（complexity）・曖昧性（ambiguity）が増し続ける「VUCA なビジネス環境」に入ったと主張します。

変動性：課題が一夜のうちに現れ，いつまでどの程度の強度で続くのか解らない。多方面での混乱が加速する。

不確実性：予測不能な環境で，不完全な情報しかないまま事業活動しなければならない。

複雑性：課題同士がかなりの度合いで相互依存的に絡み合い，切り分けて把握するのが難しい。何が解らないのか解らない。

曖昧性：因果関係が解りにくく，ある物事が何を意味しているのかさえ合意に達しにくい。

　この10年で，経営者・エグゼクティブなどの人々が VUCA の影響を理解するようになったため，VUCA はビジネス用語になりました[1]。

　最近ボブ（ヨハンセン）と会った機会に，尋ねてみました。「近いうちに VUCA な環境は沈静化すると思いますか？」

　すると，彼の答えはむしろ警告するような高ぶったものでした。「私たちには，まだ何も見えていないのですよ」。近著 *The New Leadership Literacies: Thriving in a Future of Extreme Disruption and Distributed Everything* で，

ボブは将来を「スクランブル（scramble）^{訳注3}」²と表現しました。いわく、「これほどまでに、VUCA が世界的なものとなり、互いに関連しあい、拡大している時代はありません。もはや局地的な VUCA は目新しいものではなくなっています。前代未聞の VUCA 世界となっています」。

私たちが目の当たりにする混乱した変化の度合いは前代未聞な上、一層高まるとしか考えられません。私たちはリーダーとして、組織が事業展開する永遠の荒波の中をうまく進むことを学ばなければならないのです。市場の変わりやすさや予測しにくさに対応するだけでは足りません。新しいレベルのリテラシー・熟練度・機敏さのリーダーシップを養わなければならないのです。これが新しい標準です。

あなたのリーダーシップはこの環境において、成長・拡大できるものになっているでしょうか？ あなたは難しい課題に対応すべく成長していきますか？ そうでなければ市場のリーダーとなっていく人々から取り残されていくのではないでしょうか。既存の企業が適応を学び、スタートアップの会社も台頭し、学ばない者たちは混乱の中にいます。あなたはただ陰から見ているのでしょうか？ 10年前には存在しなかった、Snapchat、Airbnb、Lyft、WeWork、その他の市場のリーダーのことを考えてみて下さい。

私たちは最近、ある多国籍企業に勤めている成功したシニアリーダー、ジェラードと出会いました。彼のリーダーシップ・サークル・プロファイル（Leadership Circle Profile, LCP）360度評価の結果共有セッションを行うためです。LCP は、リーダーの効果性と、その人のリーダーシップのスタイルの創造的（クリエイティブ）および反応的（リアクティブ）^{訳注4}な要素について、フィードバックするものです。ジェラードは面談室に入るなり言いました。「私をよくいる感傷的なリーダーのように変

（訳注3）scramble：緊急発進する、混乱させる、ごちゃごちゃに混ぜる、などの意。

（訳注4）創造的（クリエイティブ）：最も重要な成果を生み出すことに焦点を当てた意識・マインドの状態。キーガンの発達段階のモデルでは「self authored（自己主導）」に相当する。反応的（リアクティブ）：自我を守るための無意識の恐れから動かされていたり、過去に身につけた思い込みによる意識・マインドの状態。ストレス下ではデフォルトの反応的思考・行動が起こりやすい。キーガンの発達段階のモデルでは「socialized（環境順応、社会適応）」に相当する。創造的、反応的リーダーシップについて第2章以降で詳しく述べている。

えることはできないよ。自分の感情をさらけ出すようなやつにはならないよ。あなたとも誰ともハグしたりするつもりはないからね！」

ジェラードは最近社長に昇進し，この会社の売上げやリソースの75％に責任を負うことになっていました。彼の会社は世界で何十万人もの顧客にサービスを提供しています。最初に会った時，ジェラードは明らかにお手上げ状態になっている様子でした。リーダーとしての自分の効果性の限界をはるかに超えていたようです。彼は，この問題をより長時間ハードに働くことで乗り越えようとしていました。しかし，個人がより長くよりハードに働いても，問題は解決しません。彼は，チームとして組織をリードできるように自分のチームの能力を築いていく必要があったのです。

会社のCEOには，問題があることが解っていました。CEOは，ジェラードが最も影響力のあるリーダーの1人であり，組織に情熱を持ち，組織のミッションと成長のためにできることを何でもする責任感とやる気があることも知っていました。しかし同時に，ジェラードがそのリーダーシップを組織に拡げることができなければ，会社は長期的には成長も成功もできないことも知っていたのです。これはつまり，ジェラードが長くは社長でいられないことを意味します。

ジェラードがどんな苦労をしていたか，一例でご説明しましょう。彼は社員を，その人のパフォーマンスがよくないときも，とても「大事に」していました。このため，彼は勇気を持って社員と直接向き合い，本質的な対話をすることがありませんでした。そして業務成績の問題がいよいよ大きくなったところで，彼は反応しました。部下である主要なマネージャー1人を，当人に事前に警告を与えることなく，解雇したのです。ジェラードはその人にはいつもすばらしい成績評価を与えていたにも関わらず，です。解雇されたその人は言いました。「理解できない。これまでいつも，『君はよくやっている』と言われてきたのに。大きな問題があると言われたことは一度もなかった。この措置は思いも寄らないことだった」。

ジェラードのこの行動は，社内全体に大声で明確に次のように言ったも同然でした。「成績を出さないとクビにします。いつそうなるかは知らされません」。この件や他の事案の結果，彼の部下の多くは口をつぐんでしまいました。望ん

でいたことと正反対の影響を与えてしまったのです。

　皆さんの予想通り，ジェラードのLCPは非常に「反応的」傾向が高いものでした。私たちは，彼に「あなたはこれまで様々な成功を収めてきたかもしれませんが，あなたのリーダーシップはいま，ある段階での限界に達しています」と指摘しましたが，彼には理解できませんでした。私たちは彼の「バランス」の点数（ワークライフ・バランスの指標）の低さを示し，「あなたは毎日何時間働くのですか？」と尋ねました。彼はほとんど休みなく仕事をしていました。仕事が，彼が何者であるのかを決めていました。彼は「結果を出す」という自分への評価を，「自分に価値があり，存在する意味がある」という自尊心の礎にしていたのです。ジェラードと一緒にLCPの結果を読み解いていき，リーダーとしての彼の明白な強みと，障害となっている反応的傾向について説明すると，彼は「長時間ハードに働くことは，今自分に必要な成長にも組織の成長にも役に立たない」と理解しました。彼が過去に成功を収めてきたやり方は，今はもう最適ではなくなっていたのです。ジェラードは自分自身の足を引っ張り，自分がやろうとしていることを帳消しにしてしまっていました。リーダーシップを拡大できていないことが，彼の大きな才能を抑制していたのです。

　ジェラードは，自分の過去の成功体験からも，急成長を求める組織の圧力からも，そして，より複雑になったビジネス環境からも，課題を突きつけられていました。彼は，より「複雑性の高い」洗練された方法で物事を認識し組織をリードするやり方，より「複雑性の高い知性（マインド）」を身につけなければならなかったのです。

　「複雑性の高い知性」とは，入り組んで混乱した知性ではありません。逆に，エレガントで成熟した知性のことです。ジェラードは自分の類い稀な能力と，リーダーとしての影響力を拡大する方法を見つける必要がありました。

　*組織やリーダーシップの拡大は，他者の能力とキャパシティを育ててこそ達成できます。効果的なリーダーは他のリーダーを育てます。*ジェラードは自らの開発のギャップを認識し，そのギャップを超えて成長するというチャレンジに向き合わなければなりません。

　はっきりさせておきますが，ジェラード自身が問題なのではありません。彼

図1.1　開発のギャップ

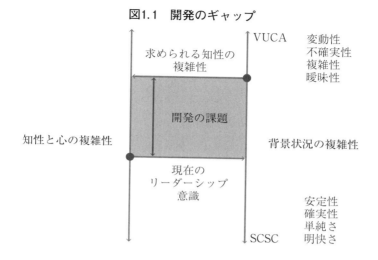

自身や彼のリーダーシップの素質には，何も本質的な問題はありません。ただ，彼は必然的な問題に直面しています。成長と拡大を求める組織のニーズはどんどん高まり，周囲の状況の複雑性が増したことで太刀打ちできない状態になっているのです。

　誰もが自分のリーダーシップにおける「開発のギャップ」というものに直面します。これは問題ではなく，恥ずかしいことでもありません。むしろ，この複雑さを増す世界でうまくリードしてきていることの必然的な結果です。開発のギャップは，私たちがリーダーとして進化し，リーダーシップをある種の精神や人間力の圧力鍋のように思えるようになったなら，対応・克服できる課題です。成功・拡大・複雑性がもたらす圧力こそ，私たち自身が進化し変容[訳注5]するための力なのです。

　私たちのパートナーの1人，スティーヴ・アシーは，私たちの考える「開発のギャップ」を見事に図にまとめてくれました（図1.1）。私たちはリーダーたちに，直面しているビジネスの現実が「非常にVUCA」から「非常にSCSC（安定性 stability，確実性 certainty，単純さ simplicity，明快さ clarity が高

（訳注5）原文では transformation。本質的な変化のこと。本書では「変容」と訳す。

い）」までの指標のどこにあるかを示してもらうことがよくあります。すると
リーダーたちは，業種や企業規模，所在地に関わらず，必ず「非常に
VUCA」を選ぶのです。これが私たちのリーダーシップが今置かれている現状
となっているのです。私たちは皆このことを知っており，またこの状況が加速
する以外あり得ないことを知っています。

　私たちがリーダーとして直面する状況は複雑なため，私たちの意識にもさま
ざまなものが要求されてきます。ここでは，意識とは，私たちの知性や心の複
雑性，私たちの内面で起きていること（インナーゲームと呼ぶ），自分自身を
作動させる内的オペレーションシステム（OS）などのことです。個人として
も集団としても，現に直面している複雑さに釣り合う以上に，知性と心のリー
ダーシップの複雑性が求められます。さもなければ，達成しようとしている目
的を自分自身が阻んでしまうことになるでしょう。私たちの内面では「イン
ナーゲーム」が行われています。内的な意味づけシステム，意思決定システム，
自己認識レベルやEQ（感情的知性），メンタルモデル，そして内的な思い込
みや前提など，その瞬間瞬間にものごとを定義し私たちの行動を発動させてい
る，内的な構造やその複雑性のことです。外部環境のあらゆる複雑さの中でう
まくやっていくには，ほとんどの人の場合，自らのインナーゲームにおいて能
力や成熟度が足りていないのです。

　インナーゲームにおける能力・成熟不足のために，私たちの大半が行き詰
まってしまいます。私たちは直面している外部の複雑性に対応するには複雑性
の足りない内的OSを使っているのです。これが私たちの開発ギャップ，伸び
しろです。

　私たちがリーダーとして生きていく状況はこれからも私たちに課題を突きつ
けてくるため，個人の，そして集合体としてのリーダーシップの成長度は，開
発のギャップを埋めるには至らなくても，少なくとも次々に起こる変化や増大
する複雑性のペースに追いついていなければなりません。もし成長せず，これ
らのあらゆる変化に先んじていなければ，私たちや私たちの組織・製品・サー
ビスは意味のないものになっていくでしょう。これは，リーダーなら誰も自分
の監督下で起こしてはならない事態です。自分の今のリーダーシップのレベル
を超えていくことは，今日のビジネスでは必須条件なのです。

　前書 *“Mastering Leadership”* で，リーダーシップにおける3つの発達段階，
反応的・創造的・統合^{訳注6}について解説しました。複雑な環境で組織をリー
ドするには，創造的リーダーシップの方が反応的リーダーシップより効果的で，
統合リーダーシップならさらに効果性が高くなります。それぞれのレベルの
リーダーシップは，それぞれ異なる（そして徐々に成熟する）内的世界（心，
マインド，心の状態），言い換えれば私たちがその時その時にどのように自己
を動かし使うかを司る内的オペレーションシステム（OS）によって動かされ
ます。あの”Intel Inside”のように。本書ではその詳細を説明するよりも，
私たちの研究の中でリーダー達が語ってくれたことを元にして，創造的・統合
リーダーシップで現れてくる要素は何か，そして反応的リーダーシップとの基
本的な違いについて見ていくことにします。

　現時点では，ジェラードは今は反応的にリードしており，その先へと成長す
ること，すなわち自分の強みを認識し，それを創造的に活かせるよう再構成す
るという課題に向き合っているとお伝えすれば十分でしょう。創造的リーダー
シップは，責任範囲も組織も大きくなり複雑さが高まる中でも拡大していける
リーダーシップです。ジェラードがそこへの移行を果たすと，あらゆる重要な
決定やイノベーションは彼の役職を通して行う必要がなくなります。かわりに，
「他の人がその能力を身につけられるように，周囲の人々を育成すること」が
喜びになると気づくでしょう。ジェラードは，他者の最善の状態を引き出す支
援をするようなガイド・メンター・育成者となるのです。

　他のリーダーを育てるためには，自分がいつも舞台の中央にいたり，あらゆ
る決定を自ら下したり，あらゆるイノベーションに自分の名前を残すことを手
放すことが必要になります。ジェラードは，これらの力を組織として持てるよ
うに，組織を育てていくのです。これがリーダーシップを拡大することになり
ます。

　もしジェラードがさらにその先へと，自らの開発ギャップの中に身を置き取

（訳注6）原文ではreactive, creative, integral。LCPでは「リアクティブ」「クリエイティ
　　　ブ」「インテグラル」と呼んでいるが，本書では「反応的」「創造的」「統合」として
　　　訳している。

り組んでいくと，そのうちに創造的リーダーシップのステージの限界にさえも直面し，その段階を超えて成長していくべき時が訪れるかもしれません。そして，創造的リーダーの強みをすべて生かすことで，彼はリーダーシップの次の成熟段階である統合リーダーシップに変容していくでしょう。そうなれば，複雑性の中でリードしていく器をさらに偉大なものへと進化させられます。

その性質上，リーダーシップとは精神・魂のブートキャンプのようなものです。成功・拡大・複雑性がもたらすプレッシャーこそが，私たち自身の変容・進化を起こす力だからです。本質的に，精神・魂のプロセスなのです。

リーダーシップという精神・魂の旅

リーダーの立場に足を踏み入れる時，私たちは厳しい変容のるつぼに入ることになります。るつぼ（crucible）という例えは錬金術から来ています。鉛を金にするように，中身に十分な熱と圧力を与えて，変質を促す容器のことです。

リーダーシップはこのるつぼです。配偶者や親・教師・コーチであることもそうですが，リーダーシップというものほど優れた変容のるつぼは考えられません。その性質上，リーダーシップは私たちを限界まで押し上げ，あるいは限界を超えさせます。日々直面する課題に対応するには，私たちが何者であるのか，そして私たちが何を提供するのか，どちらも最高かつ最上のものが求められるからです。

これが，私たちがリーダーシップを精神・魂のブートキャンプと呼ぶ所以です。リーダーとしての効果性（effectiveness）に取り組み始めた瞬間，私たちは人としてどうあるか，その効果性[訳注7]を高めていく道を歩み始めているのです。リーダーシップの究極的な基盤は人間性なので，2つの道は分けることができません。こうして，まさに精神の，人としての道の真ん中を進むことになるわけです。

ただし，*精神的*とは，ここでは宗教的なものを意味しているのではありません。あらゆる宗教の本質が人間性の根本的な変容にあるという点を除いては。

（訳注7）Effectiveness：本書では「効果性」と訳している。

リーダーシップの道を進むという選択は，私たちの内面に最高にして最も深いものを求めます。私たちが人間の真の素晴らしさに至りそれを他者への奉仕に生かすために，より高次の自分へとバージョンアップすることを求めます。そして，精神的知性を高める（変容の道を進んでいく基本的な力を備える）ことも求めてきます。私たちがリーダーとして歩むこの過程は，精神・魂の道なのです。

　より効果的なリーダーになる道を選ぶことは，自分の開発のギャップに向き合うことを意味します。現在の複雑な状況の中では，どうしていいかわからないような状態にならざるを*得*ません。そのようなときは，あなたはすでにこの道に足を踏み入れています。増大する複雑性はあらゆるリーダーを育む善なる力です。成長する必要性を容赦なく押し付けてきますが。精神・人間性のブートキャンプの鬼軍曹のようなものであり，私たちを進化させようとしているのです。

　開発のギャップがあるのは恥ずかしいことではありません。誰もが課題を持っています。あなたは，リーダーであり人間であることへの道を歩んでいます。私たちは，自分（達）が越えるべき急峻な成長の坂に向き合いながらも，自分自身にも他者へも思いやりの気持ちを拡げていかなくてはなりませんし，私たちにはそれができるはずです。思い切って*根本的*に*人間*らしく，そして，仲間と一緒に公然と学ぶことを通してリードすると，組織の中に豊かな恵み，許し，思いやりが生まれ，周囲の人々からのサポートも得られるでしょう。

　本質的には，リーダーシップの使命は奉仕です。リスクが高まりつづけている世界にあって，リーダーシップとは，目覚ましい結果を生み出す・創り出すために，さまざまな職業・地位の多様な人々を結びつけることのできる仕事です。つまり，リーダーは，この美しい惑星上のすべての生命が繁栄できる未来をデザインする上で，重要な役割を持っているのです。

　リーダーシップは，他者の持つ，また他者を通じて人や組織のキャパシティや能力を何倍にも高めていくものでもあり，その基本として，私たちができるだけ人間らしくあること，多様な自己を認め統合された人間となることを求めてきます。優れたリーダーシップとは，その核心において*根本的*に*人間*らしくあるものなのです。すなわち，より透明性があり，自分らしく本質的で，自ら

の弱さもさらけ出し，共感し，情熱と思いやりがある形で現れ，互いに愛し合うことでさえあります（これらが私たちを機械から分ける特徴です）。私たちは，それがいかなる会議の場面だとしても，この人間性を持ち込みます。私たちは謙虚さと人間らしさを礎としています。私たちは，継続的に自分達のリーダーシップを進化させます。この惑星に恩返しをし，違いを生み出し，関わる人たちと共に，革新的かつ長続きする，世界が最も必要としていることと一致した成果を生み出せるリーダーになるために。

　リーダーシップとは*自己*を周囲に使っていくことです。リーダーとして，あなたの第一の資産はあなた*自身*です。その時その時にどんな自分でそこに現れるのか，それがあなたのリーダーシップが周りに与えるインパクトです。本書では，次のような質問が鍵になります。「*あなたがリードする時，誰が姿を現し# 振り返り ☕

　本書の考え方を実際の職場に適用すると，一層効果的です。少し時間をとって，以下について振り返ってみましょう。
・あなたは組織の中で自分の「効果的なリーダーシップ」をうまく拡げていますか？　なぜそれができている，またはできていないのでしょう？
・現在のVUCAなビジネス環境は，あなたの組織に，またチームやあなた自身に，どのように影響しているでしょう？
・あなたには，リーダーシップにおいて開発のギャップがありますか？　それはリーダーとしてのあなたの効果性にどのように影響しているでしょう？

第2章 Profiles in Leadership

リーダーとしての人物像
——リーダーのプロファイル

　ジム・ガイガーはLiquidWebのCEOで，私たちの昔からのクライアントです。リーダーについて次のようなすばらしい洞察を寄せてくれました。「リーダーは天候をもたらす」。つまり，偉大なリーダーが部屋に入ると，誰もが彼・彼女に気づき，そのエネルギーは肌で感じられるというのです。

　どんな組織でも，リーダーの雰囲気・気分・存在感・関心事・振る舞いは，まるでその場の天候をつくるような気をもたらします。そこで働く誰もがそれを感じ，見，経験し，それが自分や周囲の人にどんな影響を与えるか，説明することができます。自分たちの生み出そうとしているものを，その空模様がサポートしてくれるかぶち壊そうとしているか解ります。それが，社員一人ひとりやチームのベストを引き出そうとしているか，萎縮させパフォーマンスを低下させるか説明できます。そして，自分たちが安心できるか，貢献できるか，リスクを取っていいのか，注意深く用心して身構えるべきかどうかも解るのです。

　リーダーは天候を持ち込み，そしてその下で，組織内でどんなことが許され，何が起きてはならないのかの多くが決まります。

　では，この天候とは何なのでしょう？　どこへ行こうとリーダーが持ち込む，リーダーシップの強力な存在感とは一体何なのでしょうか？　実際には，天候をもたらしているのは，リーダーの行動や振る舞いの中で見られる人物像です。私たちには皆それぞれ，リーダーとしての人物像があります。部下に見せている姿，何らかの状況や危機に対応する際の傾向，その人の前では何を話すことが許され何が許されないか，などです。

　リーダーに直接接して働く人はそのリーダーが纏う空気を最初に体感してい

るので，リーダー本人以上にその場の天候に気づき，うまく説明できることが多くあります。なぜフィードバックが大変重要で，なぜリーダーは周囲の人にフィードバックを求める必要があるのか，その理由がここにあります。

　自分自身のリーダーシップを考えてみて下さい。あなたはどんな天候を持ち込んでいるでしょうか？　あなたはそのことに気づいていますか？　あなたが持ち込むものは，あなたが意図する，しないに関わらず他者に影響するわけですが，どのように影響しているか知っていますか？　また，自分の仕事において，他のリーダーがあなたにどう影響しているかも考えてみて下さい。他のリーダーたちがあなたに与える影響は快適か不快か，またその間のどこかでしょうか？　それはなぜでしょう？　リーダーたちのどんな行動があなたにその様に感じさせるのでしょうか？

　リーダーたちのチームに関わる際，私たちはしばしば次の単純ながら力強い質問をします。「あなたは，リーダーシップが重要であることに同意しますか？そして，他の条件がすべて同じなら，効果的なリーダーシップの方がそうでないリーダーシップよりよい業績を出すということを認めますか？」

　結果・業績・文化・エンゲージメント・機敏さ・適応力・持続性・仕事への満足度など，多くのものにとってリーダーシップが重要である，ということには，ほとんど全員から合意を得られます。また，個人および集団としてのリーダーシップの効果性が，パフォーマンスを生む第一の原動力となることにも皆同意します。さらに，優れたリーダーシップとはどのようなものなのかについて，強固な意見の一致がみられるのです。それは「見れば解る」ようなものであり，リーダーの行動で役に立つものが何で，何が役立たないかを説明することができます。

　私たちは皆，やる気を起こさせてくれて最善の自分を引き出してくれる優れたリーダーのために働きたいと思っているのです。

　私たちがクライアントの組織に呼ばれた際，よくメンバーたちにこう質問します。「ここのリーダー全員の中で，最も尊敬でき・賞賛できる人を2，3人選ぶとすると誰でしょう？　その人はなぜそのようになったのでしょうか？　そしてあなたはなぜその人を選んだのですか？」こう質問すると，80％の人はほぼ共通する2，3人の；他の人より傑出した男性や女性の名前を挙げます。

さらに質問を続けると，効果的なリーダーの人物像，特性や性格がはっきりします。社員は，効果的なリーダーとはどういう人なのかを知っています。優れたリーダーはなぜ優れているのか。これは謎ではありません。これにより，私たちは次のような明確な仮説を立てて本書の調査研究に臨みました。「リーダーたちが互いにフィードバックをするとき，彼らは『効果的なリーダーシップとはどのようなものか，効果的でないリーダーシップとは何か，そして現実の生活・現実の組織でそれはどのように見えているのか』について描写している。そしてそれは，注目に値するほど正確である」。私たちは，効果的なリーダーシップについて，その人の周りのリーダーたちの経験や描写を通して学びたいと思いました。飾り立てないありのままの，あらゆるモデルや理論や枠組みや仰々しさを抜きにしたリーダーシップとはどういうものでしょう？　現場のリーダーは，リーダーシップについてどのように描写するのでしょうか。他のリーダーが持ち込む「天候」のようなものについてフィードバックをするその生の声には何があるのでしょうか。何が役に立ち何が役に立たないのでしょう？　最適なリーダーシップの人物像（プロフィール）とはどんなものなのでしょう？

最適なリーダーシップ・サークル・プロファイル（LCP）

本書での私たちの調査はリーダーシップ・サークル・プロファイル（LCP）を通して実施しました。ここで，LCPとその基本となるリーダーシップの普遍的モデルについて簡単に説明しておきましょう。前著 *"Mastering Leadership"* で詳しく解説しましたので，ここでは，これから示す新しい結果を理解するのに必要な範囲にとどめておきます。

どのリーダーにも人物像（プロファイル）があります。そして，私たち全員が効果的なリーダーシップとは何か見解を説明することができるからには，優れたリーダーシップとはどういうものか，量的・質的に測定することができるはずです。LCPというツールを用いて表すと，最適なリーダーシップ・サークル・プロファイルは図2.1のようになります。

私たちは世界5万人のリーダーや従業員に，理想のリーダーシップについて

図2.1　最適なリーダーシップ・サークル・プロファイル

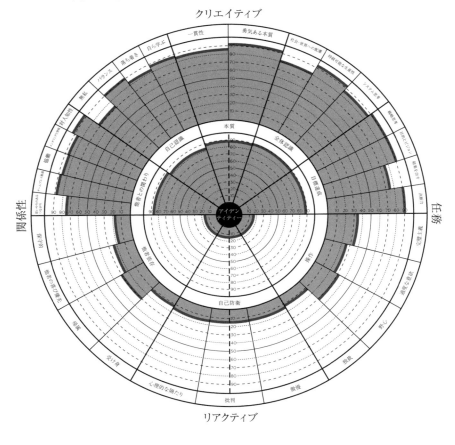

次のように質問して，図2.1の最適な LCP にたどり着きました。「*現在の市場*
状況において，そして将来にわたって組織を繁栄させることができるリーダー
シップがあるとしたら，それはどういうものでしょうか？」世界中，業種を問
わず，人々が回答する最適な LCP はこのようなものでした[1]。ただし，これ
があらゆるリーダー個人個人が目標とすべきものというわけではありません。
すべての人はそれぞれ自分だけの才能と強みを持っており，私たちがやるべき
ことは，それを大切なもののために活用することだからです。しかし，この図
は，優れたリーダーシップとはどういうものかという重要な共通見解を示して

います。

　図2.1の「最適なLCPの図」は非常に類まれなプロファイルを表しているのですが，LCPに初めて触れる方のために，ここではまず基本的なことを説明します。LCPのより複雑な面については，本書全体を通して少しずつ解説していきます。

　LCPは，リーダーに対する360度フィードバックのアセスメントツールであり，その結果は円形に表示されています。円形にしている理由はいくつかありますが，一番の理由は「円は*全体性（wholeness）*を示す」ことです。個人のリーダーシップ・プロファイルがどんなものであれ，私たち一人ひとりはwholeな存在，すべてを兼ね備えた人間です。360度アセスメントはリーダーの強みとマイナス要因を測定するツールでもあるので，その結果を見ていく際に私たちはその人のすばらしい全体性をつい見失いがちです。円の形で示されたLCPを見ることでそれを思い出して頂きたいのです。

●創造的リーダーシップ

　LCPは上下2つの半円に分けられます。クリエイティブと記された上の半円は，リーダーが創造的段階へと成熟するにつれて現れてくるリーダーシップに代表される項目が並んでいます。

　クリエイティブ側の半円の外側には，創造的段階のリーダーシップに移行するにつれ，自然に現れる18種類の創造的コンピテンシー（能力・要素）を示しました（LCPの全容についてはX〜XIページの拡大図及び付録Aをご覧下さい）。これらのコンピテンシーはよく研究されており，リーダーシップの効果性や業績と強い相関があります。図2.2は，全18種類の創造的コンピテンシーのスコアの平均点と「効果的なリーダーシップの発現度」のスコアの関係を示しています[訳注1]。「効果的なリーダーシップの発現度」のスコアは，表2.1の質問から得ています。

　18の創造的コンピテンシーのスコアを平均したものと「効果的なリーダー

（訳注1）LCPでは，自己評価のスコア（実線）とフィードバック提供者によるスコア（グレーで塗られた部分）があるが，ここではフィードバック提供者によるスコアの平均。

シップの発現度」の相関係数は0.93です。これは，世界中の100万人以上の回答に基づく数字です。驚くべき強力な相関関係にあり，*クリエイティブ側の半円でのスコアが高くなるほど，周囲の人があなたをより効果的なリーダーとして（彼らの体験から）認識している可能性が高いことを示します。*

●創造的リーダーシップと業績

前著 *"Mastering Leadership"* では，反応的・創造的リーダーシップがそれぞれどのように組織の成績と関係しているかをその根拠とともに提示しました。私たちは業績を示すための指標を作り，市場シェア・利益率・総資産利益率（ROA）・製品とサービスの質，その他の数値でビジネス上の成績を評価してもらいました。それから，この業績指標の結果とLCPの指標のひとつである「*効果的なリーダーシップの発現度*」の関係性を調べると，両者の間に強い相関があることが確認できました（企業2,000社と調査対象者25万人で相関係数0.61）。創造的コンピテンシーは効果的なリーダーシップの発現度と非常に強い相関があります。このため予想していた通り，創造的コンピテンシーは，業績とも強い正の相関を示すことが解りました（全体の詳しい説明は付録Bをご覧下さい）。

●反応的リーダーシップ

LCPの下側の半円は，11種類の「反応的傾向」で構成されます（それぞれの定義は付録Aをご覧下さい）。それぞれの反応的傾向の奥にはそれぞれの「強み」が存在していますが，これらの強みは，反応的に起動されています。要するに，反応的傾向とは私たちの「デフォルト」になっている思考や振る舞いの傾向であり，私たちがプレッシャーやリスクに曝されていると感じたとき，習慣的に頼る強みでもあります。

自分の強みを反応的に動かしていると，それが意図せぬ結果を生み，自らの効果性を制限してしまうことがよくあります。反応的に強みを使うことは，その長所を相殺（キャンセル）してしまい，代わりにマイナスとなる要因を呼びこんでしまうことが多くみられるのです。このため，反応的傾向と効果的なリーダーシップの発現度との間には負の相関があります。図2.3は，「効果的な

図2.2　「効果的なリーダーシップの発現度」と創造的コンピテンシー

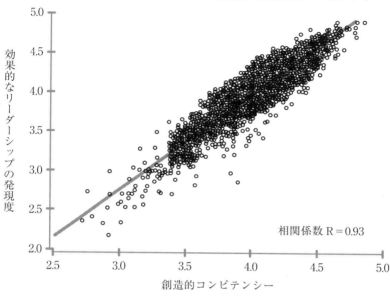

相関係数 R = 0.93

表2.1　効果的なリーダーシップの発現度

☑ 彼／彼女が提供しているリーダーシップの質に満足している

☑ あの人のようになりたいと周囲に思わせるリーダーだ

☑ 理想的なリーダーの手本である

☑ 彼／彼女のリーダーシップはこの組織の繁栄に役立っていると思う

☑ 全般的に，彼／彼女は非常に効果的なリーダーシップを提供している

リーダーシップの発現度」と11項目の「反応的傾向」の平均スコアとの相関を示したものです。

　効果的なリーダーシップの発現度と反応的傾向の相関係数は -0.68で，強い負の相関があります。私たちのリードのしかたが反応的になるほど，効果的なリーダーだと人々が思えるようなことは少なくなっていくことを示します。

図2.3　効果的なリーダーシップの発現度と反応的リーダーシップ

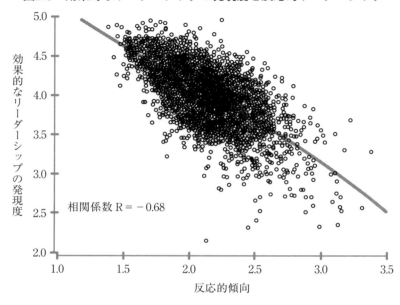

もちろん，反応的リーダーも結果を出すことができますし，実際に出しています。ときには抜群の結果を見せます。組織の他の誰よりも売り上げを作ったり，革新を起こしたり，多くのものを提供するかも知れません。しかしその後ろには，傷つけられ，幻滅し，やる気を失った部下や同僚，常に圧迫・圧力・抑圧を感じたり意気阻喪したりする関係者の姿が累々と続いていることがよくあります。つまり，反応的アプローチで得られる結果は，部下や協力者の犠牲の上にあることが少なくないのです。彼らはそこで働くことにリスクがあり，傷つきやすく，危険だと感じています。

　反応的リーダーは，「〜しなければならない，そうでなければ（or-else）」という不健全な文化を作ります。長期的に燃え尽きを招いて成果を縮小させることにつながります。もしあなたが，自分の上司から「私のやり方でやれ，そうでなければ…」と「or-else」の状況に追い込まれる扱いを受けていたらどのように対応するでしょうか？　それはあなたのやる気や，最終的には仕事の成績にプラスでしょうか，マイナスでしょうか？

　反応的リーダーの元で働く人は，「永遠に何も変わらない」と諦めていることがよくあります。悲しいことですが，このような反応的リーダーが役職に就いている限り，社員がこのように口にするのはもっともなことなのかもしれません。私たちが依頼を受けて，反応的リーダーが率いている組織に足を踏み入れるとすぐに解ります。社員たちがこのように言うからです。「あなたがなぜここに来たか解りますが，何の役にも立たないと思いますよ」。恐らく，これまで何度も「パフォーマンス向上」という経営陣が好む取り組みをやってきたものの，実際の変化が起こることがなかったのでしょう。根本的なことが起こるまで，すなわち反応的から創造的へとリーダーシップへのシフトが起こるまでは，意味のある変化は決して起こらないのです。

●効果的なリーダーシップへの影響

　調査では，反応的傾向が高くなると創造的コンピテンシーが低下することも明らかです。図2.4にこの相関を示しました。

図2.4　創造的コンピテンシーと反応的傾向

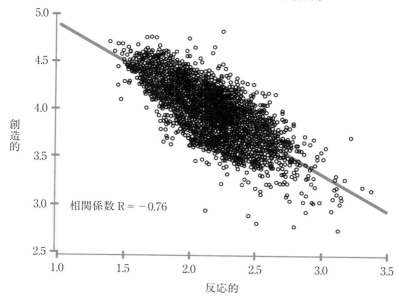

　反応的傾向のスコアが高くなると，創造的コンピテンシーのスコアは下がります。相関係数は -0.76であり，これは強い負の相関です。反応的リーダーシップでは，複数ある創造的コンピテンシーのすべてを使うことはかなり制限されます。つまり，リーダーがこれらのコンピテンシーにいつでもアクセスして使えるようにするためには，創造的リーダーシップが必要です。反応的傾向は創造的コンピテンシーへのアクセスや発揮を阻害し，その結果リーダーシップの効果性が低減されてしまうのです。

　LCP では，スコアが高くなるほど，円の中心からの距離が遠いところにグラフが伸びていきます。このため，最適なプロファイルは上の半円のスコアが大きく，下の半円のスコアが小さいマッシュルームのような形になります（図2.1参照）。本書で紹介する調査と結果を理解するためには，このことだけを知っていれば十分です。

● 2 人のリーダーの物語

　ここで，実在する 2 人の対照的なリーダー，反応的リーダーと創造的なリーダーを見てみましょう。一人目は，私たちが以前仕事を請け負っていたある企業の CEO です。彼は，何百人もの社員全員が参加する全社会議を開きました。この企業はオーナーが替わったばかりで，業績を急転させる必要がありました。つまり，コスト削減と規模縮小が求められていました。全社会議中，1 人の女性社員が立ち上がり，CEO にこう質問しました。「匿名で提出されている質問があるはずです。経営チームや同僚の前で持ち出すのは怖くて憚られる質問です。それにはいつお答えいただけますか？」。

　この的を射た質問が嬉しくなかった CEO は言いました。「あなたの質問は評価できない。匿名で質問するのは「私の」アイデアではないし，私の経験上あまり役にも立たない」。

　念のために言うと，この CEO は素晴らしい人で，有能なリーダーでもあります。しかし，社員に対してこの様な反応的な態度を見せたことで，彼は長期にわたってこの会社での彼のリーダーシップがこういうものだと決定づけかねない瞬間を招いてしまったのです。事実，彼がこのたった 1 分のやり取りで起こした強力でネガティブな印象を回復するのに，何ヶ月もかかりました。

　対照的なのが，シドニーに本社のある総合保険の大企業，IAG の社長兼
CEO，ピーター・ハーマーの場合です。月例取締役会の1日か2日後，私た
ちは会社のリーダー全員が質疑応答できるオンライン会議を開きます。会議中
に質問すべてに答える時間がなくても，後日1万人以上の社員を結ぶ同社の
ソーシャルメディアのプラットフォーム上で，すべてに回答がなされます。
IAG の経営リーダーチームは完全なまでに透明性を保ち，また，社員には経
営業務に参加することが奨励されており，多くがそうしています。

　反応的リーダーシップは社員からの貴重な意見や貢献を遮断し，組織のキャ
パシティや能力を縮小させてしまいます。対照的に，創造的リーダーシップは
社員に貢献の道を開き，その結果組織のキャパシティや能力を伸ばすのです。

　さて，あなたはどのようにリードしていますか？　あなたの組織のリーダー
たちは，反応的，創造的，どのようにリードしているでしょうか？

「拡大」の条件

　LCP はリーダーシップを拡大していくために必要十分なリーダーシップの
条件をすべて測定できるようデザインされています。リーダーシップの成長・
拡大が起こるためには，適切な条件が必ずあるのです。適切な条件下では石炭
の塊が美しいダイヤモンドに変わることに，とても似ています。ダイヤモンド
を生み出すために必要な要素がいくつかあります。炭素，ものすごい圧力や熱，
地面の奥深くに埋まって過ぎた何百万年という時間などです。しかし，ダイヤ
モンドの生成に必要な条件がその通りに整わなければ，生成は起こりません。

　同様に，あなたのリーダーシップが拡大する条件に見合っていなければ，そ
れは起こりません。

　LCP の「創造的」側の半円の内側の5項目は，リーダーシップを拡大して
いくために必要な一連の条件を表しています（図2.5参照）。それぞれの条件は
すべて互いに依存しています。つまり，それぞれの条件が他の条件を必要とし，
かつ他の条件に必要とされるのです。外側の半円の18の項目は，これらの条件
を整えるのに必要なコンピテンシーです。

　拡大するためには，6つの条件が必要です。創造的リーダーシップ，深い人

図2.5　内側の円

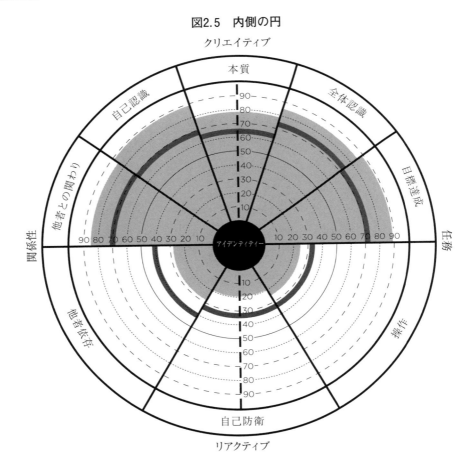

間関係，根本的に人間らしいこと，全体認識，目的に沿った達成，生成的張力
です。

●条件1：創造的リーダーシップ

　複雑性を増す環境に対応する最も効果的な方法は，より機敏でイノベーティ
ブで適応力があり，やる気に満ちてパフォーマンスが高く，満足度の高い組織
の文化と構造を作ることです。このような組織は反応的リーダーシップからは
生まれません。創造的リーダーシップが必要です。つまり，リーダーシップを

拡大するための最初の条件は，自らのリーダーシップを進化させていくという心構えをもちその姿勢をとることです。個人的にも集団としても，「反応的」から「創造的」へと（そしていつかは「統合」へと）リーダーシップをアップグレード，移行していくという態度です。これが全体に関わる基本的条件です。他の条件はすべてこの移行に依存するものでもあり，それを支えるものでもあります。

　LCP上では，この条件は「反応的」側の半円から「創造的」の半円への移動として表されます。

　　反応的リーダーシップは拡大する力を制限してしまいます。一方，創造的リーダーシップはリーダーシップを何倍にも拡大することができます。創造的リーダーは，周囲のすべての人の「ゲーム」のステージを高めます。創造的リーダーは，一対一の関わり合いにおいても，チームや組織においても同じように熟練した行動を見せます。創造的リーダーは，自分がチームの一員となるべきとき，参加すべきとき，他者に対して扉を開くべきとき，方向性を示してリードすべきときを弁えています。そして，他者が自己のベストを発揮し活躍できるように，促し，インスパイヤするために，これらのことすべて（もしくはもっと多くのこと）をリラックスした立ち振る舞いでやってのけるのです。

　創造的リーダーは組織とそのミッション（目的・使命）に対するコミットメントと忠誠心を生み出します。また，オープンで，正直で，本質的で，楽観的で，生成的で，イノベーティブな文化を生み出すので，最善のアイディアが生まれ，実行され，誰もが成長しようと力づけられるのです。

●条件2：深い人間関係

　リーダーシップとは，「他者と組織の能力・キャパシティを拡大し，最も重要な成果を生み出す」ことです。拡大は，他者を通じて，また他者と一緒になって，私たち自身の才能を増幅することによって成し遂げられるものですが，これは深い人間関係があってはじめて起こります。優れたリーダーは深い人間関係を育てます。

　深い人間関係は，LCPでは「*他者との関わり*訳注2」として表されます。

　深い人間関係は，リーダーシップを拡大するためには不可欠ですが，それ以

上の意味を持ちます。それ自体がやりがいがあり目的となることであり，偉大なリーダーは一緒に働く人々を純粋に愛し，思いやりをもっています。最高のパフォーマンスを見せる偉大なチームのメンバーは，愛をもって互いに接しています。私たちを育み，チャレンジさせてくれる人間関係の中で一緒に困難を乗り越えていくことができれば，仕事は喜びとなるのです。

　最高のリーダーは，組織の内外のどんなレベル（一対一，一対チーム，チーム対組織）でも人間関係を育成し，それを通じて，物事を成し遂げます。この人間関係が深ければ深いほど，拡大するための基礎が固まります。私たちが，リードしたり共に働いている人々のことを思いやっていること，心底から彼らの為になるように思っていることを皆が分かっていれば，彼らは重要な成果を生み出すために自ら喜んでエネルギーを費やしてくれるでしょう。拡大するためには，信頼・透明性・正直さというしっかりした基盤に基づいた深い人間関係の中にあり続けることが必要です。これは，勇気をもって真実を語るための基盤ともなり，結果として集合的知性を高め，最高のアイディアを出し合い，難題に対する解決法を「創造的に」生み出すことにつながります。

　深い人間関係は，人間の想像力を解き放ちます。（抑制された想像力に対して）拡げられた想像力は，組織とリーダーシップを拡大するために不可欠な条件です。また，深い人間関係を構築するためには，関係性構築やコミュニケーションスキルについて学ぶことや，周囲の人々を導き成長させる能力とハイレベルなチームワークや協働関係を育む能力を開発することが必要です。

　人間関係が深ければ，リーダーチーム（複数のリーダーから成るチーム）は一緒にやり抜くことができます。これは普通のリーダーと卓越したリーダーの違いの一つであり，今日のリーダーシップにおいては必須の能力です。このVUCAな世界で栄枯盛衰に左右されずに生き抜くためには，長期にわたって一緒に耐え抜き，経験を通じて動かぬ信頼を築きあげることが欠かせないのです。これにより，組織に耐久性のある機敏さを生み出すことができます。VUCAの世界が差し迫ってきたときでも，戦略的な方向修正を可能にするの

（訳注2）英語ではこの項目は「Relating」であるが，LCPでは文脈上「他者との関わり」と訳している。

です。

●条件3：根本的に人間らしい

　自らのリーダーシップを進化させていくという心構え・態度を示し，組織の継続的な進化をリードしていくためには「根本的に人間らしい」ことが要件になります。普通以上の謙虚さと自己認識と勇気と高潔さを持ち，周囲の人々との深い人間関係の中で，「声に出して」学ぶという，自らをさらけ出すことを求められるのです。

　この「根本的に人間らしい」という条件は，LCPでは「自己認識（Self Awareness）」と「本質（Authenticity）」で表されます。

　多くの場合，リーダーは組織に必要な変化は自分たちの外側にあると思っています。つまり，「それ」を変えようとし，「自分」を変えようとはしないのです。自らの開発のギャップが完全に明らかになっているにも関わらず，最も変わらなければならないのは「他者」だという妄想を持ち自らの変化を拒むことを好むのです。そのままの状態でリードしていくと，やがて破壊的な変化が訪れ，私たち自身がまず自らを破壊することを要求されるでしょう。私たち自身が問題でもあり解決策でもあるのです。まずは自分からスタートし，そのことをあなたがリードしている人々にもオープンにしてみてください。こうすれば，部下にも同じように行動する勇気を与えられます。これは弱さをさらけ出す（vulnerable）行動です。そして同時に，組織そのものが自ら責任を持って進化していくためにリーダーができる最強の行動でもあります。

　リーダーの中には，自分がすべての答えを知り，一緒に働く人々について支配権を及ぼさなければならないと考える人がいます。しかし，こういった間違った信念や，知っているとか操作・支配するとかいった幻想があると，進化が妨げられます。私たちは「知る」から「学ぶ」へ，「操作・支配する」から「力を与える（エンパワーする）」にシフトしなければなりません。リーダーシップを拡げられるリーダーは，自分がまず手放すことから始め，次に公に有言実行で学び，「自分は知らない」という弱さを受け入れるものです。自分を守る防御を緩め，自らが最大の変化を遂げる人として透明性を持って変容をリードしましょう。フィードバックを求め，学ぶためによく聴き，理解するた

めにまず探求しましょう。間違いを犯したら（誰もが誤ることがあることを知ったうえで）自分の誤りを当事者として認め，謝罪しましょう。エゴの他に失うものはありません。

このようなことは，すべて，新たなスキルを学ぶ以上のことを必要とします。リーダーシップのインナーゲーム^{訳注3}においてより成熟しなければなりません。インナーゲームがアウターゲームを動かします。すなわち，私たちの内面で起こることが外側に現れる行動や結果を生み出します。自らと組織を拡大できるリーダーシップは，高度に成熟したインナーゲームがあってこそ立ち現れてきます。これは知性と心の深遠なシフトです（これについては後ほど，さらに述べていきます）。

高く上るには深く潜り，変容の道を歩む基本的な力をつけ，リーダーシップを磨く必要があります。

お互いにもっと「根本的に人間である」（進化していく中で，すばらしく不十分で不完全で弱さのある自分である）ことを選択したとき，私たちは拡大に必要なこの条件を整え始めたと言えます。私たちは，*徹底的な謙虚さと弱さを持って，他の学習者たちと一緒に旅をする「学ぶ人」*になるのです。自らのミッションの大きさに謙虚な気持ちになり，渡ろうとする海に比べて自分があまりにも小さいことを知ります。それでも，私たちはお互いの人間関係の深さを通じて，また利害関係を持つすべての人との関わりの深さを通じて，立ち現れてくる大いなるものに向かってリードしていくことができるのです。

●条件4：全体認識（Systems Awareness）

非常に創造的なリーダーは「大局的」に考えます。VUCA な世界の中で，より高度で持続的で機敏なパフォーマンスを生み出すシステムとはどのようなものかが見えており，これをデザインすることができるのです。

デザインが，パフォーマンスを決める第一の要因です。あなた自身やあなたの組織は，今得られているパフォーマンスに見合ったデザイン（設計と構造）になっています。組織は，エンゲージメントが高まり，適応性があり，イノ

（訳注3）自己の内面で起きていることへの認識や対応。

ベーションを生み，機敏で，リーダーシップを拡大できるようにデザインされている必要があります。通常の組織はそうではありません。このため，VUCAな現実にふさわしい状態に組織を成長させるためにも，リーダーはシステム的に思考する能力を（個人的に，そしてここでは特に集団・集合体として）開発する必要があり，そして将来にわたって繁栄できる組織をデザインしなければなりません。

　この条件は，LCP では「全体認識（*Systems Awareness*）」の項目で表されます。

　組織全体にリーダーシップを拡大するには，リーダー自身がそのリーダーシップを開発し成長できるようデザインされている必要があります。前著 *"Mastering Leadership"* で，リーダーシップを拡大するためのシステミックな手法を用いた，私たちのクライアントとの取り組みについて紹介しました。また，フレデリック・ラルーの書『ティール組織——マネジメントの常識を覆す次世代型組織の出現』には，新しい革新的なデザインで組織をうまく成長させてきたリーダーたちの事例が多数紹介されています。また，ロバート・キーガンとリサ・ラスコウ・レイヒーは，共著『なぜ弱さを見せあえる組織が強いのか——すべての人が自己変革に取り組む「発達指向型組織」をつくる』の中で，成長に熱心な組織とはどんなものか，それがどのようにデザインされ，誰もが成長するような文化を創るために利用される構造やプロセスはどういう種類のものかについて解説しました。

　これらの組織は，いたるところにフィードバックに富んだ環境を得られるようデザインされています。私たちは，同僚や部下を始め共に働く人々から，また顧客・サプライヤー・社会などあらゆるものから，より多くのフィードバックが必要だという声を聞いています。誰もがいつもフィードバックに富んだ環境の中を泳いでいるのに，ほとんどの組織はフィードバックやサポートに関しては不毛の地のようになっています。多くの場合，リーダーがこのフィードバックを取り入れ，フィードバックに基づいて行動することが欠けているのです。

　多くのリーダーのシステム（集団）では，フィードバックというエネルギーは通常は無視され，無駄にされ，捨てられています。価値あるものとされ，尊

重され，活用されているところは多くありません。どうしたら組織内のフィードバックを，太陽エネルギーや風力・地熱エネルギーのようにシステムに有用なものとして取り扱うことができるでしょうか？　フィードバックを自由に得られるエネルギーだと考えると，私たちは周囲からのフィードバックを効果的・効率的に取り入れて利用できるように，システムや業務慣行をデザインするはずです。私たちは，成長を支援し，チャレンジを与えてくれるフィードバックのシステムを制度化しないと，リーダーシップを拡大することはできません。

●条件5：目的に沿った達成

　優れたリーダーは，個人的にも集団としても，私たちをより高い目的に向けて導きます。私たちはやる気を引き出され，自分たちを越える偉大な成果を生み出すために，自らの意志でエネルギーを注ぎます。目的を原動力とし，その目的を明確な高次の戦略的ビジョンに変え，さらにそれを戦略と実行に移していきます。

　この条件は，LCPでは「目標達成[訳注4]」として表されます。

　優れたリーダーは，自分達のもとで，そして自分達と一緒に働く人々を導き彼らの夢や希望を良い方向に向かわせていきます。これが「アラインメント（方向性を合わせること）」を生み出します。組織全員のベクトルが揃うように，対話の場を設け人々の参加を促し，組織のビジョンや方向性を一緒に描きます。個人の価値観や目的も，組織の目的に向かって働くことで満たすことができ，そのことを社員たちは知っています。ミッションとビジョンに焦点を合わせていれば，組織は自然に高度なアラインメントがとれている，すなわち，メンバーの向かう方向が一致する状態になります。人々は反対意見でもはっきり唱えることができ，実際そうすることもよく見られます。全員が同じ目的にコミットしていることを知っているからこそ，信頼して異論を唱えられるのです。

　目的を持つという条件は，他のどの条件のためにも必要です。そしてこれは，

（訳注4）英語ではこの項目は「Achieving」。直訳は「達成」だが，LCPでは文脈上「目標達成」と訳している。

創造的リーダーシップの心臓のようなもので，本質的に，弱さも認めながら，根本的に自らを成長させていくモチベーションになります。また，目的は，人々を同じ方向に向かって結びつけ，仲間と共にやり抜いていくために必要な，耐久性のある機敏さを保つ役割も果たします。

　強力な目的と人を惹きつけるビジョンがあれば，人もシステムも進化します。これもリーダーシップを拡大するための条件の一つです。

●条件 6 ：生成的張力[訳注5]

　張力（引き合う力）はどの条件にも含まれている要素です。私たちの願いと今の現実との間には，*生成的張力*，つまり「変化が生まれるための引っ張りあう力」があります。これを，ヴィクトール・フランクルは*精神の力学（Noö-Dynamics）*，ロバート・フリッツは*構造的緊張*，ピーター・センゲは*創造的緊張*，ゲイリー・ハメルと C.K. プラハラードは*戦略的意図*と呼びました。

　優れたリーダーは，あらゆるレベルでこの引き合うエネルギー場を培います。最も大切なことにコミットすることによって，また厳しく且つ慈愛をもって現状についての真実を語ることによって，この引き合う力を確立します。個人のレベルでは，リーダーは自らの開発ギャップに向き合うことでこのエネルギー場を築きます。組織レベルでは，リーダーは，組織のアイデンティティー（ミッション・ビジョン・バリュー）を構築するための対話を指揮し，SWOT分析で正直に現状に向き合い，組織変容のため困難な再編成に取り組むことなどによって生成的張力を作ります。

　リーダーシップが拡大するには，私たち自身，チーム，組織のすべてが，開発のギャップの中に相当の期間置かれている必要があります。結果として，リーダーである私たちは，ある意味組織の「最高開発責任者」となることになります。挑戦的な*開発の課題*（自分の課題，他者の課題，チームの課題，組織の課題）のために，その責務を負い，受け入れます。私たちはチームと会社全

　（訳注5）原書では「generative tension」。日本語では馴染みがない言葉だが「生成的張力」と訳した。「tension」は「張った状態やそのエネルギー」のこと。他書の翻訳などで見られるように「緊張」と訳されることが多いが，ここではこのエネルギー状態を想起しやすいように敢えて「張力」などという訳を使用している。

体のリーダーたちのキャパシティと能力を育成することにコミットしているのです。

開発のギャップに橋を架ける

　LCP は個人と集団のリーダーシップの育成開発を促すために設計されています。反応的傾向，創造的リーダーシップ両面について，自分がどのように振舞っているのか，直接的なフィードバックを提供しています。これにより，リーダーたちが創造的リーダーシップへシフトしていくことを助け，今日の VUCA な環境でより効果的にリードできるように支援しています。（図2.6参照）。

　どのリーダーにもその人なりの人物像があります。また，リーダーとその直属のリーダーからなる「リーダーチーム」にも，さらにその下の職位のリーダーを含めた「上級管理職チーム^{訳注6}（Extended Leadership Team，以下ELT）」にも「リーダーの集合体」としての人物像があります。これらは，組織をリードする上で，チームのメンバーが集合体としてどのように振舞っているのかを反映しています。その人物像によっては，リーダーシップを拡大するための条件を帳消しにしているかもしれませんし，条件が整いリーダーシップを何倍にも増大できるものかもしれません。ここでもう一度質問します。「あなたはどの自己を使っていますか？」

　今，この VUCA な環境でやっていくためには，個人的にも集団としてもリーダーシップをアップグレードさせるという投資が，ビジネスにおいても益々必須事項となってきています。

（訳注6）Extended Leadership Team。組織のトップとその直属のリーダー，さらにその下のリーダーなど，組織をリードする立場にあるやや広めのリーダーまでの役職の人たちの集団。本書はそれを「上級管理職チーム」と訳した。

図2.6　開発のギャップ

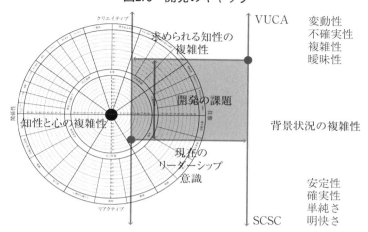

VUCA　変動性
　　　不確実性
　　　複雑性
　　　曖昧性

背景状況の複雑性

SCSC　安定性
　　　確実性
　　　単純さ
　　　明快さ

ホームワーク 📖

　自分のLCPの結果を振り返り，本書を読み進めながら開発計画を作成することでリーダーシップを大きく伸ばすことができます。以下の宿題に取り組んでみてください。

　本書で紹介しているLCP（リーダーシップ・サークル・プロファイル）の自己評価（無料）をやってみましょう。所要時間は約20分程です。www.theleadershipcircle.com からアクセスできます。

　自己アセスメントを完了すると，結果と簡易解説ガイド，開発計画へのリンクがメールで送られてきます。本書と共にご活用ください。

第 **3** 章 Getting a Street View on Leadership

リーダーシップの実際を知る
──リーダーは他のリーダーをどう語るか

　リーダーとして，あなたは，自分や自チームの他のリーダー達をより効果的にしてくれる「強み」があるとしたらそれは何か，長い時間考えてこられたことでしょう。何が役に立ち，何が役立たないのか，私たちは皆知りたいと願っています。自分達のリーダーシップが市場で有利な競争力をもたらしてくれるものであってほしいと思うのです。

　この問いは目新しいものではありませんが，リーダーシップの実際という新しい視点から語られたことはこれまでほとんどありません。「実際」とは，リーダーシップの権威が言うことでも，まして理論でもありません。そうではなく，現実のリーダーたちが自分の言葉で，効果のあるリーダーシップとそうではないリーダーシップの違いをどう語るかということです。リーダーシップに関する強みと弱みについてフィードバックしてくれるよう頼んだら，どんな言葉で描写されるのでしょうか？

　この問いに答えるため，私たちは，これまで目にしたことがないことをしました（誰もしたことがないとは言えませんが，少なくともまだ私たちは目にしたことはありません）。私たちはLCPのデータベースに書き込まれたコメントに着目しました。LCPでは，全てのサーベイの最後の質問として，対象者のリーダーシップにおける最大の強みと課題について尋ねています。着目したのは，この質問への回答として自由に書き込まれたコメントです。私たちは，これは金の鉱脈ではないかと考えました。つまり，私たちのデータベースを綿密に調べ，リーダーたちが互いに述べ合ったフィードバックを研究すれば，創造的または反応的なリーダーがどのように効果的にリードを行っているか，多くのことを学べるのではないか，と仮説を立てたのです。

　こうして，私たちは世界15万人以上のリーダーへのフィードバックとして書かれたコメントを集めたデータベースを分析しました。大半の360°調査では一人の被評価者に対し10人以上の評価者がいるので，事実上，150万件以上のサーベイからデータを引き出すことができました。私たちはこのデータを整理・サンプリングし，書き込まれたコメントに対しマトリックス内容解析を行いました（この研究方法の説明は付録Cを参照）。

　調査はシニアリーダー（大組織のレベル1～3，または4）に絞りました。この研究に用いたデータのリーダーの条件は以下の通りです。

- 上級リーダー
- 大組織
- 直属の部下が5人以上いる
- 同一組織から複数のリーダーを選ばない
- 英語圏
- オーストラリア，ニュージーランド，アメリカ，イギリス，カナダ

　LCPデータベースをランク順に並べ（この方法については付録Cを参照），4群（グループ）に分け，それぞれからサンプルを抽出しました。データベースの一方の端が，「最も創造的」で「最も反応的でない」リーダーのグループ。反対の端が，「最も反応的」で「最も創造的でない」リーダーのグループにな

図3.1　4つのサンプル群

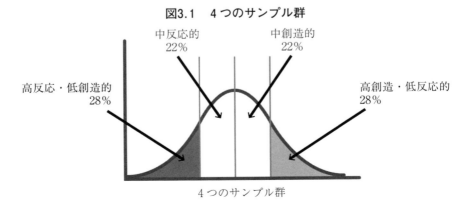

4つのサンプル群

表3.1　コメント研究サンプルにおけるリーダーの構成

- 237 社
- 29 業界
- 6 ヶ国
- 採点者 4,113 名

- 上級リーダー
- 高反応的リーダー 100 名
- 高創造的リーダー 100 名
- 中反応的・中創造的各 50 名

- 男性 186 名（62%）
- 女性 114 名（38%）
- 高反応的グループの 22% は女性
- 高創造的グループの 54% は女性
- この差はデータベース全体を反映している

ります。この2グループでデータベース全体の56%を占めます（1グループが28%）。そして，データに見られるリーダーシップ全体を連続的に表すために，中間的な2つのグループ（中創造的と中反応的）からもサンプルを採りました。

サンプルの属性

　私たちの調査に用いたサンプル（表3.1参照）は，6ヶ国の29業界237社のシニアリーダー300名で，採点者は4,113名という大きさのものです。（大半は上級および中上級の管理職（ボードメンバーからレベル4のリーダー））これらの採点者が前記300名のリーダーについて数値と文書両方でフィードバックを提供してくれたものを調査しました。

これらのグループはどのように違うのか？

　この調査では，サンプリングしたリーダーたちは，４つのグループに分けられているので（図3.1参照），私たちはまず，高創造的と高反応的の違いに注目して調査結果を見てみました。

　データベースのサンプリング方法から鑑みると，この２つのグループには大きな違いがあるだろうと予想していましたが，実際にその通りでした。参考ま

図3.2　高創造的リーダーのプロファイル

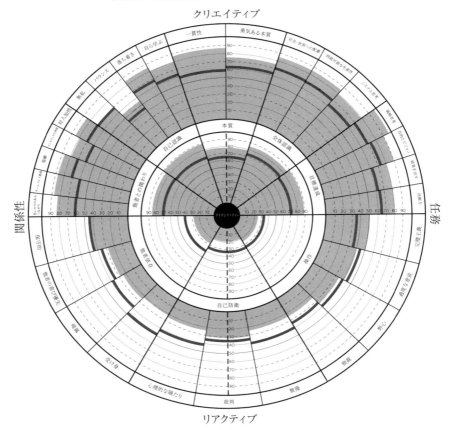

でに，図3.2，図3.3に，高創造的および高反応的リーダーたちのリーダーシップ・プロファイル（LCP）をまとめたものを示します。

　高創造的グループのリーダー100名は，LCP上では，創造的リーダーシップコンピテンシーを示す円の上半分のスコアが非常に高く，反応的傾向を示す円の下半分のスコアは極めて低くなっています。

　一方，高反応的リーダー100名のグループでは，図は逆になりました。予想通り，このグループのプロファイルは全く異なります（図3.3参照）。図3.2と図3.3のプロファイルは，この2グループのリーダーたちが周囲の人々からど

図3.3　高反応的リーダーのプロファイル

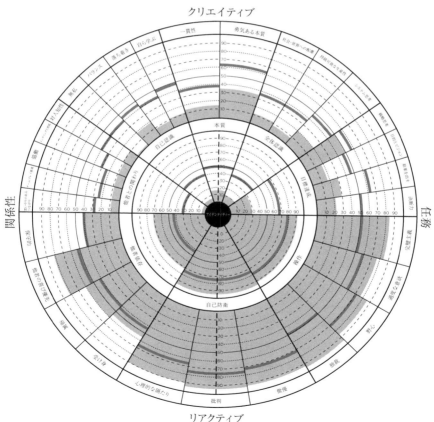

のように受け止められているかの違いを，簡潔に示すものです。

　これらの2グループは，西洋の大組織の上級リーダー職の56%を代表しています。どちらのグループも非常に才能と能力がある方々ですが，リーダーとしてどう立ち振る舞っているか，どう見えるかという点で，全く異なっています。

　図3.4に，この2グループのプロファイルの創造的側（円の上）・反応的側（円の下）の平均スコアをまとめました。高創造的リーダーでは，円の上半分に示される18の主要な創造的コンピテンシーすべてを平均したスコアは87パーセンタイルです（私たちの基準データベースの87%のリーダーより高いことを表します）。

　一方，このグループの反応的傾向の平均スコアは9パーセンタイルでした（私たちの基準データベースで91%のリーダーより低いことを表します）。これに対し，高反応的リーダーの主要な創造的コンピテンシーの平均スコアは14，反応的傾向の平均スコアは94パーセンタイルでした。

　どのリーダーにも特徴がありますが，これら2グループのリーダーたちのプ

図3.4　2つのグループのプロファイルにおける
創造的コンピテンシー・反応的傾向の平均スコア

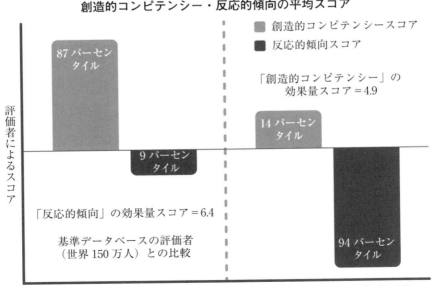

ロファイルには，大きな測定値の違いがありました。では，この違いは実際に職場で表出しているものでしょうか？　統計学者は，このような違いが日常の職場環境で経験されるものかどうか測定する，*効果量*という指標値を使います。効果量0.3未満は有意ではありません。しかし0.3以上の場合，統計学者から見ると，これら2グループのリーダーたちが組織や働く人々に与える影響には顕著な差があることが予測されます。

　効果量が0.8以上になると，これらのリーダー達のリードのしかたに大きく実際的な差が有意にあることを示します。創造的コンピテンシーでは，この2グループのスコア差の効果量は*4.9*，反応的傾向のスコア差の効果量は*6.4*となりました。明らかに，この2グループの違いはとても大きいのです！

　同じことは，この2グループの「効果的なリーダーシップの発現度」のスコアについても言えます。前章で，リーダーが他の人からどれくらい効果的と認識されているかを測定する，5つの質問による効果的なリーダーシップの発現度という指標をご紹介しました（表2.1参照）。この指標は，上半分の円の主要な創造的コンピテンシーの平均スコアと強い相関を示し（相関係数0.93），反応的傾向項目の平均スコアとは強い負の相関を示します（相関係数 -0.68）。こ

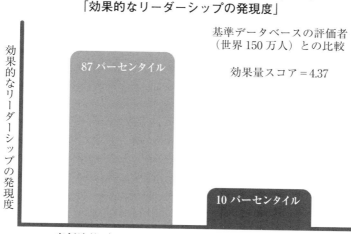

図3.5　高創造的リーダーと高反応的リーダーの
「効果的なリーダーシップの発現度」

基準データベースの評価者
（世界150万人）との比較

効果量スコア = 4.37

効果的なリーダーシップの発現度

87パーセンタイル

10パーセンタイル

高創造的（クリエイティブ）　高反応的（リアクティブ）

れらの相関を考えると，この2グループの間では「効果的なリーダーシップの発現度」スコアにも差があると予想できるでしょう（図3.5参照）。その通り，高創造的リーダーの効果的なリーダーシップの発現度平均スコアは87パーセンタイル，これに対して高反応的リーダーは10パーセンタイルでした。そして，これらのスコア差から算出した効果量は大変大きく，4.37となりました。

パーセンタイルスコアが著しく異なるだけではなく，効果量スコアも非常に大きい，すなわち，それぞれのグループのリーダー達が実際にどのような態度や振る舞いをみせているのか，非常に大きな違いがあると言えそうです。

何を意味するのか？

私たちが学んでいる対象について，改めて明確にしておきましょう。この調査は大組織の広義のリーダーチームメンバー（ELT。CEO，またはCEOより1～3段階下位の役職。図3.6参照）に焦点を絞ったものです。

これらの上級リーダーチームのメンバーの中には高創造的で効果的なものから高反応的で効果的でないものまで，あらゆるリーダーシップが存在していることになります。調査を一般化すると，ほとんどの組織の上級管理職メンバーでこのようなことが起きているかもしれません。ここで，あなたの組織の上級リーダー職の人達について考えてみてください。「あなたのリーダーチーム（リーダー達のチーム）は集団としてどれくらい効果的ですか？」

私たちの経験上，一つの上級管理職チーム[訳注1]において，高創造的から高反応的までの分布が幅広い場合は，多くのエネルギーが無駄になります。そして，ほとんどの上級管理職チームにおいて，その集合的知性は，メンバー個人の知性を平均したもの以下になっていることがよくあります。

パフォーマンスの高い人と低い人がお互い相殺し合う，つまり，最も効果的なリーダーと最も効果のないリーダーの相殺により，その努力の大部分が打ち

（訳注1）原書ではExtended Leadership Team（ELT），CEO，またはCEOより1～3段階下位の役職の集団をこのように表している。本書監訳時では日本ではあまり認識されていない言葉であったため「上級管理職チーム」などと訳している。

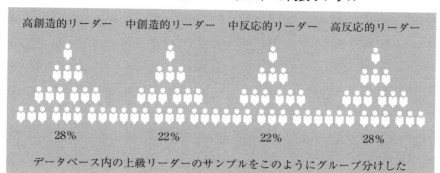

図3.6　上級管理職チーム（ELT）の代表サンプル

消されてしまうのです。これでは競争的優位性を示せるようなリーダーチームの図は見えてきません。むしろ見えてくるのは開発のギャップであり，多くの組織でこのようなことが起きています。

　組織が，そのトップ層のリーダーグループの集団としての効果性を超えたレベルでパフォーマンスを示すことはあり得ません。パフォーマンスの高い傑出した人たちがいても，パフォーマンスの低い人たちに引きずられ，優秀な人がフラストレーションを溜めて，彼らを雇用している企業の業績を抑え込んでいるなら，そのリーダーチームは VUCA なビジネス環境で効果的な経営をするために最適とは言えないでしょう。

　次章から数章かけて，実際のリーダーたちが両グループのリーダーの違いを文章でどのような言葉で表現しているか，見ていきましょう。創造的リーダーはなぜそれほど効果的で，反応的リーダーはなぜそれほど効果的でないのでしょうか。リーダー達がフィードバックとして書いていたコメントにその違いが表れています。

振り返り ☕

少し振り返る時間をとり，次の質問に答えて下さい。

・あなたはリーダーとしてどのような態度，振る舞いをしているでしょうか。どのように見えているでしょうか？　創造的ですか？　反応的ですか？

・あなたの態度，振る舞いはあなたの部下，チーム，組織にどんな影響を与えているでしょうか？

・あなたは自分がリーダーとして（自分の出来うる限り）効果性を出していると思いますか？　リーダーシップチームとしては？　もし効果的でないなら，何を変える必要があるのでしょう？　どのように変えていきますか？

第 **4** 章 High-Creative Leadership Strengths

高創造的リーダーシップの強み
——最も効果的なリーダーは何が違うのか

　すべてのリーダーには強みがあります。そして、すべてのリーダーには、最高のリーダーにすら、弱みもあります。本章では「リーダーたちは最上・最高のリーダーをどう表現するだろうか？」と問いを立て、最も効果的な高創造的リーダーの強みに注目しました。最も効果的なリーダーをそうたらしめている違いが何なのか、リーダー達が伝えてくれたコメントから知ることができます。

　私たちは次の2つの質問について得られた、1,350ページにわたる自由記載コメントを分析しました。

　1. この人の素晴らしいリーダーシップの資質、スキル、才能は何ですか？
　2. この人のリーダーシップに関する最も大きなチャレンジ（課題）は何でしょうか。さらに成長できるのはどんなところですか？

　私たちはこれらの質問への回答として得られたコメントのマトリックス内容分析を行うため、独立した調査研究機関と契約しました。

　研究者たちは、コメント内で言及されていた要素を共通するテーマでまとめ、リーダーシップの強み40種類、弱み（マイナス要因）37種類の77のカテゴリーに分類しました。（調査研究機関、調査研究の方法論、強みと弱みに関する全77種類のカテゴリーの定義については、付録Dを参照）。データをカテゴリー（テーマ）に分けた後、研究者たちは、これらの強み・弱みがどのくらい言及されているかを計算し、「コメント量スコア^{訳注1}」を出しました。

　スコアのつけ方の一例をお見せしましょう。数人がナディアに対するLCPフィードバックを行いました。彼女を勇気があると書いた人が1人だけいた場

合，彼女のコメント量スコアは0.5となります。ナディアは勇気があると書いた人が3人以上いれば，スコアは1になります。この1という数字がその強みまたは弱みの最大スコアとなります。つまり，ナディアに採点者が20人いて，全員が彼女に対するコメントで勇気があると述べても，スコアは1のままです。

　このように，評価されるリーダー1人があるテーマについて獲得できる最大スコアは1です。それぞれのサンプルグループ（高創造的と高反応的）のリーダー数は100人なので，あるテーマについてグループ全体の最大スコアは100になります（実際には起こりにくいことですが，理論上可能です）。

高創造的リーダーの強み

　リーダーを評価した人達は[1]，高創造的リーダーを自由記述コメントでどのように述べていたのでしょうか。いくつか見てみましょう。

　　彼女はビジネスについて深く広い知識を持ち，周囲の人と良い関係を築いています。協力的で周りの人を巻き込んでいく自然なスタイルなので，チームを築けているし，人々に対して建設的に異論を出すこともできています。また，彼女は人々との間に尊敬と信頼を生み出しています。人々が喜んで自らの枠を広げ，喜んで協力し合えるようにしてくれています。

　　彼は，相手がベストを尽くすように，挑戦しモチベーションを高めてくれるようなリーダーです。彼は，私たちが判断したことに関して，後からとやかく言うことはありません。そのことを私たちはわかっているため，自分の力以上のことでも心地よくやってみることができます。後になって何かが起き，当時の判断を見直す場合でも，彼は非生産的な批判をすることなく，状況を学習機会に変えてくれます。

　　彼女はコミュニケーションをとても大切にするので，彼女のリーダー

（訳注1）原文ではendorsement score。エンドースされている（そうであると承認，裏書きされている）要素をスコア化している。

図4.1　高創造的リーダーで最も認められた強み上位10項目

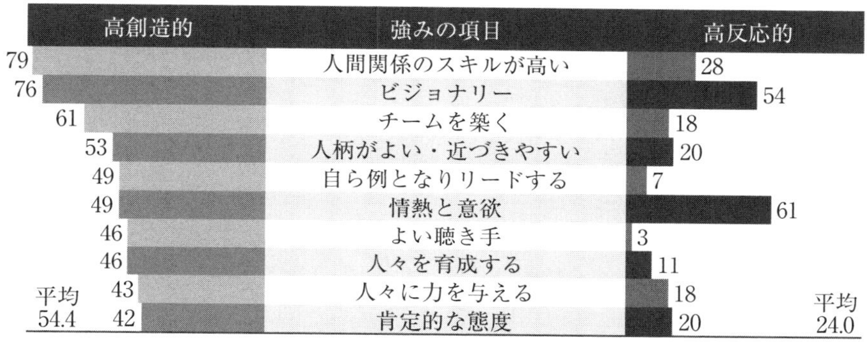

高創造的	強みの項目	高反応的
79	人間関係のスキルが高い	28
76	ビジョナリー	54
61	チームを築く	18
53	人柄がよい・近づきやすい	20
49	自ら例となりリードする	7
49	情熱と意欲	61
46	よい聴き手	3
46	人々を育成する	11
平均 43	人々に力を与える	18
54.4 42	肯定的な態度	平均 20 24.0

創造的リーダーは反応的のリーダーの2.3倍これらが認められている

シップのスタイルはいつも人を自然に惹きつけ説得力があると思います。彼女は，人々が具体的にイメージを描けるよう，ストーリー，例，比喩などを使って，物事を意味のある，具体的な，リアリティーあるものとして伝えることができる人です。このように，彼女最大の強みは，皆が理解できるような方法で人々をミッションに繋げる力だと思います。

　私たちは，ほとんどのコメントがこんなにも配慮され，詳細に，深く書かれていることに感銘を受けました。この仕事を何年も経験してきましたが，採点者はフィードバックを提供する相手のことを純粋に気に懸け，コメントにそれが反映されているのが解ります。評価者たちは，フィードバックを受けるリーダーがそれを受け止めてそれに基づいて行動すれば，次のレベルのリーダーシップに進めるといつも考えてコメントを書いてくれているのです。

　図4.1の左側は，高創造的リーダーグループ100人の強みのコメント量スコア上位10項目（スコアの高い順にならべたもの）です。これらのスコアは，相対的に比較しやすいよう，中央から伸びる棒グラフにしました。図の右側は，高反応的リーダーグループにおける同じテーマに対するスコアです。

　高創造的と高反応的リーダーがコメントでどのように描かれているか，一目で違いが解り，比較できるでしょう。図において各「項目」は，この調査で採点者が共通して使っていた言葉を用いて表しています。

高創造的リーダーのスキル上位10項目

　高創造的リーダーの強みとして認識されていた，上位10項目を以下に示します。自由記述コメントによく見られていたものです。

1. **人間関係のスキルが高い**：人間関係の能力が高い。思いやりがあり，慈愛があり，心が広く，尊敬の気持ちをもっている。他者との関係をうまく築き，他者が自分に価値があると思えるようにする。
2. **ビジョナリー**：全員の方向性を揃えるような説得力ある将来のビジョンを伝える。チーム・組織が繁栄できる戦略的方向性とビジネスプランを知っており，設定する。
3. **チームを築く**：メンバーを団結させ，絆を持たせ，チームとしての努力を支援する。チームのメンバーを支援し，自発的に取り組むことを支持する。
4. **人柄がよい・近づきやすい**：フレンドリーで感じがよく，ユーモアのセンスがある。オープンな方針を維持する。いつでも話ができるような姿勢がある。近づきやすく，必要な時には話をすることができる。
5. **自ら例となりリードする**：よいロールモデルである。有言実行。
6. **情熱と意欲**：熱意があり，やる気に満ち，組織と自分の成功に強くコミットしている。
7. **よい聴き手**：人々が考えを述べている時，意識を十分に向け身を入れて聞く。
8. **人々を育成する**：経験を共有し，成長・開発できるようメンタリング・コーチング・キャリア計画・成長のための体験を提供する。
9. **人々に力を与える**：リーダーシップを共有し，人々が主体性をもち，自ら解決策を見つけ，意思決定し，失敗から学ぶよう促し勇気付ける。人々が喜んで方向性に従うことや彼らの能力を信頼している。
10. **肯定的な態度**：楽天的で，やればできるというような前向きで明るい態度。

　「人間関係のスキルが高い」がリストのトップに来ました。この強み項目における，高創造的と高反応的のリーダーのスコア差の大きさに注目して下さい。高創造的リーダーは79，高反応的リーダーは28しかありません。79という高いスコアは，高創造的リーダーの非常に多くに人間関係のスキルの高さが認められているということを意味します。対照的に，スコアが28ということは，高反応的リーダーでは比較的少数の人しか，人間関係のスキルが認められませんでした。

　ビジョナリーや戦略に関しては，高創造的，高反応的リーダーともに，かなりの強み持っていると評されています。高創造的リーダーはこの項目のスコアが76で，高反応的の54よりかなり高スコアになっています。明快で説得力のある戦略ビジョンと人間関係のスキルの高さが組み合わされたらどうなるか，考えてみて下さい。これは強力な組み合わせです。高反応的リーダーもそれなりにビジョナリーの強みを持っていますが，人間関係の強みで増幅することがありません。比較すると，高反応的リーダーへの人間関係のスキルの高さに関する記述はかなり少ないからです。

　高創造的リーダーは情熱と意欲に関しても強く認められており，スコアは49です。しかし，高反応的リーダーはこのスコアが61で，より高くなっています。これは興味深いことです。高反応的リーダーの方がより意欲があるのでしょうか？　あるいは自らのリーダーとしての効果性を制限してしまうような別の異なるやり方で駆り立てられているのでしょうか？　研究者たちは，高反応的リーダーは「*意欲がある（driven，「駆り立てられる」などの意もある）*」と表現されることが多いのに対し，高創造的リーダーは「*情熱的（passionate）*」と表現されていると指摘しています[2]。違いは，「情熱」は何か個人より大きなもの，たとえばミッション・他者や社会への影響・組織の貢献などに関係するのに対し，「意欲」は個人の野心や成功との関係がより強いことです。私たちのこの研究では，これら2グループのリーダーの動機がどこから来ているのか，そして他者をどう動機づけるのかに違いがあることを示唆しています（後でこの違いについて詳しく説明します）。

　この他にも，リストを見てスコアを比較すると，高創造的・高反応的リーダーの間に以下のような大きな違いがあることに気づくでしょう。

- チームを築く：61対18
- 自ら例となりリードする：49対7
- よい聴き手：46対3
- 人々を育成する：46対11

　これは大きな違いです。実際，それぞれのグループのスコアを平均すると，強みの上位10項目は高創造的リーダーで高反応的リーダーの2.3倍多く言及されていることが解りました。

強みの最大の差

　図4.2は，高創造的リーダーと高反応的リーダーの強みのうち，最も差が大きいもの10項目を示しています。

　「人間関係のスキルが高い」，「よい聴き手」，「チームを築く」，「自ら例となりリードする」の項目に最も大きな差が見られます。「落ち着きがある」，「人々に力を与える」，「誠実さ・一貫性のある行動」，「ビジョンを持ってリードする」の項目では差は少し減少しますが，なお大きなものがあります。

　差が大きいのは，周りの人たちが体験していること，つまり受けている影響

図4.2　高創造的リーダーと高反応的リーダーで最も差のあった項目

強みの項目	差
人間関係のスキルの高さ	51
よい聴き手	43
チームを築く	43
自ら例となりリードする	42
人々を育成する	35
人柄がよい・近づきやすい	33
落ち着きがある	26
人々に力を与える	25
誠実で一貫性がある	24
ビジョナリー	22

や印象が，これら2グループのリーダーで全く異なるためです。高創造的リーダーのグループの「効果的なリーダーシップの発現度」が87パーセンタイルだったのに対し，高反応的リーダーは10パーセンタイルだったことを思い出して下さい（図3.5参照）。個人と組織の力を拡大することできるのは，どんなリーダーシップなのでしょうか。「高創造的リーダーの強み上位10項目」と「最も差のあった項目」リストを見て下さい。ここにあるテーマが，最も効果があるとリーダー達が伝えているものなのです。

何に驚いたか？

　高創造的リーダーにおいて，圧倒的なまでに人間関係での強みが現れていたことに，私たちは驚きました。仰天したとさえ言えるほどです。そして，何にそんなに驚かされたのか自問してみました。振り返ってみると，以前まで私たちはリーダーシップの効果性を定量的に見ており，あまり定性的には見ていなかったことに気づきました。量的調査から得られる情報と質的調査からの情報は，それぞれ異なる物語を伝えてくれます。そして，それらを合わせると1つの完璧なストーリーになります。

　第3章の高創造的リーダーのLCPをよく見ると（図3.2参照），内側の円にある他者との関わりのスコアが85，一方，高反応的リーダーのプロファイル（図3.3）では，このスコアが5であるとがわかります。80もの差があります。明らかに，高創造的リーダーはより人間関係重視でリードしています。私たちが驚いた理由がここにあります。

　私たちは，LCPの項目間の相関関係を調べる際は定量的な目でデータを見ていました。定量的に計算すると，*目標達成（目的，ビジョン，戦略，結果重視，決断力などで構成される）* の方が，*他者との関わり（思いやり，チームワーク，協働，メンタリング，対人関係の能力）* よりも，リーダーシップの効果性や業績との正の相関が強くなります。目標達成も他者との関わりもどちらも高い正の相関があるのですが，目標達成の方がより高いのです。

　さらに，*他者との関わり* と *目標達成* の数値を回帰方程式に投入すると，「何がリーダーを効果的にするのか」に関して，*目標達成* のほうがより大きな説明

率を持つことになります。これは私たちにとっていつも意味の通ることでした。結局，LCPは結婚相性診断ではなく，ビジネスの調査だからです。目標達成，すなわち結果を得ることはリーダーシップの効果性と最も高い相関関係を示し，スコア変動に最も大きく関連しています。これはとても自然なことに思われます。このため，私たちは高創造的リーダーの強み上位項目リストに*結果を出す*ことに関するテーマがもっと挙がってくることを予想していました。ところがそうではなかったのです。

　自由記述コメントのデータを見ると，人間関係に触れたものが多くなっており，効果的なリーダーシップとは，人々を導くためのものであることを示唆しています。このような人間関係の強みを，高創造的リーダーに認められた他の強みである情熱やビジョン，本質的であること，落ち着いて近づきやすい在り方などと組み合わせると，*リーダーシップを拡大する条件を生み出すレシピ*ができあがるのです。

　この調査研究は，リードするということは，人に関わる仕事に身を置いているのだということを強く示しました。もちろん，他のリーダーシップのスキル・素質・能力も必要ですが，*今日のVUCAな世界でリードしていくことは本格的に人間関係に身を置くことだ*というのが，*議論の余地ない話*になったのです。最新の調査で，女性リーダーは男性リーダより高いパフォーマンスを示すことが示されましたが，上述のことも理由の一つといえるかも知れません。女性は男性より*人間関係*を重視してリードする傾向があるからです。

女性リーダーの貢献

　この研究でのもう1つの重要な発見は，シニアリーダーシップの地位における性別の違いに関するものです。この調査の対象内訳を思い出してみましょう（第3章表3.1参照）。女性リーダー達は組織のリーダーシップに顕著な貢献をしていますが，調査対象内訳に示された高創造的グループと高反応的グループの女性数を見ると，その理由が解るでしょう。本調査では，全体的に女性の割合は少ないのですが（男性62％，女性38％。これは私たちのデータベースで上級管理職の女性比率に合致します），高創造的グループにはより多くの女性が

おり（54%），高反応的グループの女性は大幅に少ないのです（22%）。言い換えれば，*女性は男性より創造的にリードする傾向がある*ということです。これを定量的なデータで見ても，*女性リーダーは男性リーダーより15〜20パーセンタイル創造的スコアが高く，反応的スコアが低いこと*が示されています。

　私たちのこの結果を裏付ける調査があります。2017年，ヨーロッパ最大の銀行の1つ，ノルデア銀行は，世界約11,000の公開企業の調査を実施しました。この調査で，平均して，女性がCEOまたは取締役会長である企業は男性がリードする企業より業績がよかったのです。2009年以降，年率換算で25%の収益を上げており，これはMSCIワールド・インデックスの企業の11%の倍以上でした。残念ながら，ノルデア銀行が調査した企業の中でCEOまたは取締役会長が女性だったのは4%に過ぎません。96%の企業では，男性がこれらの役職を務めていました[3]。

　要約すると，このデータは*女性が男性より効果的にリードしていることを示唆*します。LCPにおいては，効果的なリーダーシップの発現度と創造的コンピテンシーのスコアには強い正の相関が見られます。これらのことから，女性はより創造的に，また反応的傾向がより少ない状態でリードしている傾向があり，したがってより効果的である，という結論になります。女性リーダーは男性リーダーより創造的・効果的で，よい結果をもたらす傾向があるのです。そして，強み上位10項目で人間関係の強みが優位であることは，女性はより人間関係を重視してリードするのでより効果的であるということを示唆します。人間関係を重視するリードのしかたは，高いレベルでの自己を認識し，本質的であることが求められてきます。

　メアリー・エドワーズがその好例です。

　数年前，メアリー・エドワーズというアクセンチュアのシニアリーダーに，彼女のLCPの結果について説明したことがありました。メアリーの「効果的なリーダーシップの発現度」の結果は97パーセンタイル，つまり私たちの基準データベース内のリーダーの97%より高いスコアでした。メアリーほど例外的なリーダーと仕事をするチャンスに恵まれると，私たちはいつも次の質問をします。「リーダーになることについて，あなたは何を学んでこんなに効果的になったのですか？」

　メアリーはしばらく熟考して，その答えはまとめると３つある，と言いました。

　最初に学んだことは，もう20年以上も前の話ですが，自信がない時にどうやって自信を持って行動するか，心地よくない時でもどうやって心地よくしているかということでした。私はコンサルティング会社に入社したのですが，周囲は全員超優秀な人ばかりでした。その頃はよく自分の頭の中で，「おまえは力不足だ，おまえは知識不足だ，おまえはスキル不足だ，おまえに貢献できることはない」という声がしていたものです。最初の頃は，その声があることで，私が自らをフルに使って何かに貢献することも，自分の力強さを感じることもできませんでした。しかし，ある方向性を持ってリードしよう，また組織に価値をもたらそうと思えば，自信を感じられていないとしても自信を持って発言しなければならない時があります。自信を感じられていないけれども，自信をもって会議室に入らなければならないこともありました。居心地の悪いことに取りかかりながら，居心地よくなることを学ばなければならなかったのです。それが何か新しい仕事であれ，フィードバックをすることであれ，難しいクライアントの状況に対処することであれ。そういうことができなければ，私のチームはどうして私を信頼し，居心地の悪い状況の中で私についてきてくれたでしょう？私は自分に自信があるとか快適だとか感じることはできていませんでした。でも，そのように行動することはできたのです。そうしているうちに，私は実際に，ごく不快な状況であっても，自信を持ち，快適にしていられるようになりました。そして自分には物事を解決する能力があるという自信がついたのです。

　第二に，私は，ある環境を作る必要があることを学びました。私が日々フィードバックを欲しがり必要としていることを周囲の人々がわかっている，という環境です。権力のある地位に就いたリーダーが，部下が考えていることをオープンに，率直に，正直に話せる環境を作るのは難しいことだと知ったのです。耳が痛いような厳しい真実は，最良の状態を保つため

にも，リスクを管理するためにも，最善の成果に向けて進むためにも全ての リーダーが必要としていることなのですが，それでも人々は厳しい真実を伝えることで処罰されるのではないかと恐れています。この傾向に対処するため，私の行いがチームやクライアントにとってよくない場合も含めて，チームメンバーが何でも私に報告できるよう強化するために多くの時間を使っています。私も部下のために同じことをしようと決め，これを普段からやっています。それが起きたときすぐに，頻繁に。そして私にも同じようにしてくれるよう彼らに頼むのです。例えば，クライアントとの会話の後，私はこのように伝えます。「本当によく対応していましたね。一つ気づいたんだけど，クライアントが質問した時，あなたは自分の回答に自信がなかったでしょう。あなたの口数の増えていたのはそのシグナル^{訳注2}じゃないかな？　もし次回そんな風に感じたら，話続ける代わりに，あえて少し止まってみることを試してみてはどうでしょうか。考える時間を取ってみたら」。そして，私はいつも次のようなことを言います。「私がもっとうまくできたところはない？　このような会議の中で自分自身を知るのは本当に難しい。私はクライアントの話を1度遮ってしまったけど，そんなことをすべきではなかったと感じています。他にあなたが気づいたことはありませんか？」こんな風に，個人としてもチームとしても改善の役に立つフィードバックをやり取りします。その結果，人々から最高のものをもらうことが出来て，全員が一緒になってお互いに最高のものを生み出しています。それがフィードバックが豊富な環境なのです」。

　第三に，私は自分が生まれつきとても指示的だということに気づきました。私は，私が全部解っていて，話し合う余地がないとチームメンバーが思ってしまうような話し方をしていたのです。実際には，私はよりよいアイディアにつながるような議論を望んでいたにもかかわらず。それで，私は一度ならず常に，チームにそれを解ってもらうようにすることを学ばね

（訳注2）シグナル：ここでは，表層に現れていない心理的なことを表すもの（動き，表情，他）を意味する。

ばなりませんでした。私は，自分が人々にこのように言わねばならないと学びました。「私は何か考え抜いて結論に達したような言い方をするかも知れません。でもそれは，ただ私がそういう話し方をするくせがあるというだけなんです。これは現時点での私の考えに過ぎず，メリットがあるかも知れないし，ないかも知れない。あなた方の意見を出して下さい。何がベストなのか一緒に答えを見つけましょう」

私たちは，別の女性リーダーとも仕事をしたことがあります。アメリカ最大の，最も成功している食品メーカーの1つで，わずか5年のうちに5段階昇進というスピードでリーダーシップのランクを駆け上がった，非常に優秀なエグゼクティブでした。何がこの会社での成功に導いてくれたのか尋ねると，彼女は迷うことなく次のように答えました。

　　ああ，簡単なことです。何年も前に，会議で何か質問されたり，意見やアドバイスを求められたりしたら，いつでも本当のことを言おうと決心したのです。何かを隠すようなことはしません。お蔭で，今では人々が私を信用してくれます。私が正しかろうと間違っていようと，また彼らが私の考えに賛成だろうと反対だろうと，私はいつでも真っ直ぐな真実を話すと信じてくれているのです。これは私の組織ではとても価値あることとされているので，私はどんどん昇進したのです。

集団としてのリーダーシップが決め手になる VUCA な世界では，人間関係を大切にし，感情的知性が豊かで，誠実で本質的なリーダーシップは得がたいものです。これこそ，女性がリーダーシップにもたらしているものだと思います。

では，なぜ，女性は幹部職に昇進するのにこんなに苦労するのでしょうか？それは，男性が支配的な権力構造が作り出し，維持されている社会システム全体の複合的訳注3な偏見のためだと考えています。これは家父長制の欠点です。家父長制は，女性にはそのいるべき場所（トップではなく）があり，男性が一番よく解っているという立場をとり続けています。そこには女性の貢献への賞

賛や尊敬はありません。差別があるのです。

　私たち男性は，何世紀にもわたって，女性をリーダーシップの枠の外に置いておくためなら何でもしてきました。ありがたいことに，この態度は変化してきていますが，リーダーの立場にある私たち全員が，この変化を加速させるため影響力を行使できますし，また行使しなければなりません。リーダーシップにおいて女性を完全かつ対等なパートナーにすることは，競争力上有利であり，ますます世界がVUCAとなった今ほど必要だったことはありません。

　あなたは，多様な人々の参加を促し，女性のリーダーシップの力や可能性を十分に活用していますか？　もしあなたがそのような形でリードできていないのならば，それはあなたが自分のリーダーとしての仕事を果たしていないと言えます。私たち男性は全員，女性がリーダーシップにもたらすものから，とても多くを学ぶことができるのです。

リーダーシップを「拡大」する

　組織を拡大・成長させるには，私たちはリーダーシップを成長させ，拡大していかなければなりません。リーダーシップを拡大することは，本質的に人間としてのプロセスです。本章の2つのリストを組み合わせると（「高創造的リーダーの強み上位10項目のリスト」と「最大の差のある項目のリスト」），リーダーシップを拡大するために実際にはどんなことが必要なのかが具体的に解ります。2つのリストをまとめたものを「拡大」の条件として表4.1に示します。

　このリストは先に述べた拡大の条件を説明する上で大変役立ちます。リストの内容が暗示しているのは，「反応的」から「創造的」への基本的なシフトです。拡大の最初の条件は，個人としても集団としてもこのシフトをすることです。これは非常に大きなことです。本書を読み進めると，反応的リーダーシップから創造的リーダーシップへ更新する重要性がさらにお分かりいただけるで

（訳注3）原文では「Systemic」。　個人だけではなく，関係性，文化，構造，制度などその系全体に関わること。

表4.1 「拡大」の条件を創るリーダーシップの強み

創造的リーダーシップ	
深い人間関係 　人間関係のスキルが高い 　よい聴き手 　チームを築く 　人々を育成する 　人々に力を与える	**根本的に人間らしい** 　誠実で一貫性がある 　自ら例となりリードする 　落ち着きがある 　人柄がよい・近づきやすい 　肯定的な態度
全体認識	**目的に沿った達成** 　ビジョナリー
生成的張力	情熱と意欲

しょう。

　*深い人間関係*という条件（人間関係のスキルが高い，良い聴き手，チームを築く，人々を育成する，人々に力を与える）は，高創造的リーダーを他と違うものたらしめる，最も「差別化になる強み」として，明確に表れてきています。最上のリーダーは人間関係を通して，深い人間関係の中で人々をリードするのです。よく聴き，他のリーダーを育てます。彼らはこれを一対一でも，チームでも，組織全体でも行います。

　*根本的に人間らしい*という条件も，このリストで裏付けられています（自ら例となりリードする，誠実で一貫性がある，落ち着きがある，肯定的な態度）。最上のリーダーは高潔な誠実さや一貫性，透明性をもち，弱さもさらけ出しながら，自ら例となりリードするのです。彼らは「オン・ザ・テーブル」つまり，「フィードバックが豊富で，オープンで，リラックスして，近づきやすく，肯定的な，透明性のある」文化を築きます。

　目的に沿った達成（ビジョナリー，熱意・情熱がある）も拡大のために必要です。高創造的リーダーは目的に基づき，情熱を持ってリードします。そして目的や情熱を，部下の心を捉え組織全体を戦略的に方向付ける未来のビジョンとして変換するのです。人間関係・チーム構築・メンタリング・他者を力づけるといった強みと組み合わせて，ビジョンと戦略を明確にし方向性を一致させます（アラインメント）。共に創り上げたビジョン・戦略に向けて組織を方向

付け，人々に力を与えながら，それを追求していきます。これは，組織全体を*生成的張力*の中におくことになります。この状態で，誰もが開発のギャップと向き合うことになるからです。

　あなたがリーダーシップを拡大するための条件を整えたいと思うなら，これらのリストがあなたに正しい方向性を示してくれるでしょう。リストには実際に役立つ強みが記されています。そして，これらすべてを組織デザインに組み込む必要があります。これはもう一つの条件，*全体認識*訳注4です。

　先に，ピーター・ハーマーについて触れました。オーストラリアをベースとする金融サービスの大企業，IAG の CEO です。ピーターはリーダーシップを拡大する条件を整えました。そして，これを極めてシステミックに（チームや組織が関連し合うやり方で）行いました。彼は自分の組織が学習し，人間関係が広がり深まるようデザインし，フィードバックの豊富な環境を創りました。

　LCP のフィードバックを受けてから，ピーターは自分の関係性の改善に乗り出しました。最初は自分自身との関係性，それからチーム内，そして組織内の関係性に取り組んだのです。ピーターは，自分が「心理的な隔たり」のスコアが高いことに気づき，すぐにチームメンバーのところへ行きこれが意味していることが何かを尋ねました。するとチームの人々はピーターに，彼がチームの人を気に懸けているように思えないと伝えてくれました。対処しなければならない大きな問題がある時，彼はいつも静かにしていました。当惑していても，感情を表さず，ロボットのようだったのです。ピーターが自分の強みだと思っていたこと，すなわち自分が実際に内心では心配し，不安でさえある時でも，外面は平静でいられる能力は，彼のリーダーシップの弱みになっていたのです。知らずと演技しすぎていたのでした。

　ピーターは自分がもっと透明性をもって弱みを見せる必要があると知り，問題が起きた時，自分は，極度に心配しているというわけではなくても，気には掛けているのだということをチームに知ってもらいました。彼は，自分のチームともっと深い人間関係を築き，組織全体を伸ばすためには，ありのままに振る舞いもっとあからさまに人間的になる必要があったのです。そして，ピー

（訳注4）Systems Awareness をここでは全体認識と訳している

ターとチーム，組織にとって喜ばしいことに，彼はこれを全部，十分以上にやり遂げました。

　彼は自分のリーダーシップと人間関係を拡大してきたのですが，どのようにやっているのかと私たちが尋ねると，ピーターはこう答えました。「私たちは毎月幹部チームの会議をしますが，その翌日くらいに，参加したければ，管理職なら誰でも参加できるオンライン会議を開きます。20分ほど会議をしてから，質疑応答に入るのです。1,500人かそれ以上の参加者からの質問全部に答える時間はありませんが，会議から36時間以内にすべての質問に答えると約束しています。これで，すべての人と直接の関係が築けるのです。全員に，『私は彼らと共にそこにいる』と知っていてもらいたいですからね」。

　これは CEO にとって大きなコミットメントです。ピーターを見れば，リーダーがどのように拡大の条件を整えているのかが解ります。まず自分から始め，それから組織，制度などのシステムに条件を組み込んでいきます。ピーターは高創造的リーダーで，自分の組織を成長させるため，リーダーシップを拡大し続けています。

　さて，では次の章で，高反応的リーダーの強みを詳しく見ていきましょう。ネタバレとなりますが，*強みがあってもその多くはリーダーとしての有効な差をもたらしてはくれません。* そのような強みを開発することも大切ですが，これらに依存しすぎると，リーダーシップを拡大する可能性を制限してしまいます。

ホームワーク 📖

・共著『なぜ人と組織は変われないのか』で，ロバート・キーガンとリサ・レイヒーは，「One Big Thing（大事な 1 つのこと）」を特定するよう勧めています[4]。あなたが自分のリーダーシップを解放し，次のレベルに持っていくために，自らのリードのしかたで 1 つ変えられるとしたらそれは何でしょう？

・自分のLCP自己評価[訳注5]結果と何が役立つかのリスト（図4.1と図4.2）を利用して，さらに伸ばしたい自分の強みを 1 つ明確にするようお勧めします。あなたの効果性に最も大きな違いをもたらすようなものは何でしょうか。

・自分の「One Big Thing（大事な 1 つのこと）」考える際，周囲の人からフィードバックを求めることをお勧めします。シンプルに，あなたをよく知り，あなたが信頼できる人に，この質問に答えて欲しいと頼めばよいでしょう。「私が改善すれば，私のリーダーシップを全く新しいレベルに導いてくれる点が 1 つあるとすれば何でしょう？」

・本書の付録としてリーダーシップ開発計画を入手することができます。これはあなたのLCP自己評価と一緒に使うもので，あなたが自分の自己評価を記入して送信すれば送られてきます。（www.theleadershipcircle.com　から自己評価を行うと送付されてきます）開発計画に，自分のOne Big Thing（大事な 1 つのこと）を記入しましょう。開発計画には，フィードバックの頼み方についても書かれています。

（訳注5）LCP360をすでに受けている人は，クリエイティブ側の他者評価を参照して下さい。

第 **5** 章 The Strengths of High-Reactive Leaders

高反応的リーダーの強み
──「差別化」にならない強み

　高反応的リーダーも素晴らしい強みを持っています。以下は，あるリーダー，ポールについて寄せられたコメントです。このフィードバックを読んで考えてみて下さい。あなたは，彼が反応的リーダーだと思うでしょうか？

　　ポールの最大の強みは，鋭く，非常に聡明であることです。また，技術に精通していて，ビジネスの見識が高く，異色なカリスマ性を持っています。彼は，これらが組み合わさった非常に個性的な人です。

　ポールには並外れた才能があり，非常に大きな強みや意欲が現れていますが，このコメントからだけでは彼が高反応的リーダーかどうか解りません。この調査から解ったのは，高反応的リーダーの強みとして述べられていた内容は，全体としては，高創造的リーダーとは大きく異なっていたということです。よく読むと，ポールの強みは*技術への精通*と*強烈な優秀さ*だと評されています。実際，彼は主にこれらのスキルや強みのお蔭で，急速に昇進してきたのでしょう。

高反応的リーダーの強み上位10項目

以下は高反応的リーダーの強み上位10項目を順番に並べたものです。

1. **情熱と意欲**：熱意があり，やる気に満ち，組織と自分の成功に強くコミットしている。
2. **ビジョナリー**：全員の方向性を揃えるような説得力ある将来ビジョンを

伝える。チーム・組織が繁栄できる戦略的方向性とビジネスプランを知っており，設定する。

3. **ネットワークをうまく築く**：他のビジネス上のリーダーたちとパートナーシップを築く。多様なグループをまとめ，強い顧客中心主義をもたらす。

4. **専門領域内の・技術的知識がある**：特に組織の文化と市場に関することについて，優れた知識，技術スキル，経験がある。

5. **結果中心主義**：何を達成すべきか，どうやって結果を出すかを知っている。人々に責任を持たせ，結果を出す上で頼れる。信頼でき，行動志向である。

6. **知性的で頭がいい**：明晰な頭脳を持ち，考えが鋭い。

7. **人間関係のスキルが高い**：人間関係の能力が高い。思いやりがあり，慈愛があり，心が広く，尊敬の気持ちをもっている。他者との関係をうまく築き，他者が自分に価値があると思えるようにする。

8. **創造的・革新的である**：常識にとらわれない思考ができ，変化を推進する。

9. **人柄がよい・近づきやすい**：フレンドリーで感じがよく，ユーモアのセンスがある。オープンな方針を維持する。いつでも話ができるような姿勢がある。近づきやすく，必要な時には話をすることができる。

10. **肯定的な態度**：楽天的で，やればできるというような前向きで明るい態度。

　図5.1の*右側*は，高反応的リーダーの強みをスコアの高い順に示しています。*左側*は同じ項目の高創造的リーダーのスコアです。高反応的リーダーでは，「情熱と意欲」がリストのトップに来ています。この強みはスコア61と多く認められており，スコアは高創造的リーダーの49よりも高くなっています。「ビジョナリー」も54で，多く認められていますが，高創造的リーダーの76ほどではありません。その後に，「専門領域内の・技術的知識がある」，「結果中心主義」，「知性的で頭がいい」といった項目が中くらいのスコアで続き，「人間関係のスキルが高い」はリストの下の方で，スコア28とそれほど認められていま

図5.1　高反応的リーダーで最も認められた強み上位10項目

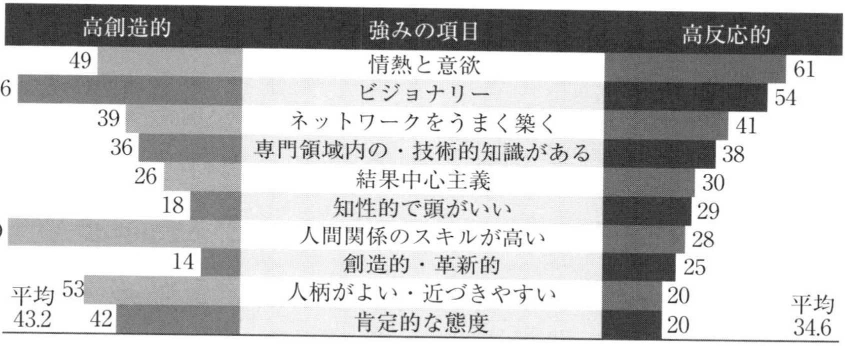

高創造的	強みの項目	高反応的
49	情熱と意欲	61
76	ビジョナリー	54
39	ネットワークをうまく築く	41
36	専門領域内の・技術的知識がある	38
26	結果中心主義	30
18	知性的で頭がいい	29
79	人間関係のスキルが高い	28
14	創造的・革新的	25
平均53	人柄がよい・近づきやすい	20
43.2　42	肯定的な態度	平均20　34.6

創造的リーダーは反応的リーダーの1.3倍これらが認められている

せん。「創造的・革新的である」,「人柄がよい・近づきやすい」,「肯定的な態度」は高反応的リーダーの強み上位10項目リストでは一番下の方に来ます。

　高反応的リーダーは高創造的リーダーとは全く異なる「強みのセット」でリードします。さらに,高反応的リーダーのスコアはほとんどが中程度から低めです。高創造的リーダーは,高反応的リーダーで最も強く認められている強みでもスコアが1.3倍高いことに注目して下さい。また,「高創造的リーダーの強み上位10項目」の全体のスコアは,高反応的リーダーよりも2.3倍多く認められていたことも思い出しましょう (図4.1参照)。

　明らかに,高創造的リーダーは,組織にもたらす強みに関して,高反応的リーダーより大きな優位性を持っています。

差別化にならない強み

　第4章で,高反応的と高創造的のリーダーの強みにある最大の違いを詳しく見てきました。最も差があったのは,「人間関係のスキルが高い」(51),「よい聴き手」(43),「チームを築く」(43) でした (図4.2参照)。これらの差にどのような重要性があるのかを議論しながら,私たちは,これまで目を向けてこなかったものは何だろうかと考えるようになりました。そして,目が眩むほどの閃光のように,新たな問い (ある意味当然の問いなのですが) が浮かび上がっ

てきました。「両者の強みの間で最も差が小さいのは何だろう？」。

この疑問に答えるため，私たちは差のリストを見直しました（高創造的リーダーのスコアから高反応的リーダーのスコアをマイナスしたもの）。ただし，今回は，リストの一番下の方を見ていきました。何が解るだろうとわくわくしながら。

図5.2は差がプラス1ポイント以下（0以下を含む）の強みです。これらの差の多くは負の値でした。つまり，高創造的リーダーよりも高反応的リーダーに対して頻繁に記述されていたものです。

高反応的リーダーは「情熱と意欲」の項目で，高創造的リーダーより12ポイント高いスコアでした。「知性的で頭がいい」，「創造的・革新的である」，「几帳面」，「よく働く」，「結果中心主義」などでも高創造的リーダーを上回りました。

ここで，別の疑問が生じます。「情熱があり過ぎるということはあり得るのだろうか？」

もちろん，答えはイエスです。私たちの中には，ワークライフバランスが完全に狂っている人，持続できる程度を越えて自分も他人も駆り立てる人の下で，またはそういう人と一緒に，働いたことのある人がいるかも知れません。私たち自身も，時に追い立てられることがあるものです。

高反応的リーダーは，高創造的リーダーより意欲的・駆り立てられていて，また，効果性が大変低いことが示されています。この結果は，何十年も重ねられてきたリーダーシップの研究でも，*過剰に意欲的であること*が多くのリーダーの大きな問題であると示していることと一致します。私たちは皆，「彼はやる気が過剰でキレやすい」，「彼女はいつも駆り立てられている」，「彼は野心があり過ぎる」，「彼はがつがつしすぎて問題を起こしがち」などのコメントを聞いたことがあるはずです。こういうコメントは，その人があまりにも*意欲的である*，もしかしたら危険なほど意欲的ということを示すものです。

30年近く前，ロバート・カプランは "*Beyond Ambition*" を著し，その中でリーダーが意欲的になり過ぎるとリーダーシップの効果性がどうなるかを示しました。カプランはこう言っています。「膨らみすぎた［駆り立てられた］個人はすべて，何かを達成したい，そして自分も何かに到達していたいという極

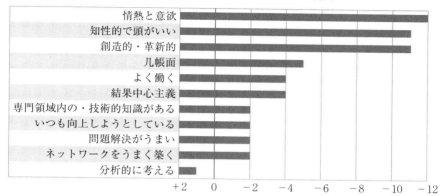

図5.2　僅差/差がマイナスの強みの項目

めて発達した意欲があるという点でよく似ている。しかし，既に平均以上になったその意欲がどれほど強迫的かに関して，重要な違いがあるのだ」[1]。

　私たちの調査でリーダーにフィードバックをくれた人たちは，*情熱と意欲*を似たものとして識別しているようです。データからは，「意欲」には効果的なものとそうでないものがあり，この違いは，その意欲の種類やレベルによるものであることが示唆されます。つまり，*過度な意欲，過度な情熱*はリーダーシップにマイナスとなることにつながります。

　さて，表からは「*知性的で頭がいい*」も高反応的リーダーの方が11ポイント高いことが解りますが，一見するとこれは驚きに思えます。「頭がよすぎる」ということがあり得るでしょうか？　そのようなことはないと思いますが，それでも「彼は賢すぎることがあだになっている」，「彼女はいつもその場で一番優秀じゃないと気が済まない」などと，どれほど耳にすることでしょう。この場合は強みそのものではなく，その強みをどう使っているのかが問題です。*強みを発揮しすぎることは，ほとんどの場合，弱みになります*。これは，「*知性的で頭がいい*」にも当てはまりますし，リストに示した他の僅差／差がマイナスの強みにも言えることです。

　データを詳しく見ると，図5.3に示した結果にも驚かされます。

　「高反応的リーダーの強み上位10項目」のうち 6 項目が，「僅差／差がマイナスの強み」にリストされていたのです。ここまで気づいたことを熟考するにつ

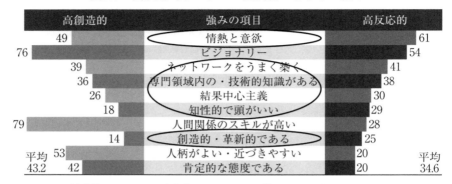

図5.3　高反応的リーダーの差別化にならない強み

高創造的	強みの項目	高反応的
49	情熱と意欲	61
76	ビジョナリー	54
39	ネットワークをうまく築く	41
36	専門領域内の・技術的知識がある	38
26	結果中心主義	30
18	知性的で頭がいい	29
79	人間関係のスキルが高い	28
14	創造的・革新的である	25
平均 53	人柄がよい・近づきやすい	平均 20
43.2　42	肯定的な態度である	20　34.6

創造的リーダーは反応的リーダーの1.3倍これらが認められている

れ，驚くべき結論がいくつも出てきました。

　高反応的リーダーは，いくつかの強みを使ってリードしています。ここで私たちはこれらの強みを「差別化にならない強み」と呼ぶことにしました。このことについて考えてみましょう。上述のようにいくつかの強みに関しては，高反応的リーダーは高創造的リーダーと同等かそれ以上の記述を得ていました。しかしながら，リーダーとして他の人からどう受け止められるかという点において，違いを示すことはできませんでした。一方，高創造的リーダーはこれらの強みに関して同等または下回るスコアでしたが，高反応的リーダーよりはるかに効果的なリーダーであると受け止められていたのです。

　ここから，私たちは，「高反応的リーダーは差別化にならない強みでリードしている」という結論に至りました。最も効果的なリーダーと最も効果的でないリーダーの間で差別化要因にならない強みです。これら「差別化にならない強み」が，高反応的リーダーに対して記述されていた強みの大半を占めていました。

　「結果中心主義」でさえ差別化にならない強みです。結果をあまり強く押し出しすぎると，効果性を損なってしまう可能性があるのです。直感的には受け入れにくいかもしれません。ここで学べることがあるとしたらそれは何でしょうか。リーダーシップに関していうと，すべての強みが等しいわけではなく，ある種の強みを押し出しすぎると自分で自分の足を引っ張ってしまうというこ

とです。リーダーとしての自分の効果性を自分で塞いでしまうのです。

　また別の結論にも至ります。差別化にならない強みに基づいてリードすることは，拡大できるリーダーシップではありません。少なくともこれらの強みではある限られた地点までしか拡げることができないということです。これらの強みは必要なものですが，リーダーシップにとって十分ではありません。これらの強みは，それがなければ，トップに立つどころかリーダーシップを取る立場にもなれない，必要なものです。しかし昇進するに連れ，これらは最低限備えておくべきものにすぎなくなります。効果的なリーダーシップとは，何か全く別のものです。この「何か別のもの」とは，高創造的リーダーに最も強く認められていた強みと関係があるのです。

　私たちがこの調査を振り返っていた際に，ある別のことが明らかになりました。*ものすごい才能がなければ，大きな組織でもどんな組織でもトップにはなれない*ということです。高反応的グループも高創造的グループも差別化にならない強みに関しては同じようなスコアであり，どちらも才能ある人々です。実際，高反応的リーダーはこれらの強みの大半ではより頻繁に認められていました。ここだけ見ると，彼らは高創造的リーダーより賢く，より多くの専門領域内・技術的知識を持ち，より多くの革新的な才能に恵まれていると結論できるかも知れません。しかし，データからはその結論にはいたりませんでした。それよりも，「高反応的リーダーも高創造的リーダーも同様に大きな才能があるけれども，それぞれのリーダーにリードされている人々は，非常に異なった体験をしているのだ」という結論を得ました。

　差別化にならない強みは，自分自身の意欲と能力（意欲，知性，専門的能力，創造的才能など）で結果を出すことに関連します。しかし，他の人や組織の持つキャパシティや能力を伸ばすこととは関連していません。あなたが基本的に自分の能力でリードし，結果を追い求めるなら，あなたのリーダーシップには拡大できない限界装置が組み込まれているようなものです。事実上，あなた*自身*がその限界となっています。

　繰り返しますが，私たちは，リーダーシップとは「最も大事なことを生み出すために，組織のキャパシティと能力を拡げること」だと定義しています。差別化にならない強みはキャパシティや能力の拡大を制限してしまいます。高反

応的リーダーの能力は，その定義上，反応的傾向が高く制限的であり，自分や他者のキャパシティや能力の拡大を妨げるのです。自分の能力をリーダーシップの中心に据えるリーダーは，自分自身に関しても組織においてもリーダーシップを拡大していませんし，することもできません。

　思い出して下さい。リーダーの第一の仕事は，*組織におけるリーダーシップを拡大させること*，そしてさらには，*リーダーたちの集団としての効果性（集合的効果性）を拡大するのを助けること*でした。そうすることによって，*彼らがともに組織を導き，他のリーダーを育てること*ができるようになります。これがまさに，リーダーシップを拡大する条件となります。

　先に述べたように，組織が，そのシニアリーダーたちの集団としての効果性を超えるようなパフォーマンスを発揮することはありません。高反応的リーダーシップは，個人の能力と差別化にならない強みを使ってリードすることに依存しており，最も大切なものを生み出すために組織のキャパシティや能力を築くことはありません。*集団*としての効果性を重要視していないため，リーダーシップを拡大させることがないのです。

　シャーリという高反応的リーダーについて，ある人はこう表現しました。

　　シャーリは，他の人の考えを受け入れて，それを積極的に自分の思考に反映させる力を身につける必要があります。彼女は，優れた知性，自分の能力への自信，経験から得た知識を有していますが，それらは，リーダーシップに求められる最初の枠組みの一部に過ぎません。このことを彼女は理解する必要があります。彼女が見ている世界がすべてではないのです。もちろん彼女の貢献は組織の業務や目標の実現に役立っています。しかし，彼女が仕事を進める上で何かが欠けており，シャーリは同僚の間ではリーダーとは思われていません。シャーリは優れた仕事をするのですが，それよりも，どのように仕事を進めるのか，そしてその過程を通してどのように影響の輪を作っていくのか，そのやり方のほうが重要です。

　あなたが差別化にならない強みでリードしているとしても大きな貢献ができないというわけではないのですが，おそらく自らの，そして組織の障害になり

つつあるだろうということを意味しています。あなたがリーダーシップを拡げなければ，重要なビジネス上の意思決定はすべてあなたを通さなければなりません。事実，あなたがここまで昇進してきたのは，きっと驚くほど知性的で，優秀で，専門的能力，専門領域内の知識，創造的・革新的才能を持っていたからではないでしょうか？

　そうだとしても，組織が成長してより複雑になるにつれ，たくさんの重要かつ難しい意思決定があなたの前に列をなす時がやって来ます。イノベーションのプロセスは日々動いており，必要な意思決定が1日24時間，1年365日，あなたのオフィスやデスクを通過することになりますが，それほどの量の複雑な問題を1人で処理できる人間などいません。つまり，あなたが自分のリーダーシップを拡げなければ，*あなた自身が成長制限要因になる*のです。

　これは，あなたが情熱や意欲に欠けているという意味でも，専門領域での能力がないということでもありません。あなたは自分の分野の知識にかけては抜きん出ているでしょう。しかし，それだけではあなたはたどり着くべき所に行けないということです。

　実際，あなたが昇進し，より多くの責任と複雑さを負うにつれ，差別化にならない強みに依存することは，あなたのためになるよりもむしろ*不利*に働きます。管理職・リーダーの地位に昇進したときには，あなたをここまで連れてきてくれたもの（例えば，専門領域内の知識やスキルや勤労意欲など）が，この先あなたや組織が必要とする場所に連れていってくれるものではないと早く気づいた方がよいでしょう。

リーダーシップを定義し直す

　もう1度強みに関して見てみましょう。表5.1は，高創造的または高反応的リーダーに対して20ポイント以上のスコアで認められた強みを示しています。なお，ここでは「情熱と意欲」など，差別化にならない強みは両者のリストから除いてあります。この表で示された差を見ると，高反応的リーダーにはマイナス面があることが示唆されています。この結果から，何に気づくでしょうか。

　高創造的リーダーは，スコアが20以上の差別化できる強みが18あり，トータ

表5.1　高創造的リーダーと高反応的リーダーの差別化できる強み合計スコア

高創造的リーダーの強み		高反応的リーダーの強み	
人間関係のスキルが高い	79	人間関係のスキルの高さ	28
ビジョナリー	76	ビジョナリー	54
チームを築く	61		
人柄がよい・近づきやすい	53	人柄がよい・近づきやすい	20
自ら例となりリードする	49		
人々を育成する	46		
よい聴き手	46		
人々に力を与える	43		
肯定的な態度	42	肯定的な態度	20
コミュニケーションがうまい	33		
モチベーターである	32		
落ち着きがある	31		
誠実で一貫性がある	29		
隠しごとをせず正直で率直である	26		
サーバント（奉仕する）リーダー	24		
勇気，自信をもって主張できる	22		
心が広く偏見がない	22		
交渉・調停がうまい	20		
合計	734	合計	122

高創造的リーダーには高反応的リーダーより6倍認められている

ルスコアは734です。高反応的リーダーは20ポイント以上の差別化できる強みが4つしかなく，トータルスコアは122です。高反応的リーダーに対して強く認められた差別化できる強みは，唯一「ビジョナリー」のスコア54だけです。ここでも，高創造的リーダーの方がずっとスコアが高くて76です。

　表5.1は，効果的なリーダーシップとそうでないリーダーシップの基本的な差を生む強みが並んでいますが，これをみると高創造的リーダーには高反応的リーダーよりも6倍という大きな差でこれらの強みが認められていることがわかります。ここまで，リーダーシップの現場で体験されたことから得られた記述を元にした調査結果をみてきました。この現実から，私たちがどのようにリーダーを選び，昇進させ，育成するべきか，その視点や方法を定義し直す必

要性があることが明確になってきました。

　私たちの調査研究の対象となったリーダーは全員，今の地位に到達するために困難を乗り越えてきた人たちです。企業を見事に創設し，育ててきたり，組織内でトップの地位に昇りつめた人々です。全員極めて才能があり，成功してきました。何がリーダーたちをトップまで導き，またリーダーを昇進させる時に何が求められるのかについて，このデータは何を教えてくれるでしょうか？実は，ここまで昇ってきた地位に導いてくれたものは，これから先は，私たちがさらに成長し，リーダーシップを拡げていくために役立つものにはならない，ということが非常に多く起こっています。

　ビル・アダムズは人生の早いうちにこのことを学び，こう語っています。

　　　私は牛を飼育する牧場で生まれ育ちましたが，父はいつもその話をしていました。そして「どうやって結果を出したかは，結果そのものと同じくらい大切なんだよ」とよく口にしていたものです。当時，私はその話をなんとなく聞いていただけでしたが，今では大変ありがたく思っています。人々に正当な尊厳・尊敬を持って接していないなかで，自分が得た結果が人々の働きの上に達成されたものであるならば，きっと問題が起こる。人々の声を聴かず，思いやりを持たず，組織内にチームワークを築かなければ，きっと問題が起こる。父は私が子どもの頃から私に教えてくれていたのです。そして驚いたことに，それが調査結果に表れています。

　一般に，リーダーが招聘され，または昇進した時，通常は暗黙のうちに，時には言葉として明確に期待されることがあります。うまく人間関係を築き，あるべき環境を生み出し，人間的に成長し，他のリーダーを育て，人々のベストを引き出すことなどです。私たちがこれらのことをリーダーに期待するのは，これらの方法ですべてがうまくいくことを知っているからです。

　しかし，リーダーが頭を抱え，失敗しないまでも脱線し始める時点に来るまで，これらの強みを整理して伸ばそうと考えることは滅多にありません。私たちが脱線したリーダーの支援に呼ばれる時には，才能があっても非常に反応的なリーダーの姿を見出すのが普通です。自分の高創造的の強みを利用し切れて

いない姿です。これらのリーダーは並みならず聡明でイノベーティブなのですが，人間関係に弱みを持っているのが通例です。チームを築けない，あるいは部下を成長させられない。人の話を聴かない。コミュニケーションを取るのが下手，などです。さらに，こういったリーダーは技術的能力の高さで何度も昇進してきましたが，もっと複雑な役割や背景で自分がどうやったら効果的にリードできるか，学んだことがありません。これは変えなければなりません。

　ある日，私たちはあるプロ・スポーツチームに関わっているコンサルタントから緊急メッセージを受け取りました。彼曰く，「二人分の LCP を見て下さい。今すぐお願いします」。チームのオーナーは危機に陥っていました。監督とジェネラル・マネージャー（GM）が協力できず，その結果チームの成績がぼろぼろになっていたのです。

　監督と GM それぞれの LCP を見ると，問題はすぐ明白になりました。GMは効果的な高創造的リーダーのプロファイルを示しており，一方，監督は私たちがこれまで見た中で最も反応的なプロファイルとなっていました。監督のポジションまで昇進すると，コーチや守備コーチ・攻撃コーチなどでこなしてきたのとは全く異なる責任や要求に直面します。監督は責任を執行する立場ですから，非効果的なリーダーシップの態度はすぐに表に表れるのです。

　この事例では，監督は自分の差別化にならない強みをさらに強化し，反応的に使い続けたため，結局はその強みは徐々に欠点になっていきました。彼の振る舞いはより支配的，独裁的になっていきました。明らかに，彼は自分を昇進させてきたこれまでの行動や態度にこだわっていました。新しい行動や態度，すなわち，自分が学び，成長し，適応し，チームを築けるようにしてくれるような新しい行動や態度を受け入れることができませんでした。その時の彼は，自分の知っていること（自分を昇進させてくれたもの）に関してはとても優れていましたが，リーダーとして効果的ではありませんでした。監督という新しいポジションで，彼は最初はプラスの資産としてスタートを切ったはずだったのに，いつのまにか大きな負の影響をチームにもたらすことになっていたのです。

　私たちからの指摘を受け，そのコンサルタントはチームのオーナーと協議しました。その後，この監督が自らの開発ギャップと向き合う気がなく，偉大な

技術コーチからチームのリーダーへの移行ができないと明らかになった時，彼は解任されました。

　多くのリーダーは言います。「私は専門的な仕事が得意だ。ネットワークもうまく築ける。それで十分なはずだ」と。そうではありません。これらのスキルは最初の一歩のチャンスをくれるだけです。そこに留まらせてはくれません。あなたが人々をリードする力があるかどうかで変わってきます。非常に素晴らしいリーダーは，人々に対するリーダーシップ，チームとしてのリーダーシップ，そして他者との協働のためにはるかに多くの時間を費やします。この研究が明確に示しているのは，*効果的な人間関係はリーダーシップに不可欠な本質的要素であり，それこそが望む結果や俊敏性，イノベーションにむけて推進してくれる*ということです。

　リーダーシップを拡げるには，自分のリーダーシップを反応的なものから創造的なものにアップグレードして，拡大のための条件をすべて整える必要があります。まず自分から始めましょう。自分が率いていく人々と一緒に自らの開発ギャップを引き受けるということに踏み出してください。これは，*根本的に人間であること，弱みをも晒していくこと*でもあります。これまで握りしめていたものを手放し，互いから学び合いましょう。これらすべてを，拡げていくべきすべてのレベル（一対一，チーム，組織）において，*深い人間関係*をもって行います。全員を*生成的・発展的な張力*の中に置くような学習する組織を人々とともに設計し，これらすべてをより高い*目的や戦略的ビジョン*のために行うのです。

　次章では，高反応的リーダーが，拡大のための条件を作り出す強みではなく，これまで自分を昇進させてきた強みに依存することで，自分の成長の能力を制限してしまっていること，さらには，それを強化して使うことによって，もともとの強みを相殺してしまうことについて，より深く掘り下げます。これは自分にも組織にも大きなマイナス要因を生み出すことにつながります。

振り返り ☕

しばらく内省する時間をとってください。次の問いに答えましょう。

・あなたがリーダーとしてもたらすことのできる強み上位10項目はどんなものですか？　またこれらは，高反応的・高創造的リーダーの強みのリストとどのくらい一致していますか？

・あなたはリードする上で，差別化にならない強みに過度に依存していませんか？　もしそうなら，そのことはあなたのリーダーとしての現れ方（行動や態度）にどのように影響しているでしょうか？

・上記 2 問への答えは，あなたの「One Big Thing（大事な 1 つのこと）」を変化させますか？　もしそうなら，自分のリーダーシップ開発プランをアップデートしましょう。

第 **6** 章 Leader Liabilities

リーダーのマイナス要因
——最も反応的なリーダー vs.最も創造的なリーダー

　私たちの誰も，完璧な人間はいません。全員が限界とマイナス要因を持っています。リーダーは公の存在として生きており，強みも弱みもマイナス面も四六時中曝されています。そういうものです。精神，人間性を磨くブートキャンプにおいては，弱みやマイナス要因への取り組みもメニューの一つです。何も恥ずかしいことはありません。これらが変容への招待状になります。私たちは皆，進化し，弱みやマイナス要因を強みや資産に変える力を持っています。誰もがその力を持っているのですから，それを利用することが一番の利益になります。

私たちはどのように自分の効果性を邪魔してしまうか

　効果的なリーダーシップを邪魔するのは何なのでしょうか，私たちはどうやって自分で自分の足を引っ張ってしまうのでしょうか。私たちの調査で，フィードバックを提供してくれたリーダーたちが多くを教えてくれます。以下はその一例です。

　　ジョンは仕事上，愚かな人を容赦しないタイプです。また自分に疑問を投げかけられると個人攻撃と受け止め，自分の立場を傷つけられると（実際そうされた場合でも，そう彼が受け止めただけの時でも），激烈な反応を示さずにはおかず，自分のアイディアや仕事など，（自分や組織の）成功に自分が貢献していることを公に認められることを求める人です。

　ジョンは押しの一手で進むことができます。自分が何か問題の原因になったという認識から行動するときは，彼の攻撃は熾烈になります。そのような時は，彼は自分が見ている現実以外認めることができません。他の現実を認めることは，不可能ではないにしても難しくなるのです。状況によっては問いかけてくれることもあります。表面上は情報をやりとりするための質問ですが，実際には彼が達した結論を裏書きする反応を他者から引き出すためのものです。このプロセスがうまくいかないと，彼の怒りは増す一方なので，ジョンには好きなように，自分のやり方，彼が見ているままにやらせる方が楽だと周りは感じています。

　ジョンのリーダーシップの最大の課題は，視点を自分から他者にシフトさせるのを学ぶことです。状況はいつも彼に戻ってくるのですから。彼は自分の意見や結論に傲慢なほど自信があるので，他人の意見を聞きません。心が閉ざされていて，他人のよいアイディアをはねつけてしまいます。彼は他者にも貢献できることがたくさんあるのだと知る必要があります。また，自我を手放し，他人のアイディアからポジティブな影響を与えてもらうことを受け入れることを学び，チームとしての優秀さを伸ばす必要があるのです。彼は他の人が経験していることがどんなものか，その視点から物事を見ること，つまり，他者の様々な見方で世界を見て，チームが集合体として成功するために力を使うことをしなければ，彼が持っているはずの偉大なリーダーシップのポテンシャルを現実で活かすことはできないでしょう。

　このコメントは，反応的リーダーのマイナス面を指摘する何千もの同様のコメントのたった1つに過ぎません。

高反応的リーダーのマイナス要因上位10項目

　以下は，「高反応的リーダーのマイナス要因上位10項目」を最もコメント量スコアが高いものから順に並べたものです。それぞれの定義は，世界中のリー

ダーのデータベースに寄せられた自由記述コメントの表現から作成しました。

このリストをみて，あなたの胸に響くのはどのようなことですか？　何に気づきますか？

1. **非効果的な意思疎通・交流のスタイル**：言語，非言語問わず不快感を与えるコミュニケーション・スタイル。しばしば傲慢，軽蔑的，独裁的，対決的，過度に批判的と評される。

2. **チームプレーヤーでない**：単独で動き，チームに十分なサポートをしなかったり，チームのニーズを認識しなかったりする。自分だけで決定を下し，自分だけの目標に集中する。

3. **チームを十分育成しない**：成長の機会を与えない。役割と責任を明確にしない。

4. **要求が厳しすぎる**：他者を過度に駆り立てたり，急がせたりする。また，他者が現在の能力では追いつかないような非現実的な期待をする。その期待を満足できないと手厳しくて容赦がない。

5. **マイクロマネージ**：仕事をやり遂げる上で他者を信頼せず，意思決定や問題解決を任せない。全部自分でやろうとする。

6. **チームに責任を持たせない**：チームが質の高い結果を出すことへの責任を果たさず，ただ納期に見合うように，戦略に反するような動きもしてしまう。「このくらいでいいだろう」と妥協し品質を重視しない。

7. **真剣に話を聴かない，よく聴かない**：他者の考えを聴かない。特に自分の意見と合わない考えを聴かない。人々が話している時に他のことをしたり，意見を述べている時に遮って自分の考えを話す。

8. **過度に自己中心的**：自分のテーマや利得をチームより優先する。他者の仕事を自分の手柄とし自慢する。

9. **感情をコントロールできない**：激しやすく，特に物事が計画通りに進まない時に感情的にキレて爆発する。

10. **忍耐力がない**：他者が意味を理解するのが遅い時にすぐ苛立つ。物事を理解し，情報に基づいて意思決定する時間を与えずに急いで仕事を済ませようとしがち。

82

図6.1 高反応的リーダーのマイナス要因上位10項目

高創造的	マイナス要因の項目	高反応的
6	非効果的な意思疎通・交流のスタイル	63
3	チームプレーヤーでない	42
6	チームを十分育成しない	36
10	要求が厳しすぎる	36
11	マイクロマネージ	33
8	チームに責任を持たせない	29
4	真剣に話を聴かない，よく聴かない	26
0	過度に自己中心的	25
平均 4 5.2	感情をコントロールできない	25 平均
0	忍耐力がない	22 33.7

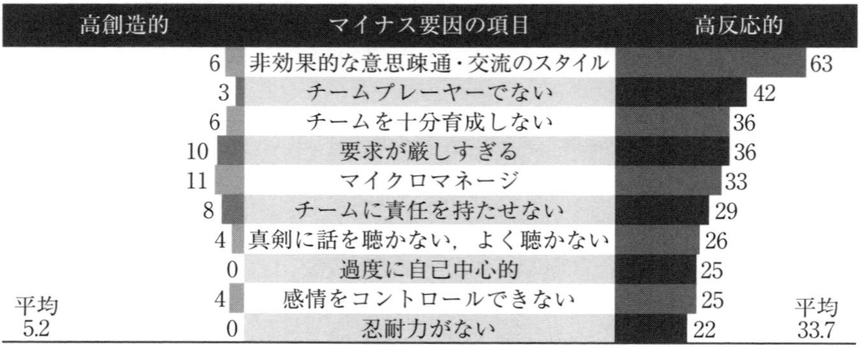

高反応的リーダーは高創造的リーダーの6.5倍これらが認められている

　図6.1は「高反応的リーダーのマイナス要因上位10項目」のコメント量スコアコアを示したものです。右側が高反応的リーダーのスコアで，左側にこれに対応する高創造的リーダーのスコアを並べました。二者の違いは鮮明です。高反応的リーダーの持つマイナス要因それぞれの項目に関して，高創造的リーダーではほぼすべてスコアが非常に低くなっていますが，高反応的リーダーではスコアが高くなっているものが多数あります。高創造的リーダーのスコアが高めのマイナス要因は「働き過ぎ」に関するもので，それ以外，高創造的リーダーに対するマイナス要因は，ほとんど言及がありませんでした。

　以下，分かりやすいように数値を並べてみましょう。

　非効果的な意思疎通・交流のスタイル　63対6
　チームプレーヤーでない　42対3
　チームを十分育成しない　36対6
　要求が厳しすぎる　36対10
　マイクロマネージ　33対11，など

　それぞれを平均すると，高創造的リーダーの平均スコアは5.2，高反応的リーダーは33.7と，6.5倍もの開きがあります。

　思い出してみましょう。「高創造的リーダーの強み上位10項目」(図4.1参照)では，高創造的リーダーのコメント量スコアは高反応的リーダーの2.3倍でした。また，高創造的リーダーは「差別化できる強みの」リスト（表5.1参照）でも合計のコメント量スコアは6倍でした。そして図6.1からは，高反応的リーダーに対するマイナス要因　のスコアが6.5倍にもなっていることが解ります。

　「高創造的リーダーの強み上位10項目」のリストは，人間関係の強みで埋まっていたことに着目しましたが，反対に，「高反応的リーダーのマイナス要因上位10項目」のリストは，人間関係の下手さと関係しています。このリストは「*深い人間関係*」や「*根本的に人間であること*」の対極です。また，「*目的に沿った達成*」に向けて人々を鼓舞することもまずないでしょう。

　もしあなたが，人々を見下し，意気阻喪させ，力を削ぐための方法のリストを作りたいなら，これがよい見本です。反物質が物質を無効化するように，これらの人間関係に反する振る舞いはリーダーの他者との関係性を相殺し，そのためリーダーの効果性も打ち消してしまいます。さらに，これらの反応的な振る舞いは，拡大の条件を邪魔し，損ない，組織の成長を妨げることになります。

　私たちの全データベースの28％を高反応的リーダーが占めています。私たちの経験上，これは上級管理職全体にほぼ当てはまります。あなたの組織の上級管理職の28％が高反応的リーダーシップをとっているなら，そのコストや，失われたROI（投資対効果）を考えてみて下さい。非効果的なリーダーシップは効果的なリーダーシップを相殺してしまうのです。

事例：エドワード社長の場合

　エドワードはある組織の社長です。以下は彼について記述されたフィードバックコメントです。彼を今の地位まで押し上げてくれた，圧倒的な強みがありながら，今はその強みでは違いを生み出せなくなっています。それが何か考えてみてください。エドワードのリーダーとしてのマイナス要因は何でしょうか。

　　　エドワードは極めて知的で，誰よりも速く解決策にたどり着きます。こ

のことが，彼の失敗につながることがよくあります。組織が彼より実際には２歩くらい手前にいる時でも，彼がさっさと解決策を実行するからです。このため，チームとの齟齬が生まれています。彼の役割は社長なので，「人に魚の釣り方を教える」ようにあるべきです。残念ながら，エドワードは組織の反応が悪いと苛立ってしまい，その結果「魚を与えて」しまいます。これでは，人々は彼の期待に応えられないと感じて不安やフラストレーションが生まれかねません。

エドワードは，目指すべきビジョンを創るときにチームを活用することがありません。頭がよいため，大半の人より速く答えにたどり着いてしまうので，我慢できなくなり，全部自分でやろうと判断してしまうのです。このため，彼は他者からのインプットを得ることがなく，ビジョンへのサポートも受けられません。すぐに自分の考えを固め籠もってしまうため，他からのインプットや視点がたとえ有効だとしても無視します。

エドワードは，一番よく解っているのは自分だと思っています（他人の意見を聴かない）。そして，チームが自信を持つような方向で影響を与えることはありません。彼の「プロフェッショナルの傲慢」とでもいうべき傲慢さが，より独裁的なリーダーシップのスタイルを生み出しており，その結果，内部の人間関係は敵対的（エドワード対他の全員）になっています。
この状態が続けば，この影響は外部のパートナーにも広まるでしょう。そして才能ある社員の流出が止まらず，最終的には業績に影響してくると思われます。

これまで出会い関わってきた世界中の多くのリーダーと同様，エドワードは聡明でありながら自分の成長の限界に到達してしまった人の典型的な例です。彼は自分の開発のギャップに直面しており，結果として，彼のリーダーシップの効果性が頭打ちになったか，あるいは，じわじわと低下しているかのどちらかだと思われます。

　上述のコメントからはエドワードの仕事の状況が解りませんが，彼は行き詰まり，ストレスを受け，デフォルトの反応的傾向が表面化し，効果性が損なわれていることが想像できます。差別化にならない（しかし圧倒的な）強みと，プレッシャーの下で現れるデフォルトの反応的な振る舞いが組み合わさって，エドワードをある限界（拡大的成長が求められる境界）に押しやっているのでしょう。あまりにも多くのことが彼の肩にかかっていますが，彼がより多く，よりハードに，より速く働くことが，かえって物事を悪化させています。

　エドワードは新たな能力を開発するという課題にぶつかっているだけではありません。今彼は，反応的リーダーシップの限界に至っており，リーダーシップを拡大する第一の条件である創造的リーダーへの進化という課題に直面しています。

リーダーシップ比

　これら2グループのリーダーの強みとマイナス要因の割合，いわば「リーダーシップ比」はどのようなものでしょうか？　それぞれのグループのリーダーシップ比はどれくらいでしょう？

　図6.2に両グループのすべての強みとマイナス要因の合計を示しました。このトータルスコアは強み・マイナス要因上位10項目とは関係ありません。私たちの調査で確認された強み40項目とマイナス要因37項目，すべてのスコアを合計したものです。高創造的リーダーの強みのスコア合計は1,113，マイナス要因のスコア合計は255です。このため，高創造的リーダーの強みとマイナス要因の比は4.4：1です。一方，高反応的リーダーのマイナス要因はスコア667となっており，これに対して強みのスコアは593ですから，強みとマイナス要因の比は0.9：1になります。

　これについて考えてみましょう。あなたのリーダーシップ比が0.9：1なら，あなたは自らの足を引っ張っているということです。また，頑張れば頑張るほど，長時間働けば働くほど，あなたはさらに自分の足を引っ張り，達成できることは減るということにもなります。いまよりもっとハードに働いて対処しようとするかも知れませんが，最終的に自分自身も他者との関係でも，壁に突き

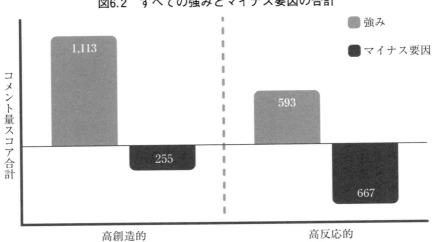

図6.2　すべての強みとマイナス要因の合計

当たるでしょう。これは，あなたが結果を出すことに長けていないということではありません。リーダーシップの見地からは，あなたは大切なものを生み出すために人々やチームの持つキャパシティや能力を伸ばしていない（リーダーシップを拡大していない）ということを意味しています。

　リーダーシップ比は，自分が人々や組織にどんな効果を持っているか，ヒントを与えてくれます。あなたの組織と事業環境の複雑さが増すに連れ，あなたは自分のリーダーとしての効果を何倍にできるか，つまり「リーダーシップ対効果（Return on Leadership）」の数値を高めなければなりません。たとえば，日常的に1時間分を提供して見返りに1時間分しかリターンがなければ，自分の時間を効果的に使えていないということです。他のリーダーたちを率いる効果的なリーダーにはなれないでしょう。もっとずっとうまくできるようにならなければならないし，そうできるはずです。

　どうやったらリーダーシップの効率を何倍にも大きくできるのでしょうか？リーダーシップ比を上げればいいのです。極めて効果的なリーダーは，自分の時間や人間関係1単位に対して10，20，いや1,000のリターンを得ます。高いリーダーシップ比を維持することで得ているのです。組織の成長とともにあな

たのリーダーシップ比が伸びていかなければ，あなた*自身*が組織やリーダーシップを拡大できない制限要素になります。あなたと働いているリーダーチームについても同じです。チームとしてのリーダーシップ比が伸びなければ，*組織のリーダーシップも必要なレベルで拡大することはありません。*

　さらに，もしあなたが高反応的リーダーだとしたら，差別化にならない強みでリードしてはいないでしょうか。これは，あなたが主に「自分自身の動機や能力を使って結果を得る」という強みを主に使って周りを率いており，「他者のキャパシティや能力を育成開発する」ことを通してリードしてはいないということを意味しています。このように，0.9：1というリーダーシップ比では成長・拡大することはありません。これは重大なマイナスとなります。あなたはじりじりと自分とリーダーチームの効果性を低下させ，*打ち消してさえいます。*リーダーシップを拡大する条件を整えていないばかりか，これらの条件が出現するのを積極的に*邪魔*していることになります。

　シンジェンタ CEO のエリック・フライワルドは，すべてを自分でやることはできないと悟った時のことを振り返ってこう言いました。「15年前のことです。私は，エゴを手放して他の人たちを信頼することを覚えないと，これ以上 P&L エクスペリエンス[訳注1]を管理遂行することができないと気づきました。私は部屋の中で一番賢くて常に正しい人間である必要もない，とも悟ったのです」。

　エリックは三重の成長課題，つまりエゴを手放す，他人を信頼する，室内で一番賢くある必要はないという3点に取り組んだことにより，外部環境の複雑性に適合できるように自らの複雑性を高めることができました。またこの過程で彼のリーダーシップ比も改善していきました。彼は，他者の，そしてチーム内の能力を高めるようなやり方で常に行動しており，結果として自分のリーダーシップの効率が上がっていったのです。

　エリックの深い学びは周囲の人にも浸透していきました。現在，私たちはエリックと彼の上級幹部チーム，それにシンジェンタの柱となる大きな事業の責

（訳注1）この文脈では，さまざまな市場状況を把握しながら，損益管理，戦略の立案実行，リスクを低減し利益を高める経営判断などを行うことなども含まれる。

図6.3　Let Ego Go（エゴを手放す）

任者である社長のジョン・パーに関わっています。ジョンは自分のリーダーシップについてフィードバックを受け終わると，ノートを出して２つの単語を書き（図6.3），そしてこう言いました。「私はこのやり方で自分のリーダーシップを見つめなければいけない」。

　そして続けました。「私は，意思決定の際にも，組織をリードする時も，エゴに駆られるのでなく，私のチームが組織をリードできるキャパシティや能力を築けるようにしなければならない」。ジョンは，一緒に働くリーダーを育てるのに対して，自分と他人をよりハードに駆り立て，推進することは，自らのリーダーシップ比を下げることになると理解しています。彼はシンジェンタの農作物保護事業で働く２万人以上を率いるため，彼のチーム全体の能力向上に専念しました。ジョンはエゴを手放し，他者を育て，その人たちに責任を持たせ，その過程でより「根本的に人間らしく」なっていきました。結果として，彼は拡大の条件を整えたことになります。

　すべての変化は，私たちが行動することで起こります。エリックが自分のリーダーシップ育成に取り組むことで，彼のチーム全体も，そして上級管理職たちも自らのリーダーシップに向き合うことになりました。今ではここがエリックとシンジェンタの優先分野です。リーダーシップを拡大するというのは，このようなことなのです。

あなたの「ROL（リーダーシップ対効果）」はどのくらいか？

　あなたの強みはマイナス要因の何倍くらいあるでしょうか？　もしくは，マイナス要因の方が大きくて，自分の足を引っ張ってはいませんか？　あなたの「ROL（リーダーシップ対効果）」はどれくらいですか？　リーダーシップ比はどうでしょうか。大きなリターンが得られるようなリーダーシップ比になっていますか？　あなたのリーダーシップのもとでは，組織はあなたが手を下すことの何倍もの効果が得られているでしょうか？　これは，他のリーダーを育成することによって，そしてあらゆる関わり合いにおいて人々のキャパシティや能力を高めることによって実現できるものです。

　*目的に沿って達成するためにシステムをデザインする*ことに焦点を当て，自らは*根本的に人間らしくあるように*し，*深い人間関係が醸成される*ことによって，リーダーシップは拡大的に成長します。言い換えれば，自分個人のリーダーシップ，そして集団としてのリーダーシップの双方において，任務と人間関係をどのように重視するか，その*最適のバランス*を見出すことでリーダーシップを拡げることができるのです。

人間関係と任務のバランス

　リーダーシップ比は，深く本質的な人間関係を通じて，目的に沿った，戦略的な任務達成を推進する能力と直接的に関係しています。LCP では，円の上下がリーダーのリーダーシップの*段階*に関するもので，上半分は*創造的*，下半分は*反応的*の結果が表示されます。円の左右は*人間関係*と*任務*です。円の左半分はあなたが他者との人間関係においてどんな様子か，右半分はあなたがどんな風に任務に取り組むかを示します。これがリーダーシップとプロファイルの普遍的モデルの基本となる 4 象限の枠組みになります（図6.4参照）。

　人間関係に関していうと，リーダーは，人々を「創造的」に管理することができます。高度な自己認識と感情的知性を持ち，人・チーム・組織と深く関わ

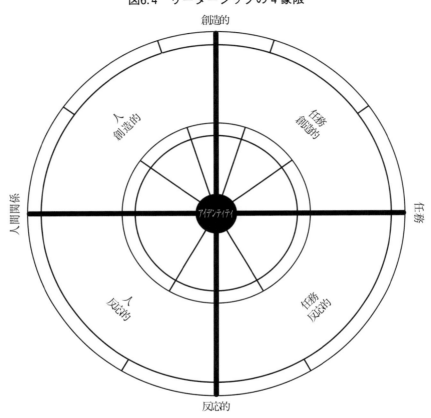

図6.4　リーダーシップの4象限

り，人々に力を与え，ベストを引き出すやり方であれば，それは可能です。

　あるいは，リーダーは人と「反応的」に関わることもできます。調和の追求や他者から受け入れられたいなどというニーズにあまりに多くのパワーを割くやり方です。また，「任務」に関しても同様に，リーダーは「創造的」に管理することができます。目的志向でビジョンに焦点を当て，それを他の人に理解しやすい形で伝えます（効果的な実施方法を生みだし，システムの改善までもたらします）。「任務」を「反応的」に管理することもできます。権限を持ちすぎ支配的になる，マイクロマネージする，組織や人々を持続可能な限度以上に

駆り立てるなどのやり方で。

　LCP では任務，人間関係それぞれの強みのバランスを測定できます。バランスがよければそうでない場合よりはるかに効果的であり，またこのバランスは，リーダーシップ比と大いに関係してきます。人間関係と任務のバランスが悪い場合リーダーシップ比は下がり，逆に人間関係と任務での強みのバランスがよくなれば，リーダーシップ比が高くなります。

　創造的に人々をリードし，彼らを目的に沿った任務の遂行に集中させることは効果的なリーダーシップにとって大変重要であり，これこそが拡大していくリーダーシップになります。そのようなリーダーの一人，アラン・ムラーリーの話をしましょう。彼はボーイング民間航空機部門の CEO として大成功を収め，その後2006年にフォードの社長兼 CEO として招聘されました。

　着任初日から，アランは，高いリーダーシップ比が表す類まれなリーダーシップを会社に活用しました。すると，2年もしないうちに，個人的に彼と連絡を取ったことのあるなしに関わらず，世界中の従業員が彼と強い繋がりを感じるようになっていたのです。

　アランはキャリアを通じて，「共に働く」ための原則と行動基準を開発していました。以下がその原則ですが，少なくとも半分が「高創造的リーダーの強み10項目のリスト」の中にあることに気づくでしょう。また，全項目が LCP の上部の半円，つまり創造的リーダーシップコンピテンシーに紐付けられます。つまり，リーダーシップの拡大のための条件形成に直接関係しています。

- 人が第一
- 全員が認められ参加できる（インクルージョン）
- 人が動かずにいられなくなるビジョン，包括的戦略，（生成的張力を作る）たゆまぬ実施計画
- 明確な業績目標
- 1つの計画
- 事実とデータ（秘密を管理することはできない。データが私たちを自由にしてくれる）
- 特別な注意が必要な計画・状況・分野を誰もが知っている

- 計画を提案する，前向きな「なんとかしよう」という態度
- 互いに尊敬する，聴く，助け合う，感謝する
- 感情面のレジリエンス（立ち直る力）。プロセスを信じる
- 楽しむ。旅路とお互いを楽しむ[1]

　アラン・ムラーリーの「共に働く」ための原則と行動基準は，「人」と「計画」の両面を行き来しており，任務に意識を向けつつ他者と共に働くというものになっています。このことからも，この原則・行動基準は特別で強力なものとなっています。ボーイング民間航空機部門とフォードの指揮を執っていたころ，アランがアメリカのトップCEOの1人と目されたのも驚くことではありません。これは主に，人間関係と任務のバランスを最適化する彼独自の能力によるものです。

　さらに，もう1つあります。彼は，リーダーたる者，自分のもとで，そして自分とともに働く人々を愛すべきだという信念をためらわずに口にしています。CBSの番組 *This Morning* のインタビューではこのように述べていました。「私たちの成功の先にある目的は，他者に奉仕することです。これが究極的な報酬ですから。人生の目的は愛し愛されることですよ」[2]。

　他のCEO達はアランの例を見て，よくこう尋ねてきます。「私も人々を愛すべきだということですか？」彼ならこう答えるでしょう。「愛さないとしたらそれは何故ですか？　彼らは起きている時間の4分の3を使って，あなたが何か世界を驚かせるものを生み出すのを手伝ってくれているんですよ」。彼は自然に任務と人間関係のバランスを取る重要性を理解し，常に他者に奉仕していました。

　創造的リーダーシップは反応的リーダーシップよりはるかに効果的であり，そして任務と人間関係の両方の能力が備わることで力強い最適なリーダーシップとなります。私たちは，女性リーダーが他者からより創造的で効果的だと思われ，そして男性よりよい業績を上げている主な理由はこれだと考えます。実際，女性の方がリーダーシップの陰陽のバランスを上手にとっているのです。

　高創造的リーダーは，「結果への集中」と「人々の育成」の両立を最適化することで，何倍もの結果を得ています。LCP上で，彼らの人間関係・任務バ

ランス（RTB）平均スコアは非常に高く，87パーセンタイルです。高反応的リーダーはこの逆で，私たちの基準に対しRTBスコアは10パーセンタイルです。さらに，人々を尊敬せず，力を削いだり任せなかったりするような関わりのために，高反応的リーダーのリーダーシップ比をみると，強みよりマイナス要因の方が大きく，自らのリーダーシップや他者の貢献を相殺しています。条件を蝕んでおり，彼らのリーダーシップは拡がることはありません。

　リーダーには「*その規模に応じて人々と上手に関わる*」という*道義上の義務が与えられています*。リーダーの地位に足を踏み入れ，あるいは押し上げられたなら，それは人間関係の仕事に就いたということになります。あなたに与えられた任務は，人とチームと組織を通じて結果を成長させることです。結果を率いるのではありません。結果を得るために人を率いるのです。組織で上に行けば行くほど，その規模に応じて人間関係を上手に構築する必要があります。

ホームワーク 📖

　あなたはすでに自分の「One Big Thing（大事な１つのこと）」を決めることによって，自分のリーダーシップ比を向上させ始めています。次のステップは，自分の「One Big Liability（１つの大きなマイナス要因）」を特定することです。しばらく時間を取って以下に取り組んでみてください。

・自分の「１つの大きなマイナス要因」を特定しましょう。「高反応的リーダーのマイナス要因上位10項目」のリストと，自分のLCP自己評価[訳注2]の反応的側の半円を見直してみましょう。あなたのリーダーシップの効果性を邪魔し，取り組もうとしている「One Big thing（大事な１つのこと）」に相反する作用となる，習慣的についやりがちな反応的な行動はどういうものでしょうか？「これをやめたら自分のリーダーシップを全く新しいレベルに引き上げてくれる，というものは何だろう？」と自問してみましょう。

・自分の「１つの大きな反応的傾向」が何か内省しましょう。また，あなたをよく知り，あなたが信頼する人にフィードバックを求めて，あなたが効果的なリーダーになるための道を邪魔していることがあるとしたらそれはなにか，一つ教えてもらいましょう（フィードバックの求め方のヒントは，本書付録の開発プランにあります）。

・自分の開発計画に反応的傾向を記入しましょう。

　自分の「大事な１つのこと」と「１つの大きなマイナス要因」について真実を語ることにより，「生成的張力」が作られます。こうすることで，自分の望むリードのしかたと実際にやっているリードのしかたとの差をよく認識することができ，これが解決への力を生むのです。「大事な１つのこと」と「１つの大きなマイナス要因」に向き合い取り組みながら，この２点に関するフィードバックを継続的に受け続けることで，あなたは自然に自らが望むようなリーダーになっていくでしょう。

（訳注2）LCP360をすでに受けている人は，リアクティブ（反応的）側の他者評価でパーセンタイルが高いものを見直してみてください。

第 **7** 章 The Canceling Effect

打ち消し効果
──あなたは自分の力を打ち消していないか？

「本人の中にある何かが，彼の能力を邪魔している」，「彼女は自ら墓穴を掘り続けている」，「彼は自分でやったことを相殺しちゃっている」，「あの会話のやりとり，信じられないよね。この3週間やってきたことが全部台無しだ」。私たちはよくこのような言葉を耳にします。「自分で自分の首をしめている」などという表現もあります。あまり美しいものではありません。

これらのコメントは，私たちが「打ち消し効果」と呼ぶものを示唆しています。リーダー，あるいはリーダーシップ機能をもつ組織全体が打ち消し効果を持つということは，その強みがマイナス要因によって相殺されていることを意味しています。その結果，そのリーダーシップは拡がっていくことができず，実際拡がっていません。

あるシニアリーダー，ジムへのフィードバックを見てみましょう。このコメントを見ると，職場における彼のリーダーシップの打ち消し効果がどんなものか，はっきり解ります。

ジムのマネージメントスタイルは，非常に様々です。極端にプロフェッショナルで腹が据わっているような時もあれば，子どもっぽく狭量な時もあります。彼は自分の価値観を信奉することが必須だと思っているようで，常にその価値観に合わせた振る舞いをしています。

ジムは自分がメンタリングすべき人から，個人としてのつながりを持っていないように見えます。いつも時間に追われているのは解りますが，組織の人とつながり，その人たちと絆を築くためにもっと自分の内面を見せ

るなどして，人が彼についてきたくなるように努力するといいと思います。

　ジムは人間関係の力，そして，自分や他者のビジョンを実現する過程で人間関係がもたらす相乗効果を軽視しています。物事を1人で進める癖があり，組織を超えてのビジョン実現のためにリソースや労力を同僚たちのものと掛け合わせる方法を考えようとしません。

　ジムは自分を相殺してしまっているリーダーの一例です。能力あるプロフェッショナルなのですが，自分のやり方を変えない限り，彼のリーダーシップは拡がっていかないし，拡がる性質のものにもならないでしょう。彼は常に時間に追われているのに，仕事において人間関係の力を活用しません。組織が成長していく中，彼はよりハードに，より長時間働いています。周囲の人といい関係を築き，自らのリーダーシップを成長させることで人々の力を活用できている場合よりも，明らかにハードで長時間になっています。彼はそうする代わりに自分を頭打ちにしています。拡大しなければならない限界に到達しているのです。
　彼がよかれと思ってやっていることが，自分のリーダーシップを打ち消すばかりか，他者の能力や組織の力も制限しています。

打ち消し効果

　「百聞は一見に如かず」です。図7.1は「打ち消し効果」つまり，「高反応的リーダーの強み上位10項目」が，どのように「高反応的リーダーのマイナス要因上位10項目」によって打ち消されてしまうかを示した図です（強みが左，マイナス要因が右で，それぞれの棒グラフが中心から伸びています）。
　高反応的の強みとマイナス要因を比較しながら，図を上下左右によくご覧下さい。たとえば，ある人は意欲的で情熱がありますが（61ポイント），意思疎通や交流のスタイルが効果的ではありません（63ポイント）。ビジョンがあって戦略的ですが（54ポイント），チームプレーヤーではありません（42ポイント）。ネットワークをうまく築けても（41ポイント），チームを十分育成してい

図7.1　打ち消し効果

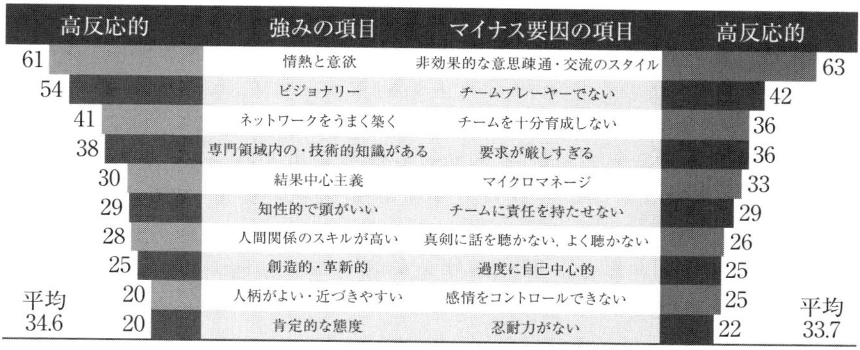

高反応的	強みの項目	マイナス要因の項目	高反応的
61	情熱と意欲	非効果的な意思疎通・交流のスタイル	63
54	ビジョナリー	チームプレーヤーでない	42
41	ネットワークをうまく築く	チームを十分育成しない	36
38	専門領域内の・技術的知識がある	要求が厳しすぎる	36
30	結果中心主義	マイクロマネージ	33
29	知性的で頭がいい	チームに責任を持たせない	29
28	人間関係のスキルが高い	真剣に話を聴かない，よく聴かない	26
25	創造的・革新的	過度に自己中心的	25
平均 20	人柄がよい・近づきやすい	感情をコントロールできない	25 平均
34.6 20	肯定的な態度	忍耐力がない	22 33.7

高反応的の強みはマイナス要因の1.0倍，ほぼ等しい/相殺し合っている

ません（36ポイント）。専門領域内の・技術的知識があっても（38ポイント），要求が大きすぎます（36ポイント）。このような感じです。

　図の上下左右を行き来しながら見てみると，高反応的リーダーの強みのそれぞれが，なんらかの対応するマイナス要因で打ち消されていること，そして，強みとマイナス要因それぞれのコメント量スコアの平均がほぼ同じであることに気づくでしょう。打ち消し効果はこのように作用し合っています。実際，強み上位10項目とマイナス要因上位10項目のスコアを平均すると，比は１：１になります。高反応的リーダーは自分を相殺してしまっています。

　このことをリーダーたちに見せると，彼らは直ちに頷きます。彼らは私たちの説明することをまさによく知っており，実際によく目にしているのでしょう。「自分で自分の足を引っ張っているリーダー，あるいは『もう話すのをやめたほうがいいよ。話せば話すほど，思う方向にいかないように自分を仕向けているようだ』と言いたくなるようなリーダーを知っていますか？」と尋ねると，全員が微笑んでイエスと答えます。

　この「打ち消し効果」について説明すると，「いや，全くその通り」と返ってくることがほとんどです。しかし，私たちのサポートにより，自分の振る舞いが自らの足を引っ張っていることに気づくと，その人たちは言うのです。「うわあ，気づかなかった。このやり方を続けていたら，私は最後にはよりハードにより長時間働きながら，その努力の報いがどんどん減ることになって

いたんですね」と。

　あなたが何かをとてもうまくやれるとしましょう。例えば，刺激的なビジョンを生み出すとか，他者とネットワークを築くなどということです。しかし「どのようにそれをするか」によっては，結局のところ自分の力を打ち消しているかも知れません。上級管理職につくまでの才能があるということは，あなたは今でも組織に大きく貢献しているのかも知れません。しかし，もし非常に反応的なリーダーだったら，あなたのリーダーシップは，良くてもプラスマイナス・ゼロです。これでは，組織が拡大する力，そして，組織が戦略を策定・実行して，望ましい未来を創造する能力に，全般的にマイナスな影響をもたらすでしょう。

　ビジョンと戦略がうまくいかない最大の理由は，個人の，そして集団としてのリーダーシップが効果的でないことです。

　私たちは最近，40才ほどの若いリーダー，ジャネットと一緒に働きました。これまで会った中で最も頭のよいリーダーの1人です。ジャネットは多国籍大企業で働き，この会社の年間売上げ150億ドルの約半分を生み出す部門全体を担当しています。部下たちは彼女が好きですが，本当に忙しくなると（いつもそうなのですが），彼女はリーダーとして自分を打ち消してしまっていることに気づかなくなります。

　ある日，私たちは彼女が担当する南米のある生産拠点の見学に招待されました。この施設は何年もの間最大の生産施設で，この会社の他の生産施設が見習うベンチマークとして賞賛されていました。到着するとすぐ，私たちは会議室に引率されました。そこで施設の幹部チームが上司であるジャネットと私たちにプレゼンを行うことになっていたのです。彼らにとって，自分たちがどれだけのことを達成してきたのかを示す重要な機会でした。

　しかし，最初の発言者が話し始めて数分後，私たちが振り返ると，ジャネットが部屋の後ろで何かしているのが見えました。彼女は俯き，スマートフォンでメールを打っていたのです。明らかに，発言者に注目していませんでした。これが休憩まで15分か20分続きました。休憩時間になり，私たちはジャネットを部屋の隅へ呼んで言いました。「あなたの行動が象徴していること，つまり発言者に注目せず明らかに聞いていないということは，自分たちが大切にされ

ていない，重要な存在ではない，という紛れもないメッセージをチームに送っていることになりますよ」。

　ジャネットは，会社の収益にとっても大変重要なこの生産拠点のリーダーチームと過ごしている時に，自分の効果を自分で打ち消していることに気づいていませんでした。これは彼女だけに起きているのではありません。人間関係のスキルの高さは，高反応的リーダーの強みとして，低スコアながらも認められています。そして図7.1では皮肉にも，その反対側に*真剣に話を聴かない，よく聴かない*とあります。ジャネットは人々に注意を払わないことによって，自分の人間関係のスキルを打ち消していました。効果的であるためには，リーダーは言語外のニュアンス，つまり，意識を向け，他者に注目し，実際に深く話を聴くことに焦点をあてなければなりません。これをしなければ，自分を相殺してしまいます。

　もう1つ，図7.1で興味深いペアの項目は，*結果中心主義*という強みがマイクロマネージというマイナス要因で消されていることです。私たちはよく，結果中心的で部下に細かな指示を出す操作的な高反応的リーダーに出会います。彼らは人々に対して「私の方がうまくできる」というメッセージを明確に送っています。それどころか，「本当はあなたを信頼していない，つまりあなたには必要なレベルの能力や才能がない」というメッセージになっています。彼らは意図してこのメッセージを送っているわけではありませんが，実際にそうなっています。リーダーとして自らを相殺しているのです。

　これを，人々が鼓舞され，やる気を感じるために何が必要か解っているリーダーと対比させるとどうでしょうか。自分たちを越える偉大な成果を生み出すために，人々が自らの意志でエネルギーを提供してくれるように，彼らの最善の状態を引き出すにはどうすればいいのか，それを知っているリーダーとです。その差は歴然としています。

　私たちの反応的傾向は，ある時点までは十分役立ってくれているでしょう。私たちが壁に突き当たり，効果的なリーダーであるためにそこで要求されていることには遠く及ばないと気づく時（遅すぎることが多いのですが）までは。反応的から創造的リーダーシップへの移行を経験すると，私たちは自分の強みを倍増させ，周囲の人々のキャパシティや能力を活用することができます。こ

の移行をよりしっかりやり遂げることで，リーダーシップを拡大することができます。

あなたのリーダーシップは拡がっているか？
差別化にならない強みの影響

　あなたのリーダーシップは拡大できるようになっていますか？　より上の役職に昇進したり，組織が今の4倍もの成長を求めてくるようになって，釣り合うよう大きくなるでしょうか？　あなたのリーダーシップは，VUCAな世界で繁栄するために，組織の創造的な能力を強化できるような仕組みになっているでしょうか？

　図7.2も打ち消し効果の図ですが，ここでは差別化にならない強みを○で囲んでいます。

　すでに述べたことですが，「差別化にならない強み」とは，最も効果的なリーダーと最も効果的でないリーダーの間で差別化要因にならない強みのことです。実際，差別化にならない強みのほとんどは，高反応的リーダーの方が高創造的リーダーより多く認められています。このことは，これらの強みが強くなり過ぎると，リーダーシップの拡大を妨げる方向に作用しかねないことを示

図7.2　高反応的リーダーの強みと打ち消し効果
（差別化にならない強みを○で囲んである）

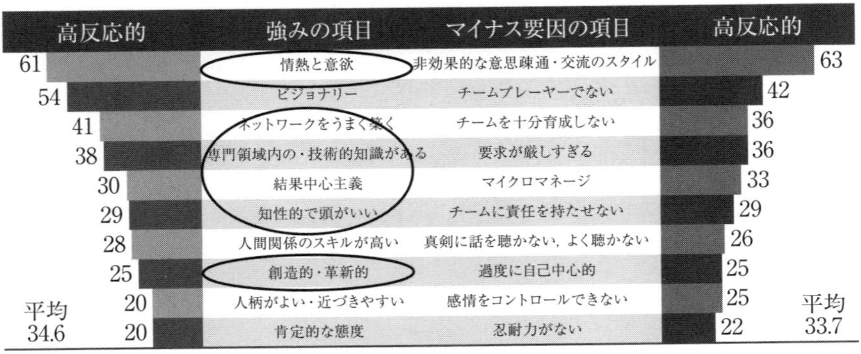

高反応的	強みの項目	マイナス要因の項目	高反応的
61	情熱と意欲	非効果的な意思疎通・交流のスタイル	63
54	ビジョナリー	チームプレーヤーでない	42
41	ネットワークをうまく築く	チームを十分育成しない	36
38	専門領域内の・技術的知識がある	要求が厳しすぎる	36
30	結果中心主義	マイクロマネージ	33
29	知性的で頭がいい	チームに責任を持たせない	29
28	人間関係のスキルが高い	真剣に話を聴かない，よく聴かない	26
25	創造的・革新的	過度に自己中心的	25
平均 20	人柄がよい・近づきやすい	感情をコントロールできない	25 平均
34.6 20	肯定的な態度	忍耐力がない	22 33.7

高反応的の強みはマイナス要因の1.0倍，ほぼ等しい/相殺し合っている

唆します。

　ここで，2つの考えをまとめましょう。高反応的リーダーはいずれうまく拡大することがない強みを使っており，その強みを相殺してしまう以上のマイナス要因があるということになります。結論は明白です。高反応的リーダーはいずれある時点で自らの足を引っ張ることになり，彼らのリーダーシップは拡大することができません。お解りの通り，このようなリーダーシップは，組織全体に渡るダメージの原因となることがあります。

7つの倍増要素と7つの打ち消し効果

　自由記述コメントの研究を実施した研究者チームは，データから，高創造的リーダーがリーダーシップを倍増し，高反応的リーダーが効果を打ち消してしまう主要なテーマを7つ特定しました。図7.3から図7.9までは，高反応的リーダーと高創造的リーダーにおける，7つの強みと対応するマイナス要因，およびそれぞれのスコアを並べて示したものです。

　図7.3では，「人間関係のスキルが高い」と「非効果的な意思疎通・交流のスタイル」という，互いに相殺し合う2つのリーダーシップ行動を対比させています。高創造的リーダーのスコアは薄いグレー，高反応的リーダーのスコアは濃いグレーで表しました。

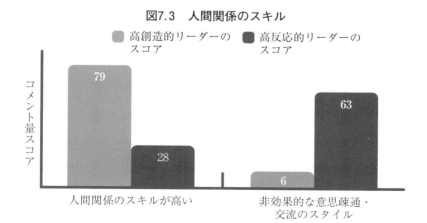

図7.3　人間関係のスキル

高創造的リーダーのスコア　　高反応的リーダーのスコア

79
28
63
6

人間関係のスキルが高い　　　非効果的な意思疎通・交流のスタイル

コメント量スコア

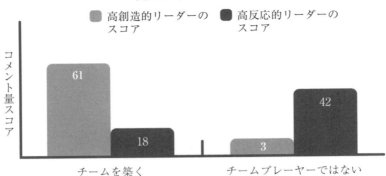

図7.4　チームワーク

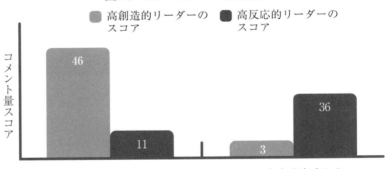

図7.5　人々やチームを育成する

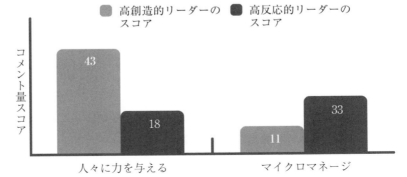

図7.6　力を与える/権限委譲

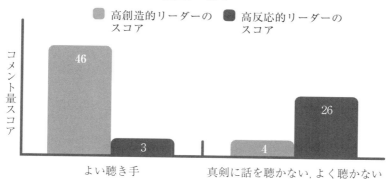

図7.7　聴く

高創造的リーダーの
スコア

高反応的リーダーの
スコア

コメント量スコア

46

3

4

26

よい聴き手　　　　　　　　真剣に話を聴かない，よく聴かない

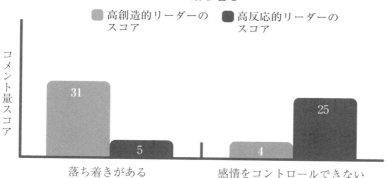

図7.8　落ち着き

高創造的リーダーの
スコア

高反応的リーダーの
スコア

コメント量スコア

31

5

4

25

落ち着きがある　　　　　　感情をコントロールできない

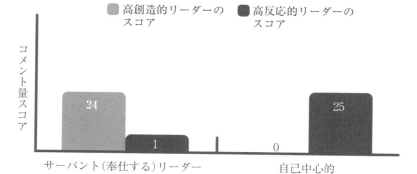

図7.9　サーバント（奉仕する）リーダーシップ

高創造的リーダーの
スコア

高反応的リーダーの
スコア

コメント量スコア

24

1

0

25

サーバント(奉仕する)リーダー　　　　　　自己中心的

　結論は明白です。高創造的リーダーは人間関係のスキルの高さによってリーダーシップの何倍もの効果を得ており周囲の人々のキャパシティや能力を拡大するのに対し，高反応的リーダーはその*非効果的な意思疎通や交流スタイル*のために自らを相殺しています。

　図7.3から図7.9を見ると，同じような強みとマイナス要因の組み合わせになっていますが，高創造的リーダーはそこで自分のリーダーシップを倍増させ，高反応的リーダーは自らの足を引っ張っています。高創造的リーダーは，人々やチームワーク，他者を育成し力を与えること，聴くこと，落ち着き，奉仕するリーダーシップなどによってレバレッジを得ています。一方，高反応的リーダーは，人々との関わり方が非効果的で，チームプレーヤーや育成者でなく，マイクロマネージし，よく聴かず，感情が不安定で，自己中心的です。

システムとしての打ち消し効果

　リーダーは「天候」をもたらします。自分を打ち消しているリーダーはさまざまなパターンの嵐をもたらします。

　この調査研究では，私たちの基準データベース内の大組織の上級管理職チームのシニアリーダーについて調べていますが，その中で高反応的リーダーは28％を占めています。これらのリーダーのもとで，またこれらのリーダーと一緒に働く人たちが，リーダーによってもたらされる天候にどう影響を受けているか，考えてみて下さい。

　私たちは，たった1人の高反応的リーダーがリーダーシップチームの雰囲気，エネルギー，パフォーマンスに与え得るネガティブな影響を知っています。萎縮効果をもたらし，これにより大切な会話がなされなくなり，組織全体が「回避策」を採るようになります。つまり，主要なリーダーを怒らせずに物事をやり遂げる方法を探すようになるのです。極端なケースでは，リーダーシップチームのメンバーが高反応的リーダーと関わるのを避ける方法を探すこともあります。何人も一度に異動したり，辞めてしまうということさえ起こります。

　1人のリーダーが，自分のみならずチームや組織全体に深刻な大きな打ち消し効果を持つことも在り得ます。これが上級管理職チームのシニアリーダーた

ちの28％でも起こりうると言えるでしょう。こうなると，リーダーシップチームの集合的知性は，チームメンバー個々の知性の平均よりも低下します。集団のパフォーマンスレベルは，高反応的リーダーの限界に合わせた最も低い地点まで下がります。ここに合わせて，皆「機能低下」します。そして，相乗効果を通して何倍もの効果を得ることなく（相乗効果が起これば集合的知性は個々の知性の平均を大きく上回ることができるのに），お互いを打ち消し合ってしまいます。

　私たちは以前，北米の大企業で，トップから一般社員までに渡る変容プロジェクトに関わりました。この会社の上級管理職チームの1人はトップの売上げを生み出していましたが，一緒に働く人々の力を相殺してしまうリーダーでもありました。このリーダーはとてつもない意欲と情熱の持ち主でしたが，彼の他者との意思疎通や交流のスタイルは非効果的なものでした。彼は要求が厳しく，自己中心的で，忍耐力がなく，チームプレーヤーでもありませんでした。このリーダーは徐々に周囲の人を相殺していきました。後には彼のために消耗し，燃え尽きた人々ばかりとなりまるで荒野のようでした。

　組織は何度も彼に忠告し，あまり反応的でなくもっと創造的な態度で振る舞うよう強く促しました。しかし，彼の非常に反応的なリーダーシップスタイルは根深く残ったままでした。彼は変わろうとしなかったのです。悲しいかな，組織のリーダーシップチームは最終的に彼を解雇せざるを得ませんでした。組織が彼を雇用し続けるコストが高くなり過ぎたのです。社内で他者を相殺してしまうことで，このリーダーは組織の現在の業績と将来の成長にとって障害になってしまいました。彼が組織を離れたのはまさに正しいことでした。

　別のクライアントの事例もあります。この組織では，あるシニアリーダーが毎年稼ぎ出す何十億ドルもの収益は，この天才が後に残していく瓦礫と引き換えなのだと判断していました。しかし，このリーダーは組織のポテンシャルを最小化しており，他の能力ある人々がフルに貢献するのを妨げていました（何人かはよりよい雇用条件を求めて去っていきました）。意思決定者たちは，このリーダーの天才的な能力を受け入れることにより，会社が大切にしている価値観や目的，そして，会社の長期的成長・繁栄を犠牲にしていたと言えます。

　リーダーの立場の人が天才，ここではつまり「すばらしい結果をもたらすけ

れども，そのリーダーシップのあり方が組織の成長を大きく妨げるような人」であるとき，組織は極めて難しい選択を迫られます。組織は苦しいほど難しいジレンマに陥ります。組織の幹部はその人を退職させることはできませんが（あるいはできないと思っていますが），その人をリーダーの立場につけておくのは大きなコストになります。このため，彼らはそれを無視し，容認し，回避し，見ないようにします。よくあることですが，最善の策ではありません。天才ではあるが反応的傾向の強いリーダーが周囲の人々に与えるネガティブな影響は，特に組織が成長するにつれて，人々の貢献を打ち消す，もしくはそれ以上のものになるからです。彼らは組織の成長やイノベーションを妨げてしまいます。

　リーダーと話す時，私たちはよく過去何年かにわたっての経験，成し遂げてきたすべてのこと，うまくいかなかったことを振り返ってもらいます。特に，「全部やり直せるとしたら，別のやり方でやってみたいことを1つあげて下さい」と求めます。一番の答えはほとんどいつも，「効果的なリードをしておらず，成長しようとしていないことが解っていたリーダーを交代させるという難しい決断を，もっと素早く下したかった」というものです。これは苦い教訓で，心に刻まれるものです。もしそうしていたら，相当にポジティブな違いが生まれ，望む結果をより早く達成していたでしょう。

　もしあなたがリーダーで，結果を出すけれどもその過程で人や組織を傷つける同僚がいるなら，素早く断固たる行動を取って下さい。その人がリーダーシップをアップグレードするのを助けるか，身を引く（それが配置転換や退職であっても）よう促すかです。これが，リーダーシップが拡大する唯一の道である場合も多いのです。

あなたは自分の倍増効果を増幅していますか？
それとも打ち消し効果を増幅していますか？

　これまで創造的・反応的リーダーたちに関わってきましたが，その中で経験したことが本書のデータにより解明されました。私たちは，創造的リーダーは増幅効果を得ており，反応的リーダーは打ち消し効果を増大させているという

結論を得ました。

　LCPにおいて，あるリーダーのプロファイルがより創造的になると，その人の効果性も増幅し始め，一方で必要なエネルギーコストは下がり，リードするのが楽になっていくことに気づきます。LCPの自由記述コメントを見ても，また創造的リーダーについての周りの人々へのインタビューでも，彼らはそのリーダーのマイナス面も口にしますが，そのマイナス要因の影響は最小のものとして語られます。「彼女はもっとよく話を聴いてくれるといいなと思いますが，彼女のリーダーシップは非常に素晴らしく，彼女と働けるのは特別なことなのです」などと言います。

　反応的リーダーシップでは増幅されかねないマイナス要因が，創造的リーダーシップでは最小化されることに注目して下さい。高創造的リーダーにもマイナス要因はありますが，彼らのリーダーシップの効果性に対する増幅効果によって，薄められます。

　増幅効果は，いくつかのことがうまく行われると生じます。数字を見ると，高創造的リーダーはその強み上位10項目について，高反応的リーダーの2.3倍多く認められていました。彼らは効果的なリーダーとして主に差別化になる強みでリードしており，これらの強みについては6倍も多く認められています。高いリーダーシップ比（強み対マイナス要因の比が4.4：1）を示し，このため強みを何倍にも大きく増幅できています。さらに，任務と人間関係のよいバランス（87パーセンタイル）で示されるように，結果の追求と人々の育成のバランスを最適化しています。

　これらすべての組み合わせが，彼らのリーダーシップを増幅します。次の等式のようになります。

「差別化できる強み」×「リーダーシップ比」×「人間関係：任務バランス」
＝増幅効果

　この方程式では，それぞれの変数は他の変数を増幅するので，これも増幅効果と呼ぶことができます。高創造的リーダーは自分の倍増の度合いと効果性を増幅します。反応的リーダーも同様に増幅効果がありますが，逆の方向に働き

ます。リーダーが反応的であるほど，差別化にならない強みを強化して使います。彼らの強み上位10項目のうち，6つまでが差別化にならない強みなのです。さらに，彼らのマイナス要因上位10項目は高創造的リーダーの6.5倍もあります。このため，リーダーシップ比は低くなります（1未満）。彼らが人々を尊敬せず，力を削いでいて，これらは低い人間関係：任務バランス（10パーセンタイル）に繋がっていきます。

　反応的リーダーの打ち消し効果も同じ等式で増幅されます。この結果，彼らのリーダーシップは拡大の条件が損なわれ，拡大していきません。

開発の問題（ピーターの法則再考）

　図7.10は複数の図をまとめたものです。この調査研究で解ったことすべてをこうして図にして見てみると，別の質問が生まれてきます。

　あなたは「ピーターの法則」と呼ばれる現象について耳にしたことがあるでしょうか。マネージャーが自分の遂行能力を超えた地位に昇進したときにどうなるかについてのものです。しかし，ピーターが原則を間違えていたとしたらどうでしょう。

　ピーターの法則は，1969年出版の同名書で最初に述べられました。ピーターの法則とはどういうものか知っているかとマネージャーたちに尋ねたら，口を揃えてこう答えるでしょう。「人は自らの能力の極限まで出世する。したがって，有能な平社員は無能な管理職になる」。

　この一部は本当です。しかし，私たちの経験と調査データを見直すと，リーダーはその*能力*のレベルでなくどこまで育成されたのか，その開発レベルで頭打ちになるのではないかと思います。リーダーがその限界に到達し，天井に突き当たり，頭打ちになり，あるいは脱線する時，彼らは*能力*の上限に来ているのでしょうか？　それとも*開発*の上限に来ているのでしょうか？

　私たちは，正解（当てはまらないより当てはまる方が多い）は後者だと思います。開発の上限に来てしまったのだ，と。

　私たちは，この調査で最も創造的・効果的なリーダーも最も反応的・非効果的なリーダーも，同様に才能があるという結論を得ています。そして，リー

図7.10　本章の図のまとめ

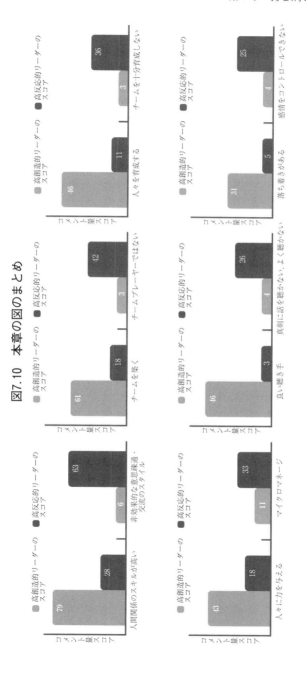

人間関係のスキルが高い
- 高創造的リーダーのスコア：79
- 高反応的リーダーのスコア：28

非効果的な意思疎通・交流のスタイル
- 高創造的リーダーのスコア：6
- 高反応的リーダーのスコア：63

人々に力を与える
- 高創造的リーダーのスコア：43
- 高反応的リーダーのスコア：18

マイクロマネージ
- 高創造的リーダーのスコア：11
- 高反応的リーダーのスコア：33

チームを築く
- 高創造的リーダーのスコア：61
- 高反応的リーダーのスコア：18

チームプレーヤーではない
- 高創造的リーダーのスコア：3
- 高反応的リーダーのスコア：42

良い聴き手
- 高創造的リーダーのスコア：46
- 高反応的リーダーのスコア：3

真剣に話を聴かない、よく聴かない
- 高創造的リーダーのスコア：4
- 高反応的リーダーのスコア：26

人々を育成する
- 高創造的リーダーのスコア：46
- 高反応的リーダーのスコア：11

チームを十分育成しない
- 高創造的リーダーのスコア：3
- 高反応的リーダーのスコア：36

落ち着きがある
- 高創造的リーダーのスコア：31
- 高反応的リーダーのスコア：5

感情をコントロールできない
- 高創造的リーダーのスコア：4
- 高反応的リーダーのスコア：25

ダーたちが記述したコメントをもとにして，純粋な頭の良さや知能に関して最も才能ある人を選ばなければならないとしたら，反応的であまり効果的でないリーダーが選ばれるのではないでしょうか。さて，この人たちは才能がないからリーダーとして効果がないのでしょうか？　それともまだあまり明らかになっていない，別の壁にぶつかっているのでしょうか？

　私たちの経験では，このレベルで効果を出せていないリーダーたちは，もっといろいろなことができる能力があります。ただ，能力の限界ではなく，開発の限界に来ています。この結論は，将来，リーダーをどのように育成開発していくべきか，改めて定義し直すものです。

　このことは，リーダーシップの育成開発の定義をどのくらい大きく変えるのでしょうか。それを理解するためには，リーダーシップの各「段階」のこと，そしてそれらの段階が，進歩する私たちの内的オペレーションシステム（OS）とどう関連しているかを理解する必要があります（リーダーシップの段階については，本書で後述します）。これらの，インナーゲーム[訳注1]，すなわち私たちの内部で起きていることが，外側のこと（行動，振る舞いやそれに伴う結果）を生じさせているのです。反応的リーダーシップのそれより成熟した状態のインナーゲームが起きていると創造的リーダーシップが生じます。つまり，非常に才能あるリーダーがその限界に近づいた時，大抵の場合その限界は彼らのインナーゲームの中にある，これが，多くのリーダーたちと関わってきた私たちの経験と合わせて得られる結論です。

　ピーターの法則からいうと，彼らのインナーゲームがその限界に達してしまい，進化する必要があります。能力レベルの限界ではなく，育成開発とインナーゲーム成熟度の限界に達しているのです。

　本書の後半では，リーダーがその開発の限界に達したとはどういうことかを解説します。そして，普遍的な成長・開発の道について述べていきます。まず次章では，リーダーが創造的リーダーシップを拡大することによって，どのように組織を変容させていくのかに目を向けていきましょう。

（訳注1）内面にある意味付けシステム，メンタルモデル，思い込みや前提など，外部からの刺激に対して物事を定義し感情や行動を発動させる内的構造やプロセス。

振り返り ☕

・あなたは自分を打ち消してしまっていますか？　もしそうなら，どんな風に？

・特に，あなたのどの反応的な強みが創造的な強みを相殺していますか？

・差別化にならない強みは，あなたがリーダーとしての振る舞いやあり方に影響
　していますか？　どんな風に？

・自分でも他人でも，ピーターの法則を経験したことがありますか？　どんなこ
　とがありましたか？

第 **8** 章 How Leaders Scale Leadership

リーダーはどのように
リーダーシップを拡大するか
——ある人物の例から学ぶ

　人はよく，リーダーシップは生まれつきのものか，それとも学習で身につけられるものなのかと考えます。リーダーシップは知識・訓練・フィードバックで向上できるのでしょうか。答えは迷うことなくイエスです。

　私たちは皆，様々な才能を天から与えられました。生まれつき人の上に立つ才がある人もいるでしょう。しかしそれでも，生まれ持ったリーダーシップ能力は開発し，コーチを受け，定期的に訓練しなければなりません。スポーツや芸術などの分野で，天与の才や能力が練習によって完全に花開くのと同じです。あなたにどんな生まれつきのリーダーシップの特徴が備わっているとしても，あなたのリーダーシップ能力は開発することができ，また開発するべきなのです。

　とは言え，部下やチーム，組織，そして周囲の世界に成長効果（変容効果とまで行かずとも）をもたらすには，自分のリーダーシップを拡大しなければなりません。本章では，どうしたらそれが可能か，詳しく見ていきます。

好例：ジェフ・ヒルツィンガー

　ジェフ・ヒルツィンガーは，リーダーシップが学習・錬磨・開発・拡大できることを教えてくれます。ジェフはマーリン・ビジネス・サービスのCEOです。同社は中小企業が資本を保有しながら新規設備と技術を入手できるよう，全米で中小企業向けに商業設備用融資と運転資金のキャピタルローンを提供する商業融資金融機関です。マーリンのバリュー・プロポジション[訳注1]は，大変優れたサービスを提供し，設備機器販売業者・メーカー・再販業者・卸売業者，

さらにその顧客と結んだ約束をしっかり果たすことが中心となっています。

ジェフは高創造的リーダーですが，これまでずっとそうだったわけではありません。10年以上前，私たちが彼の組織と契約を開始した時，ジェフは偉大なビジネスマンだけれどもリーダーとしては普通によい程度だと思われていました。彼は強力な技術・業界・金融知識を持っていました。また，業務と組織プロセスを完璧に理解した，優秀な戦略家でもありました。非常に成功を収めていましたが，時にその成功は多くの犠牲の上にもたらされていました。彼自身にも，周囲の人にとってもです。

ジェフが2007年に最初に LCP を行った際（図8.1参照），彼のリーダーシップは高反応的でした。ところが，彼の「効果的なリーダーシップの発現度」は80パーセンタイルでした。このスコアが高かったのは，彼のリーダーシップには，いくつかの非常に良い点があったからです（知性・決断力・戦略能力・金融知識・仕事上の知識・勇気を持って真実を話すことなど。彼はありのままを話します）。しかし，彼の反応的傾向の特徴が強みを相殺することにより，彼のリーダーシップには負の側面が明らかに見られました。彼の独裁的・傲慢・批判的で距離を取るやり方のため，他者が彼のリーダーシップを完全に受け入れるのが難しくなっていたのです。

2007年当時，私たちは世界的景気後退がすぐそこに迫っていることや，彼のリーダーシップが過去になかったほど試されることになるとは気づいていませんでした。ジェフは自分のリーダーシップをアップグレードし，エゴを手放し，自分の弱さを晒しながらも開発ギャップに向き合う必要がありました。しかし，彼はやり方を変えるのに抵抗しました。むしろ，それまでずっとリーダーとして自分がやってきたようにやりたいと考えていたのです。

しかし，時を経て，ジェフはついに，自分がリーダーシップをアップグレードする必要があると認識し，それをさらにシニアリーダーシップチームや組織全体に拡大しました。これが彼のしたことです。現在，ジェフ・ヒルツインガーは目覚ましい成功を収めた万能型リーダーです。ジェフはどうやってこの基本的変容をやり遂げたのでしょうか？　彼はリーダーシップを拡大するため

（訳注1）自社が提供する価値提案。顧客がそれを購入する理由となるもの

に必要なすべての条件を整えました。どうやったのか，見ていきましょう。

自分自身を超えてリーダーシップを拡大する

　長年の間，私たちは大企業から小企業，そしてその中間も，何百もの組織の何千人ものリーダーに関わってきました。これらリーダーのうち最高の人々は，どうやって自分を変え，リーダーシップを拡大し，そしてその中で組織を変容させているのでしょう？　私たちは，関わってきたリーダーたちからやり方を

図8.1　ジェフの最初のLCP（2007年）

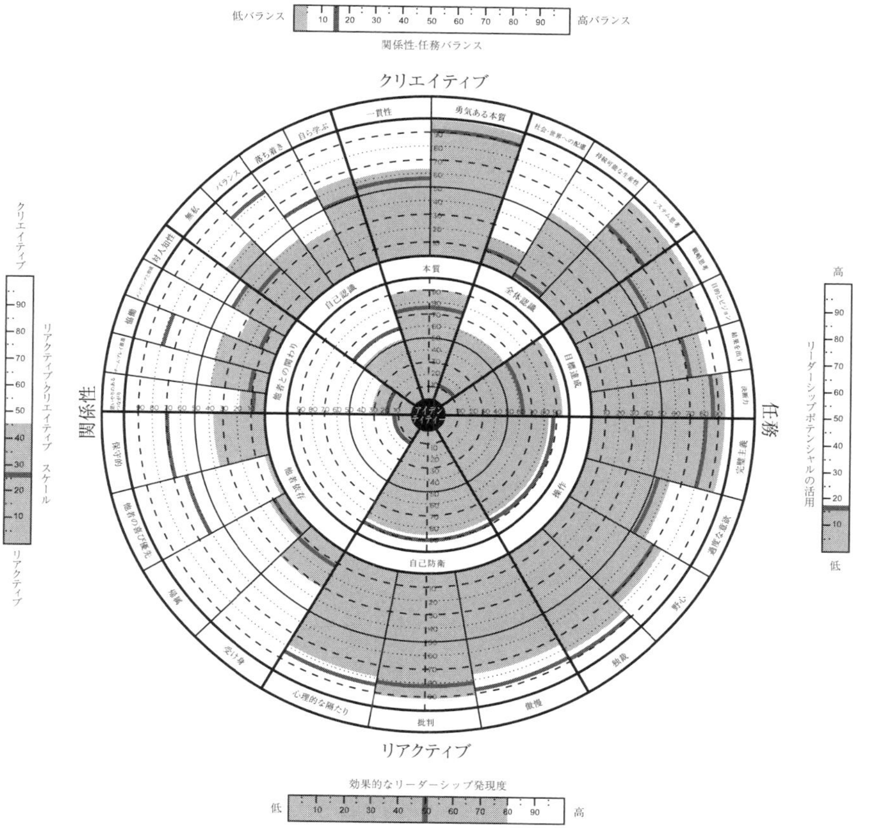

低バランス　　10　20　30　40　50　60　70　80　90　高バランス
関係性：任務バランス

クリエイティブ

クリエイティブ／リアクティブ　スケール

リアクティブ・クリエイティブ

関係性

任務

リーダーシップポテンシャルの活用

高

低

リアクティブ

効果的なリーダーシップ発現度
低　　10　20　30　40　50　60　70　80　90　　高

学んできました。経験上，そこに到達するためには鍵となる3つのステップがあると言えます。

ステップ1：まずは自分から始める。自分のリーダーとしての強みとマイナス要因を理解するため，自分の内面を深く見つめましょう。既述の強みとマイナス要因のリストを見直し内省します。自分のLCPを見てみましょう。創造的と反応的，人間関係重視と任務重視の間のどの辺りにいるのでしょうか。特に以下に意識を向けてください。

- 「気づくこと」最優先：ギャップを認識する
- フィードバックの豊富な環境を作り活用する
- 「大事な1つのこと」に集中する
- 助けを求める

ステップ2：リーダーシップチームを育成開発する。自分自身のリーダーとしての強みとマイナス要因を理解したら，次のステップは焦点をリーダーシップチームに移すことです。これは，リーダーシップを自分自身から拡げていくプロセスの始まりです。特に以下に意識を向けます。

- 「開発の課題」に関してチームをリードする
- 個人の，そして集団としての効果性を診断する
- 正しく人を配置する
- 大切なことについて方向性を揃える（アラインメント）

ステップ3：リーダーシップのシステムを構築する。変化の触媒となった人がいなくなっても続く長期的な組織の変化を可能にするには，組織全体に創造的もしくはそれ以降のレベルのリーダーシップを育成できるシステムを築くことが必要です。特に以下に意識を向けます。

- 成長する組織を創る

- 結果を測定することを重視する
- 「開発の課題」を制度化する

●ステップ１：まずは自分から始める

　ジェフは最初のLCPから２年後に２度目のLCPを実施しましたが，今度は
その結果を真剣に受け止めました。一層反応的な，高反応的リーダーの結果が
示されていたからです（図8.2参照）。彼のスコアは，図の円の創造性を示す上
半分の円で大幅に落ち込み，人間関係・任務バランスはほぼゼロ，効果的な
リーダーシップの発現度は30パーセンタイルまで落ちていました。ジェフは
リーダーとして深刻なほど自分を打ち消してしまっていたのです。

　自分がより反応的になっていることを示すこの２度目の図を見たのと同じこ
ろ，ジェフは，優れたメンター・リーダーから学んでおり，自身は責任ある幹
部チームの一員になっていました。これらのことなどが相まって，ジェフは自
分の開発ギャップに向き合うようになりました。彼は課題に取り組み始め，決
して後戻りすることはしませんでした。

　前述の通り，ジェフの進歩の鍵となった要素の１つは，すぐれたメンター・
リーダーから学んだことでした。非常に幸運なことに，ジェフは，並外れた上
司，故ジム・マクグレインに直接報告を行うことになったのです。ジムは私た
ちが関わってきた中で最高のリーダーの１人です。

　ジムはUSエクスプレス・リーシング（USXL）のCEOで，ジェフはジム
のナンバーツーとして，同社CFO/COOを務めました。彼らは互いに支え合っ
て，個人の，そしてチームという集団としての「効果的なリーダーシップの発
現度」を高めたのです。

　前著 "Mastering Leadership" で，ジムが２度目のLCPフィードバックを
受け取り，自分が世界的景気後退中に高創造的リーダーから平均的な効果性の
リーダーに脱落したと知った時のことを述べました。このフィードバックを受
け取って１週間後に面談した時，ジムは既に自分の部下である主要なリーダー
のうち40人とのべ25回に渡ってミーティングをしていました。そして，彼らに
自分の２度のLCPを見せてシンプルな質問をしていたのです。「私に何が起き
たのだろう，そして何をする必要があるのだろう？」ジムは「根本的に人間ら

図8.2　ジムの2度目のLCP（2009〜2010年）

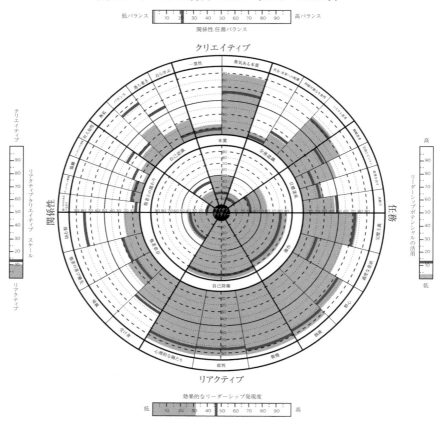

しい」ことと「まず自分から始める」に関する，まさにロールモデルでした。

●「気づくこと」最優先：ギャップを認識する

　自分の現在のリーダーシップとなりたいと思うリーダーシップの間に差があることを認めない限り，優れたリーダーシップへの旅の第一歩を踏み出すことはできません。ジェフは自分が開発ギャップの最中にいること，優れたリーダーになるには大きな距離を進まねばならないことを認めました。この旅をするには，相当な自己認識・成長・自己開発・スキル形成・実践が求められるこ

とになります。ジェフはより自らを認識し，自分が何者でどんな人間になろうとするのか，真実を語ることで生成的張力を作り，その中に自分を置きました。

　私たちはどうすればより自己を認識することができるのでしょう？　自分と対話するのです。「私は自分をどう認識しているか？」「私は何に注意を払っているか？」「私は組織全体にどんな影響を与えているか？」などです。それからその輪を広げましょう。チームのメンバーなど，組織内で信頼している同僚に尋ねるのです。「私がリードを求められるあらゆる場面において，私の影響はどんなものだろう？」自分のインパクト，影響力を知ることが決定的に重要です。自分が様々な状況でどの自分をどう利用しているか，自分がどんな影響を与えているか，自己認識なくして効果的にリードすることはできません。

●フィードバックの豊富な環境を作り活用する

　より自己を認識できるようになる最速の道は，継続的に周囲の人からフィードバックをもらうことです。多くのリーダーは，自分がどんな影響を与えているかについてはっきり解っていません。これは，LCPで採点者のスコアと自己採点のスコアがよく食い違っていることからも解ります。反応的であるほど，実際よりポジティブな影響を与えていると思いがち，ということがよくあります。

　自分がリーダーとしてどんな影響を与えているかよく解らない，あるいは何らかの理由で自分が自分について知っていることが間違っているように思える理由がある場合は，LCPやその他の360°調査でフィードバックを集めましょう。もらったフィードバックを消化したら，チームの人たちと，自分の影響や，彼らが何を求めているかについて話し合います。よく話を聞き，受けたフィードバックには防御的にならずに対応し，役立つものとして受け取り，心から感謝をしましょう。

　次に，自分のためのフィードバックの仕組みを作って，定期的にインプットを得られるようにします。あなたがもし組織内で力強いリーダーとして自分を表現したいと感じていたら，そのようなあり方と実際に自分が出している影響に矛盾していないか，常に知りたいのではないでしょうか。これをうまくやる方法が解らなければ，信頼できるアドバイザーに助けてもらいましょう。リー

ダーとして成功するには，堅実なフィードバックの仕組を喜んで築き，維持し，利用しなければなりません。そしてもちろん，学んだことに対してオープンになり，それに基づいて行動を起こさなければなりません。

私たちは，ジム，ジェフ，それに彼らのチームがフィードバックの豊富な環境を利用できるようデザインするのを手伝いました。現在，ジェフは常にフィードバックを受けています。彼がそれを頼み，求めるからです。彼の傲慢で批判的な傾向が表出することはまだありますが，彼はそれを意識できており，次のように言うことで，このような振る舞いの影響を緩和しています。「これが傲慢に聞こえることは解っているので，お詫びします。そういう風にならずに済むやり方を，本当に学ぼうとしているところなんです。ここで批判的になるつもりはありません。私が改善すべきと思うことは何でもフィードバックして下さい」。

●「大事な1つのこと」に集中する

フィードバックの豊富な環境を整え利用し始めると，あなたが変える必要のある大事なことが1つか2つはっきりしてくるでしょう。ジェフはまさにそうでした。彼は周囲の人や私たちに質問してきました。ジェフがより効果的なリーダーになりたいと言ったので，私たちのアセスメント（LCP）では，効果性を高めるのにもっとも関係する変数は，「目的とビジョン」と「チームワーク」の2つだと伝えました。ジェフはこれを聞くと，「OK，とてもはっきりした。私のすることはそれだ」と言ったのです。彼ははっきりした目的意識を持ってリードし，その目的を組織の戦略的ビジョンに落とし込むリーダーになることを選びました。ビジョンは方向性の統一とチームワークの触媒となるので，この2つは完璧な組み合わせです。

ジェフは自分のリーダーシップと組織を完全に変容させる「大切な1つのこと」（ビジョンの方向性の揃ったチームを作ること）に集中しました。リーダーシップも組織も，力を解放し，次のレベルに引き上げるためです。これに取り組みながら，ジェフは自分がいかに自らの足を引っ張り，改善しようとしている努力を打ち消しているのか，さらに明確に認識できるようになりました。彼は継続的にフィードバックを求めました。そして，自分が古くなった，今で

図8.3　ジェフの3度目のLCP（2013年）

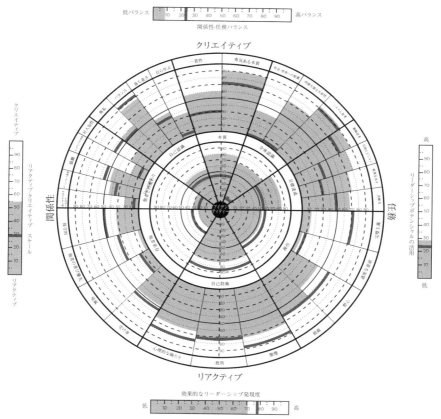

はあまり効果のない方法でリードしていることのに気づいた時，彼は自分の内面を見つめました。効果的でないリーダーシップを起動している核となるドライバーが何なのかを摑むために。彼はなぜ自分がそのように振る舞い続ける必要があったのか理解したかったのです。

　自分のリーダーシップを次のレベルに引き上げてくれる「大切な1つのこと」が明確になり，自分の足を引っ張っている時にはそれに気づくようにし続けることによって，ジェフは自分を変容を起こす仕組み，「生成的張力」の中に置いたのです。

　数年後，ジェフのLCPは大きく変化しました（図8.3参照）。高かった「操

作」のスコアが低下し，「傲慢」や「批判」のスコアも下げることができました。「他者との関わり」のスコアは上昇基調にあり，他の創造的コンピテンシーは綺麗に花を開いたようになりました。彼の効果的なリーダーシップの発現度は30パーセンタイルから70パーセンタイルにアップしました。

　悲しいことに，2014年，ジム・マクグレインはこの世を去りました。ジェフは自然に後継者と見なされ，組織を率いる立場に就きました。その当時，ジェフは「そうですね，私たちが集団としてのリーダーシップについて真剣に取り組んでいるかどうか，そのうち答えがでると思います」と言っていました。後にその答えは明らかになりました。ジェフはまさに真剣だったのです。彼は自分とチームのリーダーシップの育成に全力で取り組みました。彼らは継続的に周囲の人と関係を深めていきました。これらのことは会社の業績にも飛躍的な違いを生み出しました。

　ジェフは，リーダーは生まれつきだけではなく，実際に成長し，育成されてなれるものでもあることを証明するよい例になりました。彼こそがそうだったからです。ジェフは自分の生まれつきの才能を生かしてその上に基盤を築き，マイナス要因を緩和して，自分を非常に効果的なリーダーにしてくれる新しいリーダーシップのあり方・やり方を取り込んでいきました。ジェフはある面ではジムの一部をレガシー（遺産）として譲り受けており，ジムに特有だったやり方も用いて会社を率いているので，その意味でジムは生き続けています。ジェフは他のリーダーたちから学んだすべてのことによって，本当の意味で自分自身のリーダーシップのブランドを作り上げ，今そのレガシーを次代に伝えようとしています。これは偉大なリーダーシップの精神的・人間的な美しさでしょう。

●助けを求める

　リーダーシップを拡大することは，どんなリーダーやエグゼクティブ・チーム，組織にとっても大きなチャレンジになり得ます。あまりに大きなことであるため，現在の専門知識の範囲内では成し遂げられないこともよくあります。個人的にも集団的にも，ビジネスの多くの面を運営するために必要なあらゆることに関しては，あなたは知っているかもしれません。しかし，自分のリー

ダーシップの向上のさせ方，組織全体へのリーダーシップの拡げ方など，知る必要のあることをすべてはわかっていないかもしれません。もし自分がこの状況にいると思ったら，つまり障害にぶつかり続け，一歩進んで二歩下がる状態になっていたら，外部のコンサルタント会社に助けを求めるべきタイミングかも知れません。主題や内容に関する専門知識がない業務分野を自分で回そうとする代わりに，組織内でその知識を探すか，必要な知識のある人を雇うか，外部のコンサルタントの助けを借りるかなど，助けを求めましょう。

　ビル（著者の一人）は1億ドルの同族企業の会長であるポールから以下のメールを受け取りました（プライバシー保護のため会長は仮名です）。まだ30代のポールは有能な若手ビジネスマンで，父の後を継いで会社を経営する役職に選ばれました。

　ビルへ
　お元気ですか？
　私は，今年の年間売上げが1億ドルに迫る，ある同族企業を経営しています。弊社のリーダーシップの効果性は悲惨なものですが，それにも関わらずここまでは成功してきました。私はLCPの実践者としての資格認定を受けてこのアセスメントと育成開発のプロセスを全社に行き渡らせたいと思っています。私たちは会社を成長・繁栄させたいなら自分たちのリーダーシップをアップグレードしなければならないと思っています。

　また，弊社はアドバイザリーの役目もあり，大小様々な企業と関係していますので，これらのツールを中小企業に適用するまたとない機会だと感じています。

　私は，自社においてリーダーたちを育成し，かつ効果的で仕事のできるリーダーを招聘する責任を負う用意があります。私は会社を育て，繁栄させるために組織内でもっと効果的になる必要がありますし，私以外の効果的なリーダーも必要です。私たちがスタートできるよう，ご意見を聞かせて頂けませんか。

> どうぞよろしくお願いします。
>
> 取締役会長　ポール

ポールは頭がいいだけでなく，謙虚でもあります。彼は自分がどんな時に助けを必要とするか知っており，他人に任せて（自分のエゴを手放して）それを認められるだけの度量もあります。彼は父の努力を無駄にして，一族と社員に利益をもたらしているこの会社を失いたくないのです。現在のリーダーシップでは，自分たちが行くべき所に導いてくれないと認識し，彼は助けを求めました。私たちの知る，変容を遂げてリーダーシップを拡大させた最高のリーダーたちは，専門家の助けを借りてこれらのことを行っているのです。

ジェフもジムもポールも，全員，「自分から始めて」「拡大の条件を整え」，成功のために必要な「根本的に人間的」であることを自ら体現しました。自分自身から始めなければ，あなた自身が，導こうとしているはずのその変容の障害になってしまいます。自分を打ち消してしまうのです。しかし，自分自身から始めれば，組織の開発の課題をしっかりと握り，人としてリードすることができ，それをオープンで，自らの弱さを認め，深い人間関係と信頼の中で行うことができます。拡大するために必要なこれらの条件を整えると，あなたは組織全体を生成的張力の中に置くことになります。ここから変容が生まれます。

●ステップ2：リーダーシップチームを育成開発する

リーダーとして最も重要な仕事，「一番の仕事」は，他のリーダーを育成することです。この場合，自分のチームをランダムな個人の集まりだと考えるのはやめましょう。そうではなく，リーダーのチームと考えるのです。

自分がリーダーのチームを持っているとなると，あなたの意識は第一の仕事の方に向くでしょう。つまり，自分の他にも高創造的で効果的なリーダーを育成することです。ジェフ・ヒルツィンガーは，自分の第一の責任は組織全体に効果的な個人の，そして集団としてのリーダーシップを育成することだと認識していましたが，あなたにとってもそうだと言えます。

●「開発の課題」に関してチームをリードする

　ジェフの物語が完全なのは，彼が自分自身についても取り組み続けたからです。しかし，それ以上に，彼は組織全体にわたる個人の，そして集団としてのリーダーシップを拡大する，開発の課題の責任を引き受けました。そうすることで，彼は組織を新しく前例のないレベルの業績にまで導いたのです。

　ジェフの成功は，彼に次のチャンスをもたらしました。マーリン・ビジネス・サービスのCEOという役割を引き受けることになったのです。その職への昇進資格を得た最初の機会でした。

　マーリン・ビジネス・サービスは，小規模事業所への機材リースを主な事業として1997年に創業しました。2016年に創設者CEOが退任した際，役員会はマーリン社の事業を変容させるべく，これをリードできる人物を探し始めます。同社のビジネスの基盤となるものは健全なものでしたが，それらが十分に活用されてはいませんでした。また，組織の主たる目標は利益や企業価値において加速度的に成長させるというものでした。

　ジェフは新しい会社での職務に着任する前から，同社とリーダーシップの育成開発課題に着手しました。新しい仕事を始める1ヶ月前，彼は助けを求めて私たちに電話してきたのです。彼はこう言いました。

　　私はこの組織という船に乗ると決めた時から，ここで何をすべきか解っていました。我々はまずビジョンと戦略の策定に取り組むということを明確にしなければなりませんでした。マーリンのプラットフォームには，今後追求するに値する戦略的方向がいくつかあります。進化しようとしているこの初期段階ではビジョンの再構築が重要になります。これが「マーリン2.0」です。私はこのプロセスを利用して，幹部チームと役員会の中で，自分たちがどこを目指したいのか方向性統一を図ろうと思います。

　　現在の幹部の大半はマーリンに来て比較的日が浅く，私は彼ら全員が好きです。ですから，私は，ビジョンを再構築しながら，我々が集団としてのリーダーシップをもって牽引していく責務に関しての共通認識を持つようにし，チームを融合させたいのです。私たちは，組織が大切にする価値観や，我々が何者であるのか，ということを明確にしなければなりません。

　私たちは効果的なリーダーたちの経営チームを作らなければならないのです。各々が個人として効果的なリーダーであるだけではなく，チームにならなければなりません。私たちは組織を率いる上で上手く一緒になり，進んでいかねばなりません。

　私は開発の課題に取りかかろうと思います。そして最初の段階からチームの仲間たちと一緒に取り組んでいきたいのです。

　ジェフは着任初日から開発の課題に当事者として取り組みました。まず自分から始めました。透明性を持って，自ら体現することでリードしていきました。彼は自分にはまだまだ学ぶことがあると知っており，周囲の人々に助けやフィードバックやインプットを求めました。このような彼の姿，つまり，エゴを手放し，根本的に人間的であろうとする彼のあり方に触れ，周囲の誰もが同じことをやってみようと促されたのです。

　他のリーダーやパフォーマンスの高いリーダーシップチームを育てるのに，これ以上速い方法はありません。開発の課題をリードしていくのであれば，まず自分個人からやりましょう。あなたが学んでいることを声に出し，エゴを手放し，弱さを見せ，それらすべてを深い人間関係の中で行えば，組織の変容は加速します。

　リーダーシップの拡大成長は，あなたのチームから始まります。最適なチームをそこに配置しましたか？　自分のチームを「リーダーたちのチーム」として遇していますか？　あなたのリーダーたちは自己認識がありますか？　つまり，リーダーチームの一員として，リーダーとして，自分がどのように立ち振る舞っているのか，どう見えているかを知っていますか？　リーダー達から成るそのチームは，「チームとしての自己認識」がありますか？　もしこれらの質問のどれか1つでも答えが「ノー」だったら，リーダーシップを自分自身から組織全体に拡げる前にすべきことがあります。

　リーダーチームを集団として効果的なリーダーシップチームに育てていくにあたり，あなたもこれまで通り自分自身に対して取り組んできたことをやり続けるのですが，今度はそれをチームのメンバー全員と共に取り組むことになります。このため，チーム内のすべてのリーダー達と個別に会話して，彼らが周

りの人たちに与えている影響をどのように自覚しているのか見出すのを手助けするのも素晴らしいことです。その人たちは，何がうまくいき，何がうまくいっていないか自分で解っているでしょうか？　彼ら個人のリーダーとしての立ち振る舞い・表現は，キャパシティや能力を高めながら組織をより効果的にし，より良くなるようにしていますか？　それともそれを*不可能*にしていますか？　さらに大きな組織を創れるように，オープンにフィードバックを求め対応することができていますか？　自己防衛的になり，組織の器も能力も低下させ続けてはいないでしょうか？

　あなたはこのようなことを通して，他のリーダーたちが「自分自身から始め」，「成長の道に歩み出す」のを助けたいのではないでしょうか。

●個人の，そして集団としての効果性を評価する

　次に，あなたのチーム，そして上級管理職チームの集団としての効果性の評価をします。あなたのチームは，組織をリードする上で集団としてどのような姿を見せているのでしょうか？　必要な情報とフィードバックを集めましょう。オープンになりましょう。何かあればオープンにそれを話せるような文化を築くのです。お互いがリーダーシップの向上に責任を持ち，フィードバックが豊富で支援し合う環境を作りましょう。

　変容のためのビジネスケース[訳注2]を作成し，何がチームに求められているのかを特定します。目的の達成のために，チームにはどのような振る舞いが必要で，どのように在る必要があるのでしょうか？　たとえば，あなたのリーダーシップチームがさらなる業績と売上げ向上を戦略的に重視するなら，このように問うといいでしょう。「その結果を出すには，個人としても集団でも，（これまでとは違ったやり方で）どのようにリードする必要があるだろうか？」。また，よりエンゲージメントの高い組織を築きたいなら，問いは「エンゲージメントを高めていくプロセスにあなたはどう関わるのか？　高いエンゲージメントの文化が実際に根を下ろしリーダーチームが望む成果に到達するためには，

（訳注2）プロジェクトを進めるため計画書。目的，シナリオ，その達成に必要なことやその効果などを検討し判断の元となるものを示す文書。

私たちはどのような人である必要があるのか？」になるでしょう。

　業務上望む成果とその達成に必要なリーダーシップを関連づけることができ
たら，グループ全体を開発育成のプロセスに入れましょう。意図したことが，
自分たちの在り方や，リードの仕方の一部として定着するまで，意識的に育成
開発のプロセスに取り組みます。「開発の課題」は焦点が絞られ，総合的なも
のである必要があります。「開発の課題」はチームで一緒に作成しますが，実
行するのは自分たち個人個人です。「ここには，現在私たちがいるところから，
１年後にどのようになっていたいか，そしてそのシフトによってビジネスをど
のように変容させるかが書いてあります。これが焦点を当てるべき主要課題で
す」というようなものとなります。

　リーダーシップチームとして着手するすべてのことは，２つの明確な視点か
ら考える必要があります。１つは，「どんな成果を出したいのか，いつまでに
成し遂げたいのか？」，そしてもう１つは，「その結果を出すために，自分たち
はどのように『在る』必要があるのか，リーダーチームとしてどのように振る
舞いリードしていく必要があるのか？」というものです。この２つのテーマは
関わり合っています。チームとしてより効果的にリードすることができれば，
よりよい結果が得られるはずです。

●正しく人を配置する

　チーム内で効果的にリーダーシップを拡げるには，必ず人を正しく配置しな
ければなりません。こんな風に言って，チームの誰かのパフォーマンスに妥協
する自分に気づいたことはありませんか？　「いいさ，フランクは本当にいい
やつだ。自分の役割を果たしてないけれど，チームにはいて欲しいから」。どう
う思いますか？　フランクはあなたの必要とするリーダーではないかも知れま
せん。彼はあなたが彼に求めることをしていないのに，そこに合わせて妥協す
る策を採るなら，彼はチーム全体が本来出せる効果性を削いでいるのではない
でしょうか。リーダーチームに力を出していないメンバーがいると，たとえそ
れが１人や２人だとしてもチーム全体の効果を深刻なまでに打ち消してしまう
かもしれません。フランクは積極果敢に自らの開発の課題に取り組むか，もし
くはその役職を辞する必要があるでしょう。

　私たちが関わったあるクライアントの話です。当初その会社には11人のメンバーからなる幹部チームがありましたが，チームとして効果的に機能していませんでした。2年後，チームメンバーは6人になっていました。元々のチームから残っていたのは1人だけでしたが，チーム自体はずっと強くなっていたのです。CEOとメンバーは共にリーダーシップの効果性に取り組んでいます。組織の集団リーダーシップという面で，彼らはチームとしてさらに効果的になりつつあります。

　組織のリーダーシップの人材と効果性をアップグレードしていくにあたり，自分の開発の課題を全て受け入れる人もいるでしょう。彼らは喜んで取り組み，今の自分を超えて成長するため進んでいきます。そして成長の取り組みそのものを自分の在り方の一部にしていきます。一方，進んで成長しようとしない人には交代してもらう必要がでてくるでしょう。代わりにあなたがやろうとしていることを進んで受け入れる人を招き入れる必要があります。成長しようとしない非効果的なリーダーを留めておく余裕はありません。リーダーをチームに配置する際には，こう問いましょう。「この人には成長の意欲があるだろうか？本当にそれを望んでいるだろうか？　私が求めていることができるだろうか？」と。それは意志と能力両方の問題です。あなたはそれを*知る必要があります*。そしてその後に決断しなければなりません。

●大切なことについて方向性を揃える（アラインメント）

　リーダーシップチームを整備したら，組織の目的・ビジョン・戦略について，強力なアラインメントを構築する，つまり，チームが同じ方向を向き協働する状態に整える必要があります。これはリーダーシップを拡大する条件の一つです。

　ジェフがマーリンの新CEOに就任した時にもこれを行いました。私たちが彼らの支援を始めた時まず取り組んだのが，組織上層部のリーダーそれぞれの個人としてのリーダーシップと，「リーダーシップチーム」としてのリーダーシップの効果性を測定することでした。私たちは，リーダーチーム全体が開発の課題に着手し遂行する手伝いをしました。そしてジェフは，就任から60日でリーダーシップチームをまとめあげ，チームとして組織の方向性を設定するこ

とができました。彼らは力を合わせて，会社の目的・ビジョン・価値観・戦略課題を明確にし，一致協力する体制になったのです。

　リーダーシップチームが事業部や会社全体について責任を負っているのであれば，彼らは組織のより高い目的を理解し，本気で取り組まねばなりません。そして，正しいミッション・ビジョン・戦略が設定されていることを確実なものにしなければならないのです。もし手を加えたり，または一から創り直すべきものがあれば，チームとして一緒にその任務に取り組むと良いでしょう。そのプロセスそのものがアラインメント，つまり一致協力の体制を生み出してくれます。また，このプロセスは，継続的なリーダーシップ育成の事例にもなりますし，さらにはリーダーシップチームのメンバーそれぞれが，各自の部門に同様な育成開発を持ち込み広げていく土台にもなります。彼らは，リーダーチーム以外の社員に対して，ビジョン，ミッション，戦略を伝えていくことになります。これらに沿って社員が同じ方向を向き，それぞれが個人として，そしてチームとしてどのように貢献していくべきかを理解できるように，わかりやすい方法で伝えていくことができるでしょう。

●ステップ3：リーダーシップのシステムを構築する

　あなたは「まず自分から始め」，そして，「リーダーシップチームの育成開発」にすでに着手しました。さて，次は，リーダーシップを組織全体に拡げるための構造面にとりかかる必要があります。これはリーダーシップを拡大する条件の中の「全体認識」に当たります。ここには，育成開発を，恒久的に取り組む戦略的優先課題として据え，組織全体に渡って制度化することが含まれます。リーダーを育成するためのシステムと文化を創らなければ，完了したことにはなりません。

●成長する組織を創る

　あなたは成長していく組織を創ることができますし，創るべきです。これまで述べてきたことを組織全体の隅々まで行き渡らせ，制度化することによって創るのです。具体的には，まず自分から始めます。組織の開発の課題を設定しその旗を握ります。そして自分のリーダーシップチームの育成開発をします。

効果的でなく自ら変化できないリーダーは交代させ，効果的なリーダーになる力があるとあなたが評価する人材を昇進させるか招き入れます。さらにフィードバックが豊富な環境を創ります。皆の継続的な成長のためフィードバックを提供できるように，育成に関する測定やトラッキングを行います。そして時間をかけてシステム全体をアップグレードし続けるのです。また，チームのリーダー（すなわち上級管理職チームメンバー）全員に，それぞれが受け持つ部門で同じことをするよう頼みましょう。さらに，彼らの部下であるチームリーダーたちは自分のチームに同様にしていくでしょう。この繰り返しです。

●結果を測定することを重視する

　測定することにより，意識を向けやり遂げることができます。あなたが自分のリーダーシップを拡大したいと考えるなら，自分がやっていることの結果・成果を測定する必要があります。このためには，自分たちの進捗評価に必要なデータをもたらす仕組みを作らなければなりません。ジェフは自分のリーダーシップを拡大するためにも，取り組んできたことの結果を測定する必要があると気づきました。彼は自分のチームに次のような質問を投げかけました。

　　私たちは測定という見地から何をしなければならないだろう？　進捗を確認し合うという見地からはどうだろう？　プロセスという観点から重要なことは何だろう？　そのためにはどのように再編する必要があるだろう？　自分たちのパフォーマンス，つまり，私たちがこうなろう，と言っていたところと今いるところの位置関係について，真実を伝え合い，それを続けるためには，どうすればいいだろう？　私たちはどうやって全員がフィードバックを得られるような，フィードバックの豊富な環境を創り出せるだろう？

　ジェフにはすべて解っていました。自分のリーダーシップを拡大するために，彼は自分自身と組織を完全に変容させなければならないと理解していたのです。彼は人々と協働してリーダーシップの拡大成長を支援するシステムを創らなければなりません。これには結果・成果の測定も含まれます。目に見える形でパ

フォーマンスを出していくためには，これらのどれが欠けても十分ではありませんでした。

● 「開発の課題」を制度化する

12ヶ月後。初回のミーティングから1年と少し経ったころ，私たちは，ジェフのチーム全員に集まってもらい，ゲティスバーグで一緒に3日間を過ごしました。あの神聖化された戦場で，そのまま現場に適用できるリーダーシップについて学ぶ場を設けたのです。個人個人に関しても，そしてチームとして集団としても自分たちのリーダーシップについて向き合い取り組むプログラムでした。フィードバックを頻繁に行い，それを通して互いに直接フィードバックをやりとりする方法も改善しました。そして，メンバーそれぞれが自分の成長において次の段階に進むために何をすべきかを把握し，そこで学んだことをすべてリーダーシップ開発計画に書き込みました。

さらに5ヶ月後。私たちは次のフォローアップセッションを行いました。ここでは，チームの改善度を測定し，さらに改善するには何をすべきか絞り込みました。

そして現在。私たちは次の段階に進もうとしています。開発の課題の制度化です。これを行う際，私たちは，リーダーシップチームを，経営陣より下層に持ち込み，組織のリーダーシップをより広範囲に構築していこうとしています。マーリンの上級管理職チーム（業務上のリーダーシップチーム）メンバーがこれをカスケードしていく，つまり，自分の部門さらにはその下層へ落とし込んでいくように働きかけています。組織のトップチームの枠を超えてリーダーシップを拡げて，組織に関わらせる時が来ました。リーダーシップを拡大してリーダーシップの層を厚くしなければ，企業は繁栄を続けることができません。企業が拡大的に成長するためにも，リーダーシップを大きく拡げていくことが大切なのです。

ジェフは物事を極めて順序だてて進めます。何がうまくいくか理解しており，データ重視型だからです。彼は組織を立て直すにあたり，自分が知っていることが最大の効果をもたらすだろうと見なし，永続的なリーダーシップのシステムを創設しました。CEOとしての2年間で，ジェフは文字通り会社の力を解

放するチームを作り上げ，株価を120％上昇させました。予想以上の成果です。マーリンは史上最高の業績を上げ，急速に成長して10億ドル企業になろうとしています。

ジェフ・ヒルツィンガー：変容していくリーダー

　ジェフ・ヒルツィンガーがマーリンの CEO 就任を決断した時，最初にしたのは，組織のアイデンティティーとなる要素すべて，すなわち目的・ビジョン・戦略・文化・価値観の方向性を一致させて，自分のチームを融合させることでした。それと並行して，彼は数ヶ月間自分のチームを評価しました。就任から１年半のうちに，彼は才能あるリーダーをポストに就け，高いレベルのパフォーマンスを見せなかった人たちを解任しました。彼は自分自身も含めて全員が，個人および集団としてのリーダーシップの効果性を高めるよう取り組ませたのです。その結果，10点満点で５点か６点だったリーダーチームが，７点か８点の仕事ができるまで成長しました。

　ジェフはこのアプローチをリーダーシップの次の層にも拡張し，会社全体のリーダーシップのシステムをアップグレードしました。チームのメンバーは，完全に組織とその業務手順を作り替えるプロセスに入っています。主要なビジネス指標と進捗確認システムを組み込んだ測定の仕組みを整備し，成績と報酬の制度を改めました。結果は言わずもがなです。

　ジェフはリーダーシップのハードルを上げ続けています。自分のリーダーシップをさらに拡げていく際，彼は継続的に自分の幹部チームを見つめ，様々な確認の質問をします。

　　私たち全員同じ方を向いているか？　同じ認識の上に立っているか？
　私たちは言いにくい会話も十分できているか？　意見は一致しているか？
　私たちの誰かから聞いたことは，全員から聞けるか？　私たちは一貫しているか？　もし矛盾している時には，本当にそれに関してはっきりさせているか？

図8.4 ジェフの4度目のLCP（2017年）

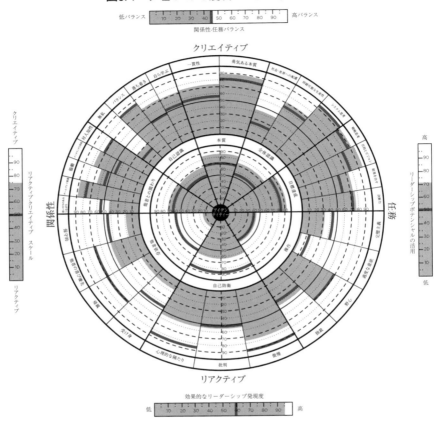

2017年，ジェフはこの10年間で4度目のLCPを受けました（図8.4参照）。結果は，ジェフがあらゆる面で向上し，どれほど瞠目すべきCEOになったかを示しています。

彼は今では深く人と関わる力をもち，その力が他のすばらしい能力をさらに補完しています。反応性は大きく低下し，「効果的なリーダーシップの発現度」の指標は95パーセンタイルにもなりました。

2007年に最初にジェフにLCPのフィードバックを受けた時には，このフィードバックの価値を理解して受け入れるのは彼にとって容易ではありませんでし

た。ところが，この10年で，ジェフはリーダーとして，ほとんどの面で可能な限り自分自身を変容させたのです。効果性においては，当初下位25％に位置していたものが，今では，上位10％とは言わないまでも上位25％のリーダーとなりました。そればかりか，ジェフは自分の組織内でリーダーシップを拡げていく方法を知り，自分のリーダーシップを共に働く人々を通じて何倍にも拡げたのです。

　私たちはジェフに，どうやって10年前の姿から現在のすばらしいビジネスリーダーに移行を遂げたのか訊いてみました。すると，彼はこう説明しました。

　　実際，とてもシンプルだったんですよ。あなた方が教えてくれたことや，ジムのような偉大なリーダーたちから学んだことを全面的に信じただけなのです。あなた方は，調査結果から，リーダーの効果性に最も関係の深い要素は「目的とビジョン」と「チームワーク」だと教えてくれましたね。だから，それに集中したのです。ビジョンと戦略と成果を本当に明確にした，ハイパフォーマンスな幹部チームを築きあげることに集中しました。上級管理職チームの集団としての効果性にも注力しました。それからフィードバックの豊富な環境を作って，我が社の組織としての開発の課題に取り組んだのです。

　私たちは先日，マーリンのCHRO（最高人事責任者）であるローラ・アンガーと話をしたのですが，彼女はジェフのリーダーシップが彼女個人に与えた途方もなく大きな影響を，次のように語りました。

　　今の職務に就くにあたり，他のCEO2人とジェフの中から1人選んで面談する機会がありました。ジェフと会って腰を下ろした瞬間，自分のキャリアで今後の基準になるような質の高いリーダーシップを経験をすることになると解りましたね。

　10年前彼に会っていたら，彼女がジェフについてこのように語ることはなかったでしょう。実際，10年前の彼を知る人なら，彼女がその仕事を受けない

だろうと考えたのではないでしょうか。しかし，ジェフは，その分野で最高の人材の１人である彼女を採用することができました。優れたリーダーは優れた才能を惹きつけ，離さず，さらに成長させていくものなのです。

　さて，さらに前進するために，ジェフが自らに課したのはどんなことでしょうか？

　リーダーたちが他の業務分野に進出し，会社を成長させるのに合わせて，彼は自分や組織のリーダーとしての能力や器をさらに成長させなければなりません。彼らには，その新規事業を中核事業と同じくらい効果的にリードする能力もキャパシティも必要です。ジェフは自分に対して，そして自分直属のチームに対してこの取り組みをするというところから，より広範囲の上級管理職チームに拡げていくことにしました。そして今後，彼は同じ取り組みを組織全体のリーダーシップのシステムで行っていくでしょう。

　ジェフ・ヒルツィンガーの事例と本章で述べたステップに従っていくと，あなたも自分のリーダーシップを拡げ，組織の全レベルでリーダーシップのキャパシティや能力を伸ばすことができます。しかし誤解しないで下さい。この変容は簡単ではなく，一夜にして起こるようなものではありません。これは，長い年月のかかる継続的なプロセスであり，仕上がって完了することはないのです。それでも，私たちが願うように，もしあなたが進んでこのプロセスを歩み，開発の課題育成に取り組むなら，あなた個人にとっても組織にとっても，リーダーシップは競争的優位な立場を生み出し，また資産となるでしょう。

　自分自身から始めない限りは何一つ起こりません。次章以降は反応的から創造的へ，そして統合的リーダーシップへと移行するための普遍的な成長／育成開発の道に焦点を当てていきます。また第12章では，この旅をどうやってガイドしていくのかを掘り下げます。

ホームワーク 📖

しばらく振り返って，次の質問に答えましょう。

・あなたは自分の組織でリーダーシップを拡大する責任を負っていますか？　答えがイエスなら，その任務を果たすために，具体的にどんなことをしていますか？　もしノーなら，なぜ負っていないのですか？　そしてこれを変えるために何をしようと思いますか？

・自分のリーダーシップの影響に対してもっと自覚的であるために，何をする必要がありますか？

・あなたはリーダーのチームを率いていますか？　あなたのチームはどのように振る舞い，どのように見えていますか？

・あなたは「正しいチーム」を配置していますか？　もしそうしていないなら，「正しいチーム」を配置するために，今後数週間でどんなことをしようと思いますか？

・本書付録のリーダーシップ開発プランに，自分のリーダーシップと組織のリーダーシップのビジョンの文章を記入しましょう。今はないけれど今後2年のうちに存在しているだろうというものは何ですか？

第 9 章 Full-Spectrum Leadership

リーダーシップのフルスペクトラム
——リーダーシップの4つのレベル

　これまでの章で，上級のリーダーがお互いへの文章によるフィードバックで，最も効果的なリーダーと最も効果的でないリーダーの違いをどう表現してきたかを見てきました。また，私たちが協力してきたシニアリーダーたちが，リーダーシップを拡げることによって組織をどのようにうまく変容させてきたかも探ってきました。本章では，私たちそれぞれがより意識レベルから効果的なリーダーになるために出発する，より深い変容の旅にフォーカスします。本章では，私たちが調査したリーダーたちがその旅をどう描き出すかにも触れていきます。

　前著 *"Mastering Leadership"* で「リーダーシップの普遍的モデル」をご紹介したところ，あまりに大胆だとそれなりの批判を受けました。普遍的モデルは，リーダーシップの理論と研究，過去70年のその発展の最善の部分の大半を取り入れたものです（付録E参照）。この情報をリーダーシップとその発達のしかたに関して普遍的なものを捉えたモデルとしてまとめてあります。さらに重要なことには，これは18年以上かけて15万人以上のリーダーに実地でテストしてきたものだということです。その結果は驚異的でした。この調査の対象となったリーダーたちが自由記述コメントの中で，私たちが *"Mastering Leadership"* で委細説明したのと同じ言い方で普遍的モデル全体を表現したことに，私たちは驚くと同時に喜びを感じました。そして，その表現の中で，リーダーたちはそれぞれのリーダーのタイプに独特な成長の道筋を指摘していたのです。これは，調査で見えてきた具体的なリーダーシップがこの普遍的モデルを妥当としていること，そしてあなたが自分のリーダーシップを進化させるために歩むことのできる実際的な道を教えていることを示すものです。

　要約すると，この道筋は*上向き*のものと*横向き*[訳注1]のものがあります。*上向き*とは，多くの人にとっては，反応的段階から創造的リーダーシップへの移行を意味します。一部の人にとっては，創造的段階から統合リーダーシップへの移行です。*上向き*とは常に，今もこれからもリーダーシップをとる中で直面する課題の複雑さに応じて，内部 OS をアップグレードすることを意味します。一方，*横向き*とは，リーダーシップの陰と陽，男性性と女性性，人間関係と任務のバランスを最適化することを言います。つまり，よりよいバランス，より大きな最適化へと向かいます。

　しかし，まずは*上向き*の移動を行わねばなりません。この*上向き*の動きが*横向き*の動きも可能にします。最初に，リーダーたちが*上向き*の動きをどう表現しているか，探求していきましょう。上向きの動きとは，「リーダーシップのフルスペクトラム」をシフトしていくことです。

中間グループ

　リーダーシップのフルスペクトラム[訳注2]を説明するにあたり，ここまで触れてこなかった，調査研究サンプルの「中間グループ」についてご紹介します。（図9.1参照）。思い出して頂けるでしょうか。私たちはデータベースを4群に分けました。しかしここまで，正規分布曲線の両端についてしか説明してきませんでした。「高反応・低創造的」と「高創造・低反応的」です。しかし，この中間層はどうでしょうか。リーダーについてフィードバックをくれた人たちは，両極の間に位置するこれらのグループに関して何かしら識別しているのでしょうか？

（訳注1）原文では "Up" と "Across"。似た概念として，成人発達理論を背景にした書には，「垂直方向（vertical）」と「水平方向（horizontal）」の成長が語られている。本書で「上向き」は，「垂直方向」の成長とほぼ同義である。一方，「横向き（Across）」は，「水平方向の成長」とはやや異なる。

（訳注2）フルスペクトラム：光を分光器に通した時に，光の成分ごとに分解され配列されたものなどをスペクトラムと呼ぶ。本書では，リーダーシップ全体を高反応的～高創造的なものに並べたリーダーシップの全範囲を 「リーダーシップのフルスペクトラム」と呼んでいる。

図9.1　4 つのサンプル群

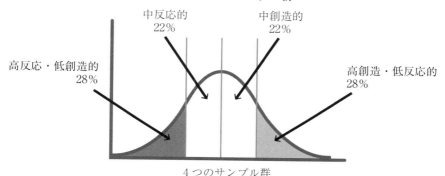

中反応的
22%

中創造的
22%

高反応・低創造的
28%

高創造・低反応的
28%

4 つのサンプル群

　答えは間違いなくイエスです。人々はリーダーシップのフルスペクトラム，すなわち高反応・低創造的から 2 つの中間グループを経て高創造・低反応的までの範囲を見て，これらのグループの違いを説明することができます。話を簡単にするため，この 4 群を(1)高反応的，(2)中反応的，(3)中創造的，(4)高創造的と呼びましょう。

　2 つの中間群のそれぞれについても同じ量的分析と質的分析（マトリックス内容分析）を行ったところ，これまでの流れを変えるような驚くべき結果を得ました。

　判明した結果の中でまず重要なのは，この 4 グループが統計的にどれほど異なっているかということです。先に説明したように，統計学者は，測定されたこれらのリーダーグループの違いがどれくらい感知できる差として表れるかを示すのに，効果量という単位を用います。これら 4 群の効果量のスコアは1.2から2.8の間でした[1]。これは，高反応的と中反応的のリーダーのリードの仕方にはかなりの違いが見られることを示唆しています。同様のことが「中反応的」と「中創造的」，「中創造的」と「高創造的」リーダーの間でも起きており，それぞれのグループには相当な差があると予想されます。これらの進化的な各段階のリーダーは，測定するとそれぞれ異なる結果が得られ，また，それぞれの段階のリーダーの振る舞い方は異なる効果に繋がっています。

　この枠組みは私たちに，高反応・低創造的から高創造・低反応的に上っていく「成長の道筋」を与えてくれます。これはまた，創造的リーダーは反応的

リーダーよりも意識・能力・認識・効果性が高いことを示唆しています。この枠組みは，測定可能な成長の道筋を表しています。生涯続くものですが，成長を速める道筋です。

成長の道筋

　現在，私たちはヨーロッパのある組織であらゆる世代のリーダーに関わっています。その一部は，かつてソ連がっちり押さえていた東側旧共産圏の出身です。これらの人々は男女を問わず，常に安全・安心を求めなければならないような環境で育ちました。その結果，彼らは常に自分のことに集中し他の声に邪魔されないように，同僚や社員が入って来れない壁を築いていました。もうそのような支配的な共産主義環境で働いているわけではないのに，今もそうであるかのように振る舞います。

　私たちは最近，アンナと出会いました。ルーマニアで生まれ育った女性リーダーです。第二次世界大戦中，彼女の祖父母は2人とも強制収容所で死亡しました。彼女は独裁者ニコラエ・チャウシェスクの鉄拳が支配する強固な共産主義国で育ちました。市民は貧困と食糧不足，深夜に訪れる秘密警察に苦しみました。このような生育環境の直接的結果として，当然なことですが，アンナは，反応的傾向が高い状態でした。過去の経験が彼女の内部OSのDNA奥深くに巣くっていたのです。

　最初に会った時，アンナは指示命令することでリードし，社員に提案やインプットを求めることはほとんどありませんでした。閉じた本のようで，誰も彼女のことを理解できるはずがありません。その結果，彼女はチームのメンバーと人間関係を構築することはほとんどありませんでした。彼女のLCPに描かれていたフィードバックは厳しく，残酷ですらありましたが，彼女はそれを受け入れました。アンナは自分のリーダーシップを次の段階に成長させなければならない，その限界に達していると認識し，成長の道に踏み出すことにコミットしました。自分を高創造的レベルのリーダーシップに導いてくれる成長の旅路です。時間はかかるでしょう。高創造的レベルに到達する前には，まずその手前の段階を通らなければなりません。根付いている習慣は用意に変えられる

ものではありません。アンナにとって，この道を通ることは簡単なことではありませんでした。

　私たちとのコーチングを通して，アンナは，周りの人々からのインプットを求めること，また，指図するのではなく質問を投げかけて，人々の参画を促すことから始めました。これにより，人々に扉を開き参加を招き入れるよう，彼女の振る舞いは徐々にシフトしていくでしょう。大きな飛躍ではありませんが，小さくても確実に前に進む歩みでした。

　アンナへの２つ目の提案は，部下にもっと自分を知ってもらうようオープンになることでした。「あなたの背景を皆に語りましょう」と私たちは言いました。「彼らにとって新たな視点が得られるでしょう。今のあなたを形作ってきたのはどういうものか，具体的に話してみてはいかがでしょうか」。そして，そのやり方を提案しました。その結果，アンナが高反応的から中反応的のリーダーシップに移行するのを助けることができました。今日，彼女は確実に中創造的リーダーシップへと道を歩んでいます。いつかは高創造的リーダーシップに向かうでしょう。しかし，経済的にも心理的にも大きな成功と報酬をもたらすやり方で長年リードしてきた場合，変わるのは簡単ではありません。

データをもっと詳しく見る

　これまでに解ったことをまず量的に見てみましょう。図9.2は，４グループそれぞれの総合 LCP です。

　１つのプロファイルから次のプロファイルで進歩があることが解るでしょう。もともとそのようにサンプリングしているので，これ自体は驚くことではありませんが，これらのプロファイル同士の効果量の差は大きなものです。このことは，これら４群がそれぞれの部下と組織に異なる「天候」をもたらしていることを示唆します。調査研究を依頼した独立機関の研究員は，プロファイルがこの４群の違いを測定できていることに驚いていました。LCP は練り上げられたツールで，リーダーがリーダーシップのフルスペクトラムを進んで行くと，大きく有意な差を測定できるのです[2]。

　さて，図9.3はこのデータの別の見方を教えてくれます。この図の棒グラフは，

図9.2　4つのリーダー群の総合LCP

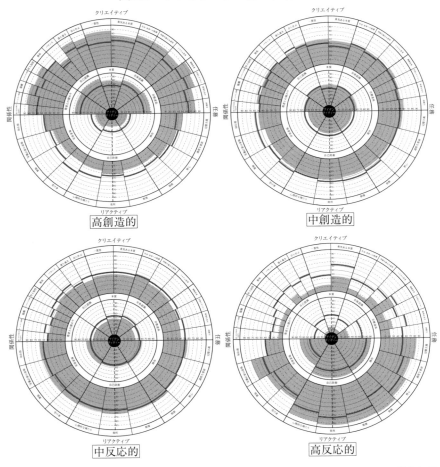

各レベルごとの LCP いくつかの指標の平均パーセンタイル・スコア（採点者がつけたスコア）を示します。LCP での創造的コンピテンシーのスコア（円の上半分）を薄いグレー，濃いグレーはそれに関連する「効果的なリーダーシップの発現度」，最も濃いグレーは反応的傾向の平均スコアを表します。

　創造的コンピテンシーのスコアが「効果的なリーダーシップの発現度」のスコアとどれほど強く相関しているかに注目して下さい。完全にシンクロしています。また，反応的傾向も反対の方向にシンクロしていて，創造的コンピテン

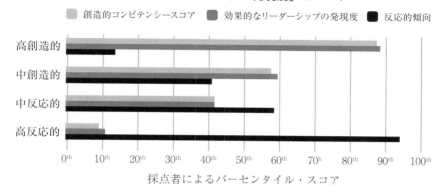

図9.3 「創造的」,「反応的」および
「効果的なリーダーシップの発現度」のスコア

■ 創造的コンピテンシースコア ■ 効果的なリーダーシップの発現度 ■ 反応的傾向

採点者によるパーセンタイル・スコア

シーや効果性のスコアと反対の鏡像になっていることにも注目して下さい。創造的コンピテンシーと「効果的なリーダーシップの発現度」のスコアは，概数ではパーセンタイルで10から40，60，90と動いています。比較すると，反応的傾向のスコアは90から60，40，10パーセンタイルと逆方向に動きます。このデータは明らかに，リーダーシップのフルスペクトラムにおけるそれぞれの進歩レベルにはかなりの違いがあること，また，高反応的から高創造的方向へ移るに連れてより効果的になっていることを示しています。

　次に，私たちは，それぞれのレベルのグループへの自由記述コメントのスコアが，これらの測定値にどれくらい追随するか見たいと思いました。図9.4がその結果です。

　この図では，自由記述コメントのスコアを各プロファイルのパーセンタイル・スコアに重ねてあります。ここでは，「純強みスコア」すなわち「コメントされた強みの数からマイナス要因の数を引いた数値」を用い，それをパーセンテージに置き換えました。高創造的リーダーの純強みスコア（これが最大であるため）を100％とした時，他のグループのスコアがそれに対してどういう割合になるかを示すわけです。この置き換えによって，純強みスコアと各プロファイルのパーセンタイル・スコアの関係が解ります。

　ご覧の通り，自由記述コメントは驚くほど数値データに合致します。このことから，私たちは，リーダーたちが正確に文章フィードバックをくれていたの

**図9.4　「創造的」，「反応的」，「効果的なリーダーシップの発現度」
および「純強み」スコア**

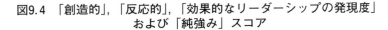

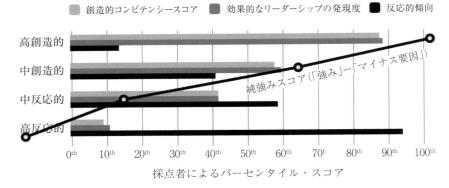

採点者によるパーセンタイル・スコア

だと結論しました。彼らは質量ともに正確にリーダーシップのフルスペクトラムを観察し，表現しているのです。

　リーダーとして，私たちは「天候」をもたらし，私たちの周囲の人々は私たちのもたらす天候を正確に説明することができます。他の人々がどれほど正確に私たちの行動を観察し，どれほど正確に私たちのすることの何が機能して何が機能しないかを説明できるか，そしてこれらすべてのことがリーダーとしての私たちの効果に影響しているか，いくつかのグラフでお見せします。図9.5から図9.8は，認められた強みとマイナス要因，「効果的なリーダーシップの発現度」のパーセンタイル・スコア，リーダーシップ比の関係を示します。

　これらのグラフで，リーダーシップの各レベルにどれほど顕著な差があるか解ります。薄いグレーの棒グラフは，高創造的リーダーの強みに認められた上位5項目のスコア（コメント量スコア）です。濃いグレーは高反応的リーダーのマイナス要因に認められた上位5項目のスコアです。大きな矢印は，各グループの「効果的なリーダーシップの発現度」平均スコアを表します。

　これらのグラフを順番に見ていくと，高創造的から高反応的へとリーダーシップのレベルが変わることによって，強み上位5項目のコメント量スコアが下がっていく様子が解るでしょう。また，高創造的から高反応的へとリーダーシップのフルスペクトラムを辿ると，「効果的なリーダーシップの発現度」のスコアもこの流れに従い低下し，逆にマイナス要因の上位5項目が伸びていく

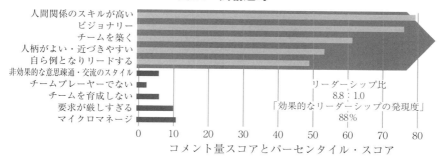

図9.5　高創造的

人間関係のスキルが高い
ビジョナリー
チームを築く
人柄がよい・近づきやすい
自ら例となりリードする
非効率的な意思疎通・交流のスタイル
チームプレーヤーでない
チームを育成しない
要求が厳しすぎる
マイクロマネージ

リーダーシップ比
8.8：1.0
「効果的なリーダーシップの発現度」
88%

0　　10　　20　　30　　40　　50　　60　　70　　80
コメント量スコアとパーセンタイル・スコア

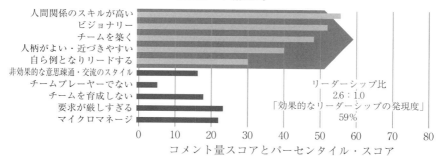

図9.6　中創造的

人間関係のスキルが高い
ビジョナリー
チームを築く
人柄がよい・近づきやすい
自ら例となりリードする
非効率的な意思疎通・交流のスタイル
チームプレーヤーでない
チームを育成しない
要求が厳しすぎる
マイクロマネージ

リーダーシップ比
2.6：1.0
「効果的なリーダーシップの発現度」
59%

0　　10　　20　　30　　40　　50　　60　　70　　80
コメント量スコアとパーセンタイル・スコア

ことも解ります。

　これらのグラフのリーダーシップ比は，それぞれ上位5項目での強み対マイナス要因の比です。高反応的リーダーのリーダーシップ比は0.6：1.0です。打ち消し効果が明白です。比の値が0.6ということは，1よりはるかに小さいですから，この人たちが頑張れば頑張るほど自分を打ち消してしまうことを意味します。これは，「効果的なリーダーシップの発現度」の平均が11%であることの理由のひとつと言えるでしょう。

　中反応的リーダーのリーダーシップ比は1.4：1.0です。これは，これらのリーダーがそれほど自らの妨げにはなっていないものの，まだリーダーシップを何倍にもすることはできていないことを示唆します。この様々な調査では，採点者たちが否定的なフィードバックよりは肯定的なフィードバックを与える傾向があることに注意しておくべきでしょう。全4,113人の採点者のコメント

図9.7　中反応的

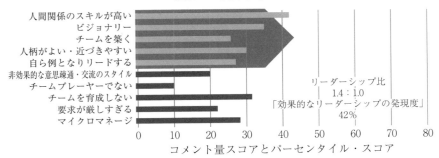

人間関係のスキルが高い
ビジョナリー
チームを築く
人柄がよい・近づきやすい
自ら例となりリードする
非効果的な意思疎通・交流のスタイル
チームプレーヤーでない
チームを育成しない
要求が厳しすぎる
マイクロマネージ

リーダーシップ比
1.4：1.0
「効果的なリーダーシップの発現度」
42%

0　　10　　20　　30　　40　　50　　60　　70　　80
コメント量スコアとパーセンタイル・スコア

図9.8　高反応的

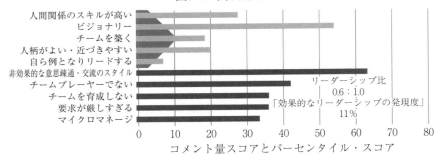

人間関係のスキルが高い
ビジョナリー
チームを築く
人柄がよい・近づきやすい
自ら例となりリードする
非効果的な意思疎通・交流のスタイル
チームプレーヤーでない
チームを育成しない
要求が厳しすぎる
マイクロマネージ

リーダーシップ比
0.6：1.0
「効果的なリーダーシップの発現度」
11%

0　　10　　20　　30　　40　　50　　60　　70　　80
コメント量スコアとパーセンタイル・スコア

すべてを見ると，マイナス要因よりも強みについて1.7倍も多くコメントされることが解ります。数値データにも同じ回答バイアスが見られます。この傾向を考えると，中反応的リーダーは，1.4というリーダーシップ比が示唆する以上に自分を打ち消していると思われます。このことは，平均40％という「効果的なリーダーシップの発現度」スコアでも確認できます。

　さて，中創造的グループのリーダーシップ比は2.6：1.0です。これらのリーダーは競争的優位性を持ち，自分のリーダーシップを何倍にもしています。60％近い「効果的なリーダーシップの発現度」は，全体の平均以上ということです。

　高創造的リーダーのグループは，本当に驚くべきリーダーたちです。リーダーシップ比8.8：1.0で，彼らのリーダーシップは何倍にもなっています。この比で得られる増幅効果は大きく，「効果的なリーダーシップの発現度」スコ

アは90％に近くあります。このように高創造的リーダーは，高反応的リーダー（リーダーシップ比が0.6で「効果的なリーダーシップの発現度」スコアが約10％）とは大変異なっています。

　図9.9から図9.12では，コメント量スコアをバブルチャートで示しています。ここでは，強みとマイナス要因それぞれでコメント量スコア20以上のものをすべて取り出し，1つの図にまとめました。バブル，つまり円の大きさはコメント量スコアの大きさに対応しています。強みは白，マイナス要因は濃いグレーです。差別化にならない強みは薄いグレーで示しました。この4つの図を見ると，それぞれのレベルのリーダーシップに対して描写されていることが，異なっていること，そして，徐々に変化していることに気づくでしょう。

　リーダーシップが創造的から反応的になるに連れ，どんどん濃いグレーの範囲が増えていきます。リーダーシップのフルスペクトラムを下方に辿ると，「人間関係のスキルが高い」といった主要な強みが小さくなり，これに対応する「非効果的な意思疎通・交流のスタイル」などのマイナス要因が急激に大きくなります。リーダーシップが反応的になるに連れ，マイナス要因と差別化にならない強みが大勢を占めます。これらの図は，リーダーシップがより反応的になるとリーダーシップ比が下がり，打ち消し効果が大きくなることを鮮やかに示します。これらの図は，それぞれのレベルのリーダーシップがもたらす「天候」のタイプが順風であるか，はたまた大嵐や激変する天気であるかをはっきりと視覚的に描いているのです。

ということは？　大切な結論

　この調査から，次のような大切な結論が導かれます。

・LCP は，リーダーシップにおけるフルスペクトラム，つまり全範囲に渡って，リーダーの振る舞いや周囲に与えている影響がどんなものであるかについて，微妙で有意な違いを測定できるアセスメントです。これにより，私たちがリーダーたちに意味のあるフィードバックを提供していることが確認できます。

図9.9　高創造的のコメント量スコア

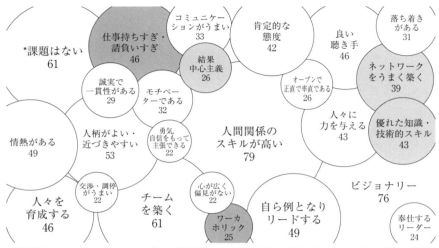

* 「課題はない」とは，「このリーダーの課題は？」の質問に対し，採点者からのマイナス要因の記述がなかったか，または「課題はない」というコメントそのものを指す。

図9.10　中創造的のコメント量スコア

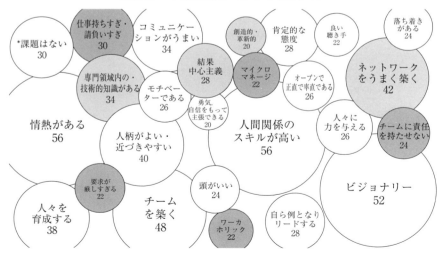

図9.11 中反応的のコメント量スコア

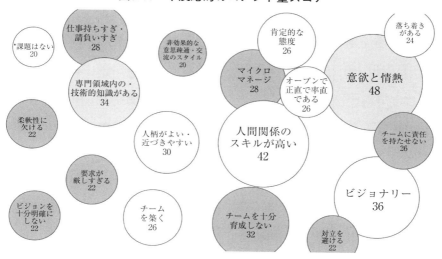

図9.12 高反応的のコメント量スコア

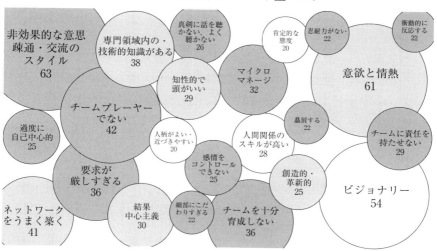

- 実際に，リーダーシップのフルスペクトラムを測定することができます。私たちは研究上の目的のためリーダーシップを4つのレベルに分けましたが，効果量スコアの差を見ると，LCPはより細かいレベルでも驚くべき精度で区別できるかも知れません。つまり，あなたのリーダーシップやあなたの組織の集団リーダーシップがこのスペクトラムのどこに位置するか，正確に知ることができるのです。これを知ることはあなたにとって重要なことかも知れません。

- 私たちは，リーダーシップが組織のパフォーマンスの主要な貢献要因であること，そしてそれがどんなものかを知っています。また，効果的なリーダーシップ（およびそうでないリーダーシップ）がどんなものか，それがどう表現されるかも知っています。あなたの周囲のリーダーたちも，リーダーシップのフルスペクトラムを説明できるでしょう。高反応的から高創造的まで，非常に効果のないものから非常に効果的なものまで，そして何が機能して何が機能せず，それがどのようにパフォーマンスに関係するか，などについて描写することができるでしょう。

- システムの中に，つまりあなたの周囲のあらゆるところに「智慧」が存在しています。意識するかしないか，利用するかしないかによらず，あなたはリーダーとして，フィードバックの豊富な環境にいます。あなたの周りの他のリーダーたちは，あなたの振る舞い，あなたを効果的にしているもの，あなたの効果を制限しているものを日々体験しており，質的・量的にそれを説明できます。残るのはこの問いだけです。「あなたは*毎日フィードバックの豊富な水の中を泳いでいるのですが，それを活用していますか？*」

どこに位置するか？

あなたはリーダーシップのフルスペクトラムでどこに位置しているでしょうか？　どのようにそれが解るでしょう？　また，あなたの組織のシニアリー

ダーチームはどこに位置するでしょうか？　どうすればそれが解るでしょう？
これらの問いに答えられますか？

　あなたの周囲のリーダーたちは，実際にどれほどはっきりあなたを見ている
のでしょうか。あなたがリーダーとしてどう見えているか，あなたにとって何
が役立ち，何が役立たないか，そして組織の中であなたのリーダーシップが部
下たちに与える効果の種類などについて，もしあなたが少し時間を取って周囲
に尋ねてみたら，彼らのフィードバックはどれほど正確でしょうか？

　知りたいですか？　しかし残念ながら，ほとんどのリーダーは知りたがらな
いのです。

　組織というものは，フィードバックが豊富に必要とされている時ほどフィー
ドバックが十分に行われなくなります。私たちが昇進すればするほど，得られ
るフィードバックは少なくなります。なぜでしょうか。役職が高くなるほど周
囲の人々はどんどん用心深く（そして恐れるように）なって，特によくない
ニュースの場合には，真実を伝えたがりません。こうして王様は裸になってい
きます。フィードバックは私たちが自然に求めるものではないので，ほとんど
のリーダーは，自分が働いているフィードバックの豊富な環境を活用していま
せん。私たちはフィードバックを求めることを学ばねばならないのです。

　組織は，そのリーダーたちの集団としての効果性を超えた業績を長期にわた
り出すことはできないので，先ほどの問いの答えを知ることは極めて重要です。
リーダーとして反応的であるほど，自分の開発のギャップを見ようとせず，実
際以上に自分は効果的だと思いがちです。しかし，あなたが創造的であるほど，
自分の開発の課題を見ようとし，それを受け止められるはずです。

　図9.13はLCPの自己採点スコア（リーダーが自分を採点したスコア）と評
価者によるスコアを比較して関係を表した図です。

　4グループそれぞれにおいて，採点者による「効果的なリーダーシップの発
現度」スコアは，採点者による創造的コンピテンシーのスコアと顕著に似てい
ます。しかし，リーダーたちが自己採点した「効果的なリーダーシップの発現
度」のスコアは異なります。高反応的リーダーは自分の効果を30％も高く採点
する傾向があるのに対し，高創造的リーダーは控えめに採点する傾向がありま
す。これは，ジム・コリンズが自著 "Good to Great（ビジョナリー・カンパ

図9.13　自己採点と採点者によるスコアの比較

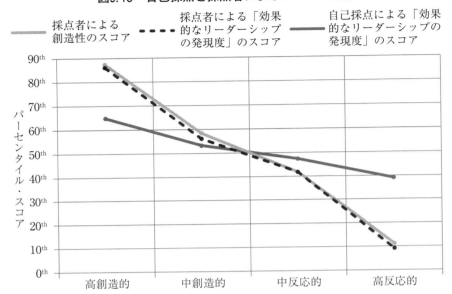

ニー2　飛躍の法則)"で見出したことと繋がります[3]。彼は，極めて効果的な
リーダー（第5レベルのリーダー）は，「意志の強さと謙虚さという，矛盾し
た性格の組み合わせである」と述べています。

　最も効果的なリーダーは成長志向し，自分が伸ばすべきところを知っていま
す。しかし，高反応的なリーダーは継続的にフィードバックを受けて自分の開
発のギャップに向き合うことに抵抗します。その結果，どうしてそうなるのか
自分でもわからないうちに，そしてたいていは，わかろうとしないままに自分
で自分の足を引っ張っているのです。

　あなたは既にフィードバックの豊富な環境にいるのですから，残るのはこの
問いだけです。「あなたはそれを利用していますか？　それを十分に活かして
いますか？」

　フィードバックを受け取り，それから学ぶ方法とプロセスを設けることで，
あなたがどんなリーダーになるかが違ってきます。私たちは誰もが，認識して
いる以上にフィードバックに富んだ環境にいるのです。周囲の人は，驚くほど

の精度で私たちを見ています。高反応的なリーダーと中反応的のリーダーの間の，そして，それぞれのレベルのリーダー間の些細だけれども本質的な違いを見分けています。

　では，誰かがあなたにフィードバックを与えてくれるのを妨げるものは何でしょう？　正直にこの質問に答えることができるなら，もっとフィードバックを受けるためにあなたに必要なものは何なのかも特定できるはずです。人々から多くのフィードバックを得ていない，としたら，そこには理由があるのです。私たちは，高反応的リーダーは直接的で正直なフィードバックをあまり得ていないことを知っています。彼らがうまく対応できず，フィードバックをした人が代償を支払うことが多いからです。

　あなたの成長に必要な正確なフィードバックはあなたの周りのどこにでもあります。創造的リーダーがそれを取り入れる一方，反応的リーダーはそれをはねつけ，周りの人々は次第に諦めてしまいます。

アップグレードの時

　どのレベルのリーダーシップも，等しく豊かな才能に恵まれています。しかし，各レベルで，周りの人々が体験していることは異なっており，その影響や，拡大の可能性も違ってきます。

　リーダーシップのフルスペクトラムにおいて上方向への移行は，反応的なマイナス要因が創造的な強みにシフトするという移行を意味します。すなわち，才能を相殺しているところからそれを倍増させること，また，個人の技術・知恵・創造力の利用から人々やチームを通して増幅していくという移行です。この上方移行は，何かの能力を追加したり，向上させるというよりも，育成・開発の問題です。

　リーダーシップのフルスペクトラムは，リーダーの発達段階と関係します。リーダーシップの技術と実践をマスターしたいなら，「普遍的な成長の道」における最初の一歩は*上向き*の移動です。つまり，あなたの内部の OS をアップグレードするということであり，それによりリーダーシップの効果性と熟練のレベルを押し上げることができるのです。ここから数章かけて，リーダーたち

が私たちの調査で語った上方への動きを詳しく見ていきましょう。

ホームワーク 📖

・あなたはリーダーとして，リーダーシップのフルスペクトラムのどこに位置しますか？　それはあなたのリードのしかたにどんな風に影響していますか？
・あなたの組織のシニアリーダーチームは，リーダーシップのフルスペクトラムのどこに位置しますか？　それはあなたの組織の効果性にどのように影響していますか？
・リーダーとしてのあなたの「成長の道筋」はどのようなものですか？　あなたの部下の成長の道筋はどんなものですか？

第10章 Reactive Leadership

反応的リーダーシップ
——反応的に現れた強みはそれ自体を相殺してしまう

　普遍的な成長の道筋には*上向き*と*横方向*があります。最初の動きは縦方向（上向き）で，二番目が，*横方向*の動きになります。横方向とは，自分が得意としている主な能力を，補完的な別の能力も開発することで増強することです。

　まず縦方向に動き始めましょう。直感に反することですが，上に上がるためには下がらなければなりません。もっと高く上がりたければ，深く潜らなければならないのです。実際に私たちが経験したことをお話しましょう。

＊　＊　＊

　数年前，私（ボブ）はLCPの360°フィードバックを受けましたが，結果は予想外で傷つくものですらありました。「*傲慢*」のスコアが高く，「*協働*」「*チームワーク*」のスコアが低かったのです。このパターンは，組織が戦略を立て，戦略を実行に移して結果につなげる力をくじくものです。麗しいプロファイルとは言えませんでした。

　多くのクライアントと同じく，結果を見てすぐのころは，うまく言い訳をしたいという気持ちにかられていました。私はビルを呼び，彼が私につけた点数に関して考えを改めさせようとしました。会話はこのような感じでした。

　ボブ：ビル，君は私に「*傲慢*」で5点満点の4.5をつけたよね。
　ビル：ああ，つけたよ。
　ボブ：でもね，ビル，私たちの基準データベースだと「*傲慢*」の平均点は2か，もう少し低いんじゃないか。標準偏差は0.5くらいだ。つまり君は僕に，

「*傲慢*」について，平均点より標準偏差の5倍分も高い点を付けた。僕のことを，君が知る人の中で最も傲慢とまで言わなくとも，世界で最高レベルに傲慢な人間だと見ていることになるんだけど。

ビル：その通りだよ。

ボブ：何てこった。

これは痛かったです。私はビルのフィードバックを認めたくありませんでしたが，最終的には受け容れました。そして仕事上の別のパートナーたちからも同じようなフィードバックを受けて，私はある選択をしました。「自分の傲慢さが私たちの仕事上の関係の障害になっているなら，自分は変わりたい」。私はグループに対してそう宣言しました。自分のこのような振る舞いについて，知らないままでいるのではなく，より知ることを選びました。そして，パートナーたちに，自分がどのように自らの足を引っ張っているか，どうすれば自分がもっと協働的になれるか，継続的にフィードバックしてくれるよう頼んだのです。

その後2年余り，実際に自分自身がやっていることに気づける経験がたくさんありました。ある熱い論争が起きていた時，私は外に出て少し歩くことにしました。意見の相違の中で自分がどのように振る舞っていたのか，頭を冷やして内省するためです。自分がどう感じ，どう考えたかに思いを沈めた時，突然一気に深層に行き着きました。深い洞察は訪れるべき時が来れば訪れるもので，この瞬間にすべてが見通せたのです。それは驚きでした。「なんてことだ。私は，私の考えそのものだ。」そう気づきました。

その瞬間，私はさらに，自分の反応的なOS（自分の反応的傾向を起動させる内的構造）の核にある隠れた層にも気づきました。私がどのようにして「私の考えに基づいて自分を定義していた」のか，それが分かったのです。「（私は様々な考えを組み立て，事業を編み出す能力を中心にキャリアを築いてきましたが）私がこれらの考えを持っているのではない。逆に，私は，自分の考えに所有されていたのだ。自分の考えや知的な賢さがなければ，私は何者だろう？これまでの私は私の考えそのものだ」。

私は，自分が自分の知的能力にこれほどまでに縛られていたのだとは考えたこ

ともありませんでした。しかしそうと解ると，私は笑い出しました。「ここ何年も，私はビルの傲慢さに腹を立ててきた。ところがどうだ，私が傲慢なのだ。全部私の投影だったんだ。私は彼の中に自分自身の姿を見て，その人を責めていた。何てことだ」。

　家に帰ると，私はビルに次のようなメールを書きました。「ビル，私は間違っていた。それどころか，私たちのパートナーとしての長い関係の中でずっと間違っていた。今なら話ができるよ」。返信はこうでした。「気持ちはしっかり伝わってきたよ。話をしよう」。その1週間後，大切なクライアントと仕事をする前，私たちは朝食を共にしました。そこでとても特別で癒しとなる会話をし，クライアントとの仕事に臨みました。それは，私たちがそれまで一緒にした中で最高の仕事になりました。

＊＊＊

　反応性の核はアイデンティティーです。私たちは，自分は大丈夫だ，自分には価値があり成功しているのだ，と思えるように，「人からこの様に見られなければ・思われなければならない」というもので自分自身を定義しています。「その様にまわりから見られない」ということは自己の喪失になります。「そうでなければ全く存在できない」のです。もちろん，これは幻想で，真実ではありません。しかしこれは，確かな真実のように感じられます。私たちはそれが真実であるかのようにずっと生きてきているので，それを真実にしてしまっているのです。

　これが，創造的リーダーシップへの縦の動きの前半部分になります。つまり，自分の内面に深く意識を向け，反応性の元になる幻想を見ることです。その幻想は，自分たちがどのように自分を定義づけているのかの中核をなすものです。また，その幻想によって，自分のどんな側面が（非効果的な側面が）周囲に対して現れているのかにも気づいてください。どのように自分自身を打ち消しているのか，その構造の元である主な「前提」に気づく必要があります。

　人が異なれば，自分のアイデンティティーの核を形成する元になる前提も異なります。私たちはその前提を中心にして自分の内部 OS[訳注1]を設計していま

す。リーダーシップの普遍的モデルでは，リーダーのタイプを以下の３種類に
まとめています。各タイプそれぞれに異なったリーダーシップの強みがあり，
その強みを中心にしてアイデンティティーをつくっています。

1．心：人間関係の強み
2．知性（頭）：知的な強み
3．意志：結果に関するの強み

　私たちは皆，心と知性と意志をその人特有の組み合わせで持っています[1]。
しかし，多くの人は，このうちどれか１つの強みが優勢になっています。すな
わち私たちはそれぞれの個性を持ちながらも心（人間関係志向），知性（理念
志向），意志（結果志向）のどれかを軸にしています。多くの場合，成長の過
程で，私たちは自分の主要な強みを高度に開発させてきます。そして他の才能
は，全くというわけではなくとも，そこまで伸ばしません。
　私たちは社会適応[訳注2]した自己[2]（反応的リーダーシップの内部 OS に対応）
へと成長していくと，人間関係（心タイプ）・知性（頭タイプ）・結果（意志タ
イプ）などの主な強みを活用します。そして私たちはこれらの強みすべてをあ
る程度持っていますが，どれか１つを中心にして自分を整え，それを自分のア
イデンティティーの核とする傾向があります。自分の強みを中心にアイデン
ティティーが作られると，「自分が何者であるか」は，その強みによって定義
されているように思い込むのです。このため，心タイプの人は，自分はいい人
で人好きがして感じがよくて協力的に見えなければならないと考えます。頭タ
イプなら，頭がよくて回転も速く，賢明で分析的に見えなければならないと考
えます。意志タイプなら，結果に向けて牽引し，物事をやり遂げる人と思われ
なければならないと考えます。
　私たちは自分が何者であるかということと核となる強みを同一視してしまう
ため，自分の強みとの強迫観念的な関係に陥ります。自分はこうでなければな

（訳注1）自分の思考や振る舞いを起動させる内部システム。
（訳注2）原文ではSocialized Self。「環境順応型」と訳されている場合もある。

らない，という風に。自分の強みが足を引っ張るマイナス要因になるほどまでに，強みを利用しすぎ，拡張しすぎ，誇張しすぎる傾向があるのです。ある強みを開発しすぎるということは，他の強みの育成不足になることが多く，それは一層のマイナスとなります。私たちは往々にして，強みをマイナス要因に変えていることに気づいていません。このため関連するマイナス要因で強みを相殺するという打ち消し効果のパターンに突入してしまうのです。

　私たちは，自分の一番の強みを反応的戦略[訳注3]に詰め込む傾向があります。脅威や圧力に曝されて反応的に行動する時には，このデフォルトの強みが現れやすくなります。反応的リーダーを3タイプに分けた時，それぞれの振る舞いとして以下の傾向が現れます。

1．他者依存[訳注4]（心タイプ）
2．自己防衛[訳注5]（頭タイプ）
3．操作（意志タイプ）

　発達段階の「社会適応段階」においては，これらのうちの1つが私たちのアイデンティティーやリーダーとしての振る舞い方の中心になることが多くあります。

相殺される才能と競合するマイナス要因

　反応的リーダーが自分を打ち消している場合，彼らは自らの才能が裏目に出ていたり，才能と「競合するマイナス要因」を持ち込むことで相殺したりしています。この状態では，他の強みが十分に開発されることはなく，またリーダーの効果性も拡大の可能性も制限してしまいます。

　この後述べることを要約すると，反応的リーダーシップでは次の3つのこと

（訳注3）刺激に対して反応的に生じるデフォルトの対処戦略。
（訳注4）原文では「Complying」。心理学の訳書などでは「従属」と訳しているものが多い。本書では，LCPで使用している訳と揃えた。
（訳注5）原文では「Protecting」。LCPで使用している訳と揃えた。

が起きています。第一に，才能や強みを相殺する。第二に，競合するマイナス要因を持ち込む。第三に，リーダーシップを拡大しない。この3つです。

　それぞれのタイプのリーダーはそれぞれの才能や強みを中心として自分の内部OSを設計しているため，それぞれ独自の反応的行動をします。それぞれが提示できる強みを持っているのにマイナス要因によってその強みを打ち消しています。同時に，それぞれのタイプに特有の「競合するマイナス要因」を持ち込んできます。

　*高く上がりたいなら，深く潜らねばなりません。*普遍的な成長の道筋の最初の一歩は上向きです。では，どこから上に上がるのでしょう？　皆さんの開発のギャップを埋めていく大切な最初の一歩は，自分の内面の深層にある反応的な自己を内省し，自分のタイプに伴う強みと弱みを理解することです。これは，自分の今のOSがどのような設計になっているか，その構造の核となっている前提は何か，そして周囲の状況に対してどのような自分を表に現しているのかをよく見ることです。これを認識すると，自分を普遍的モデルの中に置くことができ，向かう方向がわかり，自分の成長の道筋を描くことができます。

心タイプのリーダー

　心タイプのリーダーは，人間関係を築くために「他者に近づき」ます。彼らは心に関する才能を軸にして性格を形成していきます。人間関係を重視します。社会適応段階では，その才能を自らのアイデンティティーにしています。彼らの自尊心と安心感は，他の人から好かれ，愛され，受け入れられることに左右されます。核となる思い込みは，「あなたが私を好きで，愛し，受け入れてくれれば，私は大丈夫だ」というものです。負けないため・失わないため[訳注6]に，目的より安全を追求し，人から好かれていたいために大きな力を持つことを諦めがちになります。またそれ以上に拒絶されることを恐れます。受け入れられないこと，愛されないこと，好かれないことは死ぬも同然なので，彼らは対立

（訳注6）「Play-not-to-lose（負けないため，失わないため）」。反応的OSが起動している時の指向。

図10.1 「目標達成」と「他者依存」の相関

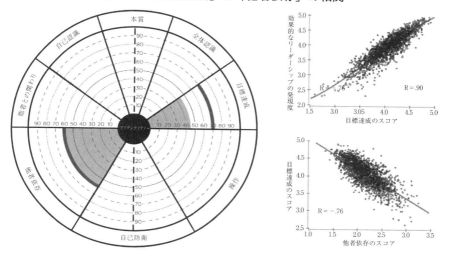

や争いを避け，そのリーダーシップスタイルは従属・他者依存的となる傾向があります。

　私たちの調査でも，他者依存的リーダーは同じ様に描写されています。リーダーシップ・サークルのリーダーシップの普遍的モデルでは，「他者依存」の項目は創造的コンピテンシーの1つである「目標達成」という項目の反対側に位置しています。これらは相反する傾向を持つからです。あるリーダーが，受け入れられたと感じるためにより多くの力を他者に明け渡すほど（他者依存），そのリーダーがビジョンを掲げ推進することや，それを戦略に置き換えて実行し結果にする（達成）ために権力を行使する可能性は小さくなります。図10.1は，私たちの調査で150万人から得られたデータベースに基づいてこれらの項目の相関を示したものです。

　「目標達成」は「効果的なリーダーシップの発現度」と強い正の相関があります（相関係数0.90）。達成度の高いリーダーが効果的と見られるのは自然なことです。目的志向のリーダーとして，彼らは明快で人を惹きつけるビジョンを打ち立て，それを戦略に落とし込み，さらにはうまく実行に移して結果を得ます。対照的に，「他者依存」は「目標達成」と強い負の相関があります（相

関係数 -0.76)。他者依存的なリーダーは達成を妨げ，自分の効果も制限することになります。

　リーダーたちが他者依存的なリーダーシップをどう表現するか見るため，私たちはデータベースに戻り，他者依存が高いリーダーを切り出して，これらのリーダーが採点者からどんなコメントをされているかサンプリングしました。図10.2は50人の他者依存の高いリーダーの総合的 LCP を示したものです。

　図から解るとおり，他者依存の高いリーダーグループでは，他者依存の平均スコアが99パーセンタイル，目標達成はほぼゼロになっています。

　これらのリーダーは文章でどう述べられているでしょうか？　典型的なコメントは次のようなものです。

　　　ジムは他の人がどう思うのか心配するのをやめ，決断の際に優柔不断になることもやめて，チームの改善と結果に集中する必要があります。意見は言わせておけばよいのです。

　　　彼は自分の仕事上の立場や考えを明確に示し，それを事実で裏付ける必要があります。対立が起こった時，人を喜ばせるために自分の立場を変えるべきではありません。

　　　従業員や同僚の多くは，彼が物事を改善するために本当に真剣に取り組む人ではなく，「イエスマン」だと思っています。

　私たちはこのグループのリーダーへの記述コメントを抽出して，図10.3 に示した結果を得ました。

　「強み」（1列目）に関しては，他者依存的なリーダーたちは他のリーダーから「人間関係のスキルが高い」と表現されていました（55）。彼らは穏やかで，一緒に働きやすく，話をよく聞き，チームを育てて協働的です。彼らの強みのスコアは中程度から低いものとなっています。これらの心タイプのリーダーのリードの仕方は非常に反応的なものだからです。思い出して下さい。私たちが強みを反応的に使えば常に，その強みを制限してしまうのです。

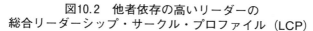

図10.2　他者依存の高いリーダーの
総合リーダーシップ・サークル・プロファイル（LCP）

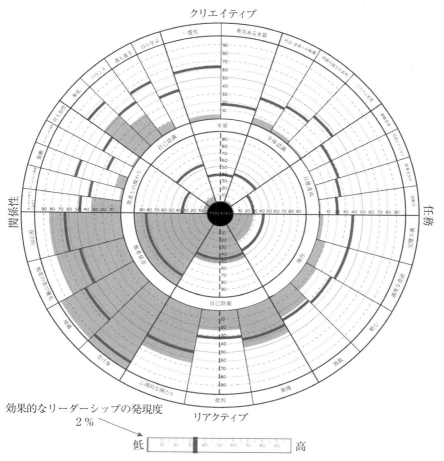

効果的なリーダーシップの発現度
2 %

低　　　　　　　　　　高

　図10.3の2列目は，最も強く指摘されていたマイナス要因の中でも，その才能が強く出すぎているために逆にマイナス要因になっているものを並べています。「裏目に出た強み^{訳注7}」と呼んでいます。他者依存の反応的戦略を持つリー

（訳注7）原文では"removed strength"。直訳すると「消された強み」となるが，よりわかりやすくするため「裏目に出た強み」と意訳した。

図10.3　他者依存の高いリーダーの強みとマイナス要因

強み		裏目に出た強み		競合するマイナス要因	
人間関係のスキルが高い	55	控えめすぎる	50	意思決定が下手	43
落ち着きがある	45	丁寧すぎる	38	ビジョンを明確に伝えていない	30
一緒に働きやすい	38	自信がなく不安	25	チームに責任を持たせない	20
よい聴き手	33	他人の考えることを気にしすぎる	25	スタッフと絆を持たない	23
チームを築く	25	対立を避ける	23	チームプレーヤーでない	23
非常に協働的	20	打ち解けない・距離がある	20	熱意に欠ける	8
合計	216	合計	181	合計	147

ダーは，他のリーダーから，あまりに控えめで丁寧すぎ，自信がなく不安感があり，対立を嫌い，他人の考えることを気にしすぎて，よそよそしいと見られています。これらのマイナス要因は，ほとんど全部の強みを打ち消してしまいます。強みの合計スコアは216ですが，これは，「失わないために」力を明け渡すことから生じるマイナス要因の合計スコアとほとんど変わりません（181）。

　図10.3の３列目，「競合するマイナス要因」には，コメントされていた他のマイナス要因がリストされています。「*競合するマイナス要因*」と呼んでいますが，これらは，各タイプのリーダーたちが，自分の主な強みに依存してきたために開発されていない強みです。競合するマイナス要因は，彼らの強みの反対方向，この場合では「目標達成」の欠如です。他者依存が大きすぎると，目標達成が損なわれ，他者依存の高いリーダーは意思決定が下手，ビジョンがない，チームに責任を持たせない，絆がない，チームプレーヤーでない，熱意に欠けるなどと表現されます。これらの競合するマイナス要因の合計点は147です。強みが裏目に出てマイナス要因に転化したものと合わせると，マイナス要因の合計（328）は強み（216）を打ち消す以上のものになってしまいます。

　この調査において，採点者たちは，他者依存的なリーダーシップについて，かなり正確に描写しています。これは，私たちがLCP360°評価の解釈マニュアルで示した内容と同じようなものでした。他者依存的なリーダーたちは人と関係を築き，協力的で他人を伸ばし，近づきやすく，話を聞き，繋がりやすいという強みがあります。心中心の人たちです。

　しかし，心を使いすぎたり，これらのスキルが反応的に起動すると，これら

のリーダーは慣習に従うだけだったり，用心深く，人の言いなりで，自己中心的，チームに責任を持たせず，他人を喜ばせることばかりに気を取られ，決断力がなく，結果を出せない人として受け取られます。私たちがこの種のフィードバックを他者依存傾向が非常に高いリーダーに返すと，彼らはよくこのように答えます。「そうですね。返す言葉もありません。私は力を失っています」。なぜでしょう？　自分の強みが反応的に起動されマイナス要因になってしまっているリーダーは，言葉も力も出なくなってしまうのです。

　もう１つ例を見ましょう。最近出会った，ジョーンの話です。彼女は他者依存の高いリーダーで，彼女がもらったフィードバックにそれが表れています。いくつかコメントを見てみましょう。

　　あなたが何をしたいのか，あなたにとって何が大切なのか解りません。
　　あなたが本当にしたいのは何なのか，それを伝えてほしいと切に願います。

　　あなたはいつも，あなたの考えていることが私にとって大切だと言っているように感じる。あなたにとって何が大切なのか，ではなくて。でもボスはあなたなのです。

　デブリーフィングの最後に，ジョーンに「この原因は何だと思いますか？」と訊いてみました。すると彼女は，「私の両親は，私たち兄妹にできるだけのことをしてくれましたが，私の兄には深刻な問題行動がありました。それで，私は絶対に両親に迷惑をかけないようにしようと思っていました」。

　ジョーンは完璧な少女で，完璧な大人の女性になりました。その人格をそのままリーダーシップに持ち込んだのです。問題を起こさないように努めたため，彼女は自分の声を呑みこみ，他の人に対する自分の力を放棄しました。周囲の人々はいつも決まって，彼女にとって何が大切なのか，彼女は本当は何を考えているのか知りたがっていましたが，ジョーンはそれを表に出そうとしなかったのです。

　対話の最後に，私たちは「あなたは人生でずっと，だれかの迷惑にならないために信じられないほどの努力してきたのですね。」と言いました。

　ジョーンはしばらくこの言葉を考えていました。そして大きく目を見開き，こう答えたのです。「その通りです。私は人生で1日も絶えることなく，どうすれば誰の迷惑にもならないか考えてきました。でもその結果，あらゆるところで問題を起こしてしまっているんですね。それもかなり派手に。私は自分の意見を言わなかったり，引き下がっていることで，自分の成長を止めているのですね」。

　それから彼女は，自分の職場でのリーダーとしての振る舞い方が自分のプライベートな生活にも持ち込まれていることを話してくれました。彼女は10代の2人の息子を持つシングルマザーでした。父親とはもう関わりがないので，ジョーンは自分がこの難しい時期の息子たちを導く必要があると解っていました。しかし，息子たちと彼らが必要としている会話をすることができなかったのです。彼女は息子たちに心を開き，自分自身の難しかった人生経験を伝えることができませんでした。ジョーンは自分自身と関係を築くことができなかったため，息子たちとも深く結びつくことができていなかったのです。

　他者依存の高いリーダーは，職場でも家庭でも，自分が本当に何者なのか解らないほど何も言えなくなることがあります。

　人々が何を求めているのかをジョーンが理解できるように，私たちは彼女と彼女の同僚12人とでセッションを組みました。そしてお互いにフィードバックをするよう頼みました。彼らはお互いへのフィードバックはたくさんしていましたが，驚いたことに，ジョーンには誰もしなかったのです。理由を尋ねると，彼らは，ジョーンのことは好きだけれども彼女をよく知らない気がすると答えました。

　他者依存的なリーダーは人間関係を指向しますが，それは究極的に言うと知らぬ間に人間関係を蝕むような形のものです。「心」を重んじますが，慇懃な話し方や意見を言わないといった形で力を放棄します。思いやりのある人なので，人々はその人の周りにいることを好みますが，他者依存的リーダーは自らの才能を引っ込めています。人間関係を気に懸けすぎることによって，人間関係を蝕んでしまうのです。

意志タイプのリーダー

　意志タイプのリーダーは心タイプのリーダーの反対に位置します。心タイプのリーダーを陰とすると，意志タイプのリーダーは陽です。意志タイプのリーダーは「他者に近づく」というよりも「他者に対峙」します。他者の上に立ち勝利を得るため競います。力を明け渡すのではなく力を取得し，前進するために利用します。実際，彼らの核となる強みは意志の力です。物事を成し，結果を得，欲しいものを生み出す内的な駆動力です。先導し物事を推し進めるために生まれたような人たちです。

　発達における社会適応段階では，意志タイプのリーダーは意志や力の行使という才能を軸にして自分のアイデンティティーを形成し，結果に向けて駆動力を発揮します。彼らの核となる思い込みは，「自分が結果を出す者であり，完璧で，昇進し，権限がありコントロールできていれば大丈夫」というものです。何事においても失敗は死と同義と感じるため，彼らは失敗を恐れます。彼らの強みは結果にむけて物事を推し進めることです。彼らは往々にして他人を利用して力を求め，手にするので，他人を自分の望みを叶えるために利用するリソースだと思っており，彼らが通った後に犠牲者の山を残すこともあります。権限委譲せず，チームワークを育てず，信頼を築かず，他者を優しく指導することがありません。操作・支配するタイプとなります。

　図10.4は，リーダーシップの普遍的モデルにおける「操作」と「他者との関わり」の動的関係を示した図です。それぞれの振る舞いの傾向は対照的です。

　「操作」の高いリーダーは，人間関係やチームワークではあまり優れていない傾向があります。「他者との関わり」（人との繋がり，メンタリング，パフォーマンスの高いチームワークを築く，協働，対人関係のスキルが高い）は，「効果的なリーダーシップの発現度」と高い相関があります（相関係数0.85）。高創造的リーダーでもっともコメントされていた強み（人に関する強みが多い）を考えると，これはよく理解できます。

　しかし，「操作」は「他者との関わり」と正反対です（相関係数 -0.64）。操作的リーダーシップが強まると，「他者との関わり」が低くなります。このよ

図10.4 「他者との関わり」と「操作」の相関

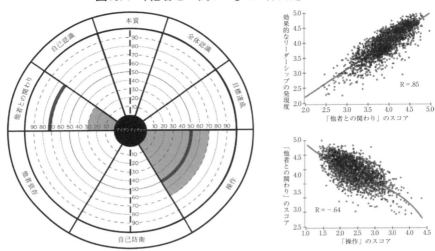

うに，操作的なリーダーは自分の足を引っ張っているのです。

　ここでも，「操作」が高いリーダーの実態を知るため，このグループに対して述べられたコメントを抽出，サンプリングしました。図10.5はこのグループのリーダーの総合プロファイルを示したものです。このグループのリーダーの「操作」の平均スコアは87パーセンタイルと高く，効果的なリーダーシップの発現度のスコアは17パーセンタイルと低くなっています。

　では，彼らが記述コメントでどう述べられていたか見てみましょう。以下はその例です。

　　ジョンは我が社の成功に情熱を持っています。しかし，時々この情熱のために冷静さを失ってしまいます。他者に圧力をかけすぎ，できること以上に多くを求めるのです。

　　サラが取り組むべき最大の課題は，チームメンバーに仕事の権限を与え，チーム内の信頼を生み出すことや，チームを信用して頼ることです。彼女は，本当に意識を向けるべき事柄に集中するため自分の時間を自由にしたい（そして他の人が対処できる詳細に囚われたくない）はずです。

図10.5　操作の高いリーダーの
総合リーダーシップ・サークル・プロファイル（LCP）

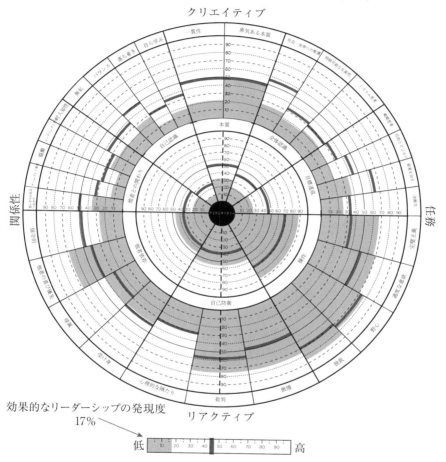

効果的なリーダーシップの発現度
17%

低　　　　　　　　　　　　　　　　　　高

バリーはチームプレーを育成したり，協力的な文化を創ったりしません。彼は尊敬を欠き，利己的で，傲慢で，軽蔑的になることがあります。指示的で権威を振りかざし命令と支配のスタイルを取ります。何事も勝ち負けでしか見ず，評価判断することで人を遠ざけています。人を鼓舞するリーダーではありません。

　図10.6は，操作の高いリーダーについての得られた自由記述コメントのまとめです。

　操作の高いリーダーは，情熱，意欲，技術的・専門領域内の知識のスコアが中程度になっています。また，ビジョンがあり，肯定的で，一緒に働きやすいとも表現されます。これらの強みの合計スコアは222です。一方，意欲，特に自己中心的な意欲がありすぎて，これらに関連したマイナス要因を持っています。請負い過ぎる，マイクロマネージ，要求が厳しすぎる，柔軟性がない，衝動的，忍耐力がないなどと評される操作の高いリーダーの場合，上述の強みは相殺されてしまうかそれ以上に足を引っ張るものになります。このことからも，ある強み（例えば「情熱」）を伸ばしすぎるとマイナス要因になり，強みを打ち消すことが解ります。

　競合するマイナス要因では，反対の側面が並んでいます。人間関係の強みが十分開発されていないことによるマイナス要因です。これらのリーダーは，意思疎通や交流が非効果的，チームプレーヤーではない，話を聴かない，自己中心的，感情のコントロールができないなどとも評されています。

　コメントされた強みの合計スコアは222ですが，これらの強みを伸ばしすぎることで任務遂行に関する才能が裏目に出て（164），競合するマイナス要因（128）がさらにこれらのリーダーの効果を相殺しています。明らかに，意志と力の強みを反応的に起動されると，強みは消され，競合するマイナス要因が持ち込まれて，結果的にリーダーシップが拡大しない状態になります。

　私たちの調査では，リーダーたちは，操作的なリーダーの強みとマイナス要因を，理論や研究が予想していた通りの表現で描写してくれました。また，私たちがLCPの解説マニュアルで述べていたこととも同様でした。操作的なリーダーは結果を出すために力を用いるという強みを若い頃から養います。その強みには，情熱，意欲，結果重視，意思決定力などがあります。しかしこれらが反応的に使われると，操作的なリーダーシップになるのです。

　これらの強みは，他者からは，過度な意欲，完璧主義，ワーカホリック，野望を抱きすぎ，独裁的，非効果的な意思疎通や交流のスタイル，話を聴かない，マイクロマネージ，要求が厳しすぎるなどと受けられることがよくあります。このような状態では，意志と意志，力と力のぶつかり合いを起こしかねません。

図10.6　操作の高いリーダーの強みとマイナス要因

強み		裏目に出た強み（任務の才能）		競合するマイナス要因	
技術的・専門領域内の知識	45	仕事持ちすぎ・請負い過ぎ	38	非効果的な意思疎通・交流のスタイル	28
情熱がある	45	マイクロマネージ	35	スタッフと絆を持たない	23
意欲がある	38	要求が厳しすぎる	33	よく聴かない	18
一緒に働きやすい	33	柔軟性に欠ける	28	他者への影響に気づかない	18
肯定的な態度	33	衝動的	15	感情をコントロールできない	18
ビジョナリー	28	忍耐力がない	15	チームに責任を持たせない	23
合計	222	合計	164	合計	128

結果を生み出すための意志と力は核となる強みであり，これらは彼らならではの才能です。しかし，それが反応的な OS から起動されると，強みを打ち消すマイナス要因となり，結果として才能を相殺してしまうのです。

頭タイプのリーダーシップ

「頭」タイプのリーダーとは，合理的・分析的な距離に身を置く「他者から遠ざかる」人のことです。知性に優れ，非常に合理的であることが多く，知識と真理を探求し，これらの才能を軸にして自らのアイデンティティーを形成します。

発達の社会適応段階では，彼らは分析的・批判的能力を周囲に示すことで自らの存在価値や安心感を確立しています。彼らは頭の中に留まります。論争も高みから見下ろして，できごとに合理的な説明をします。彼らの自尊心と安心感は，頭が良く，知識が豊富で優れていると他者から見られることに依拠します。「自分が頭がよく，自分のことは自分でできて，優秀で，超越していて，他者の考えに欠陥を見つけることができていれば，自分は大丈夫だ」。彼らの核となる思い込みはこのようなものです。彼らの強みは，たとえカオスや諍いの中にあっても沈着で合理的であり，安全で合理的な距離から何が起きているのかを分析して，複雑で相争う状況に明快な分析を出せることです。彼らはしばしば，冷たく，距離があり，関わり合いを持たず，過度に分析的で，批判的，傲慢などと受け取られます。彼らが主に恐れることは合理的ではないこと，そ

図10.7 「自己防衛」と「認識（自己認識，本質，全体認識）」との相関

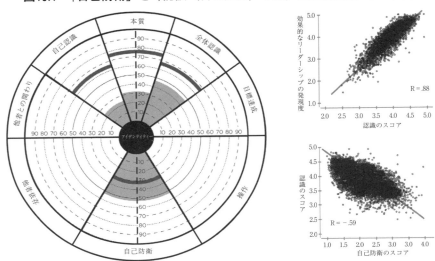

して弱みを見せることであり，このため自分の頭の中に留まって分析だけをしている傾向がありますが，厳しく批判し，あら探しをして，人より優れたふりをしていると思われることが多いようです。LCP では「自己防衛」[訳注8]に当たります。

「他者依存」が陰で，「操作」が反対のエネルギーを持つ陽ならば，「自己防衛」はどちらでもない言わば「ニュートラル」（冷静で批判的で超越している）です。

従って，「自己防衛」はリーダーシップの普遍的モデルでは中央に置かれています。ニュートラルなので，反対はありません。しかし，自身の強みに対する反対性も有しています。図10.7にこの関係性を示しました。「自己防衛」は自身の核となる強みや指向，すなわち「自己認識」，「本質」，「全体認識」の逆に位置するのです。

「認識」に関する項目（自己認識，全体認識，本質）は効果的なリーダー

（訳注8） 原文では "Protecting"。直訳は「防御」であるが，LCPと本書では「自己防衛」と訳している。

図10.8　自己防衛の高いリーダーの
総合リーダーシップ・サークル・プロファイル（LCP）

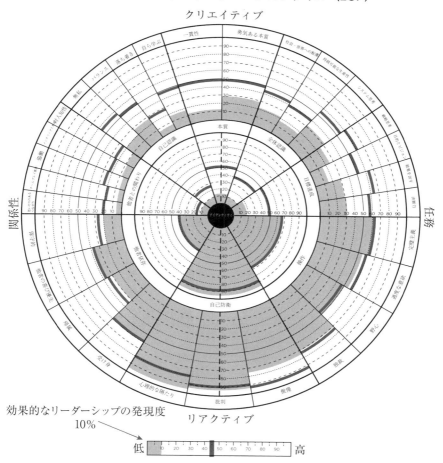

効果的なリーダーシップの発現度
10%

低　　　　　　　　　　　　　　　高

シップの発現度と強い正の相関がありますが（相関係数0.88），自己防衛はこれらの項目と逆相関しています（相関係数−0.59）。自己防衛的なリーダーシップがより反応的になると，自己認識，本質，全体認識が低くなります。実際，「自己防衛」は円の上半分（創造的コンピテンシー）全体に強い負の相関があります。

　図10.8に，自己防衛の高いリーダーの総合プロファイルを示しました。自己

防衛のスコアは95パーセンタイルと非常に高く，効果的なリーダーシップの発現度は10パーセンタイルと低くなっています。円の上半分の創造的コンピテンシーは全体に渡り低スコアになっていることが図からわかります。

　図10.9は自己防衛が高いグループに対する記述コメントのまとめです。自己防衛の高いグループなのですが（95パーセンタイル）「操作」も高くなっている（65パーセンタイル）ことにも留意して下さい。つまり，理性的であることと意志の力両方の強みを持つ対象として見る必要があるでしょう。

　予想通り，最も多く述べられていた強みは「*高度に合理的*」「*意欲がある*」に関するものです。自己防衛が高いリーダーはビジョンがあって戦略的であり，専門領域内の知識が豊富で技術的に強く，意欲があり，結果重視で，頭がよく，情熱があります。しかしこの場合も，これらのスコアは中程度から低いものとなっています。強みが反応的に使われ，制限されるからです。

　これらの強みを伸ばしすぎることで，相殺も起きています。

　自己防衛と操作が高いリーダーは，要求が厳しすぎ，目指すところが明確でなく，柔軟性に欠け，チームに責任を持たせず，衝動的で，争い事を避け，打ち解けず距離があると受け取られます。これらのマイナス要因が強みを大きく消してしまいます（強み203に対してマイナス要因181）。競合するマイナス要因は，まだ開発されていない強みのことです。人との付き合い方が効果的でなく，チームプレーヤーでなく，関係が薄く，贔屓をし，他人を貶め，公然と侮辱し，部下を育てず，話もよく聴きません。これは，自己防衛が高くて操作も

図10.9　自己防衛の高いリーダーの強みとマイナス要因

強み		裏目に出た強み		競合するマイナス要因	
ビジョナリー	45	要求が厳しすぎる	35	非効果的な意思疎通・交流のスタイル	58
技術的・専門領域内の知識	30	ビジョンを明確に伝えていない	33	チームプレーヤーでない	35
意欲	30	柔軟性に欠ける	30	スタッフと絆を持たない	25
結果中心主義	28	チームに責任を持たせない	23	贔屓する	25
頭がいい・知的である	25	衝動的に反応する	23	他人を貶め，公に侮辱する	25
戦略思考	25	対立を避ける	19	部下を育てない	18
情熱がある	20	よそよそしく他人行儀	18	話を聴かない	15
合計	203	合計	181	合計	201

中程度から高いリーダーに見られる打ち消し効果に特徴的な形です。

　ビルが息子のチェイスに厳しく批判的だったという，次の逸話について考え
てみて下さい。

＊　＊　＊

　私は「自己防衛」のスコアが高く，しばしば批判的で傲慢な感じでリードし
てしまいます。しかし，私の言葉が批判的だと思われるなら，私の頭の中の言
葉を聞くべきです。実際には私が批判していることの１％しかあなたは耳にし
ていないのですから。

　私の批判的要素の中にある強みは，自分には他人に見えないものが見えると
いうことでした。

　例えば，ある品質改善の取り組みにおいて，私は全体の２％の部分にすべて
のエラーがあることに気づきました。その２％を改善する必要があったのです。
残りの98％はうまくいっていましたが，それは完全に無視して（それはただ
のノイズなので）改善に注力することができました。

　このような場合には批判的であることがうまく機能しましたが，別の時には
全く機能しませんでした。

　それが長男のチェイスの場合でした。息子がカリフォルニア州のロー・ス
クールに入学した年，帰省して家に着いた15分後のことです。私たちは一緒に
リビングルームにいましたが，私の「批判」が派手に湧き上がり始めました。
批判が湧き上がっていたのは，正直に言うと，まるでチェイスが高架橋の下か
ら這い出してきたような格好だったからです。ヒゲを剃らず，服はぼろぼろで
した。私は15分間我慢しましたが，突然次のような言葉が私の口から飛び出し
たのです。「チェイス，まるでゴミくずみたいだな。見た目はどうでもいいっ
てことか」。

　チェイスはすぐに答えました。「そんなことないよ。本当のことを言うと，
新しい服を買うお金がない。お父さんは僕や兄弟に大学に行かせてやったと言
う，それには感謝してるよ。でも，もし大学院にまで行くなら，自分でどう
やって学費を出すか考えなきゃならない。お父さんに服とかそういうもののお

金を頼むつもりはないよ。例によって働き過ぎなんだから。お父さんを愛してるし尊敬もしてるから，これは自分でやるつもりだ。だから，新しい服は買えない」。

　私は，自分が子どもたちとの関係にもたらした最大の価値は，指摘すること，つまり，子どもたちがよくできたことや改善できることを指摘できることだと考えていました。しかし，過度に批判的で，あら探しをし，自分が優れているように見せていたことに気づいたのです。これらはすべて，自己防衛タイプの特徴でした。チェイスのお蔭で，私は自分の強みだと思い，自分自身のアイデンティティーの核だと思っていたものが，息子には何の価値もないと気づくことができたのです。人生のこの段階まで，私は打ち消し効果が自分に，それも職場だけでなく家庭でも起こっていたとは思いもしませんでした。

　チェイスを傲慢に批判するのでなく，勇気をもって自分の本質に繋がる，つまり心を開き真実を告げることを通して導くべきだったのです。どちらも同じ強みからくる振る舞いですが，真実を告げるというのは，相手を打ちのめすやり方ではなく，正直になり率直に振る舞うということです。この変化は，私をより根本的に人間らしくしてくれました。子どもたちや家族，同僚，クライアントが最も私に求めていた性質はこれだったのです。

＊＊＊

　他のタイプと同じく，自己防衛が高いリーダーシップは，強み（この場合では明晰な批判的・分析的能力）を利用しすぎています。そしてそれには代償が伴います。

普遍的モデルは主要なパターンを描き出す

　私たちが「リーダーシップの普遍的モデル」を普遍的だと考えているのは，このモデルが全ての人に見られる主なパターンを示しているからです。さらに，モデルが実態を表しているかを調べるためにデータベースから各タイプを抽出して記述コメントを検証したところ，これも証明されました。リーダーたちは，

これらのタイプやそれぞれの行動パターンを，理論や調査が示唆するのと同じ正確さで説明しているのです。何か普遍的なものがあって，リーダーたちはそれを見分け，世界中に説明することができるのです。

　人生を通じて情報や指示を与えてくれるよいモデルほど有益なものはありません。それは，現実の中でより効果的に舵を握っていけように，あなたを方向付けてくれます。リーダーシップの普遍的モデルはこのようなモデルです。量的にも（正負ともに高い相関が示されている），質的にも（リーダーたちが実際に現場で何が起こっているか説明している）妥当性が証明されています。リーダーたちは「リーダーシップのフルスペクトラム」（上向き）について，そして各タイプの開発の方向性（横向き）についても説明できます。このため，このモデルはあなたが今，リーダーシップの成長の旅においてどの地点にいるかを理解し，この先前進するための正確な道筋を描くのに役立つでしょう。これは，リーダーシップと成長の普遍的モデルと言えます。

　これは強みに基づくアプローチであり，リーダーたちが主要な強みをこれまで伸ばしてきたということを前提としています。ただし，強みは反応的に使われる場合も創造的な場合もあります。反応的に動かされている強みは，実際にはその良さが消されたり裏目に出て，競合するマイナス要因を持ち込みます。そして，リーダーシップは上手く拡大しません。一方，強みが創造的に起動されるとこれとは反対の効果が生まれます。

　成長の普遍的モデルの最初の一歩は*上方向*，すなわち内部 OS をアップグレードし，リーダーシップのフルスペクトラムの段階を昇ることです。この2つは互いに関係し合っています。前著 “*Mastering Leadership*” で報告した調査が示すように「社会適応」から「自己主導」へと内部 OS をアップグレードすることが，リーダーシップのフルスペクトラムにおいてより先の段階へのシフトに大いに役立つのです[3]。

　このように，最初は上に動きましょう。でも，上に行くためにはどこから始めればいいでしょうか？　まずは，自分の核となる才能を自由にすること，つまり，その才能を制限し効果を消していた反応的構造から解き放つことです。そうすれば，その強みを創造的構造のもとで使え，その真の力を何倍にもすることができます。このため，開発のギャップに直面するリーダーとして，あな

たが自分の強みをどのように使っているか正確に知ることが大切です。あなたの強みは反応的に使われてはいないでしょうか？　創造的に使われていますか？　もし反応的にだとしたら，どのタイプでしょうか？　具体的にどのような反応的戦略・行動を習慣的にとっているでしょうか？　向き合うことは容易ではありませんが，これらの問いに対する答えを知ることは，あなたの具体的な成長の道筋を描き出す上で非常に重要です。行きたい所にたどり着くには，旅の道案内をしてくれるよい地図（モデル）を使い，自分が今どこにいるのか正確に知る必要があります。

　成長の普遍的モデルの2つめの動きは*横方向*です。しかし横へというのはどこからの動きなのでしょうか？　自分の核となるタイプを認識することです。これを知ることで，横方向の動きが解ります。それは，あなたの核となる強みの反対方向，まだ開発しきれていない強みに手を伸ばす動きです。

　開発のギャップを埋めるには，以下のような*上方向*と*横方向*への動きが必要です。

- 自分の中にある本来の強みをより高い次元での影響を起こすために使うことを意識する。こうして，内部 OS をアップグレードする。
- 十分利用できていない強みを開発するために横方向に動く。つまり，「競合するマイナス要因」を「相補的コンピテンシー」に変える

　あなたの周りのリーダーたちは，これらのことすべてを正確に説明できます。つまり，あなたはフィードバックの豊富な環境の中を泳いでいて，英知はすべてあなたの周囲にあります。必要なのは周りの人に聞いてみることだけなのです。

　ただし，周囲に対して自分がどのように振る舞っているのかを知るだけでは不十分です。この章で見てきたことは，必要不可欠なことですが，最初の一歩です。そして必要不可欠な次のステップは，自分の内面の課題にどう取り組むのかを学ぶことです。つまり，自分の効果を消してしまっていたようなこれまでの習慣・パターンのループを遮ること。そして，さらに深く進んであなたの内的な OS を探求し，核となる内的な前提を書き換えることです。この内的な

前提がこれまでのパターン全体を動かしていたのです。

　これは，自分の開発のギャップに身を乗り出し，自分を変容させていくことであり，精神のブートキャンプでの勇気を要するハードワークでもあります。

ホームワーク 📖

- 振り返りましょう：あなたは反応的リーダーシップの３つのタイプ，他者依存，自己防衛，操作のいずれかの傾向がありますか？　そのタイプはリーダーとしてのあなたの効果性にどんな影響を及ぼしていますか？　それについてどうしたいですか？
- 本書付録[訳注9]の「リーダーシップ開発計画」に，これから取る行動を１つ記入しましょう。またはあなたを「大事な１つのこと」に向かって進めてくれる新しい振る舞いを１つ，記入しましょう。
- あなたの「大きな１つのマイナス要因」を低減するような，これから取る行動を１つ，または，これまでとは違う新しい振る舞いを１つ，記入しましょう。

（訳注9）WebからLCP自己評価を受けることで「リーダーシップ開発計画」のフォーマットを受け取ることができます。
　　　　https://self-assessment.theleadershipcircle.com/ja-JP/registration

第11章 Transforming Reactive into Creative Leadership

反応的リーダーシップを
創造的リーダーシップに変容させる
──マインド（知性）と心の根本的移行　３つの動き

　第10章では，反応的リーダーシップがその特有の主要な強みを消し，競合するマイナス要因を生じさせ，リーダーシップを相殺するためにリーダーシップが拡大できない様子を見てきました。創造的リーダーシップの段階では，リーダーシップを拡大することができます。

　本章では，創造的リーダーシップを起動できるマインドへのシフトについて述べていきます。このシフトにより，核となる強みが増幅され，何倍もの効果を得ることができ，また相補的コンピテンシーに繋がることができ，リーダーシップが拡大できるようになります。

　リーダーたちは，創造的もしくはそれ以降のリーダーシップが必要とされるような複雑性の高い環境の真っ只中にいるのに，大半の人は反応的にリードをしています。これが，多くの人が直面する主な開発のギャップです。反応的リーダーシップでは，リーダーシップを拡大するには限界があります。また自らの強みを相殺してしまう傾向があるため，直面する複雑さに見合ったリーダーシップになっていません。結果として生じる開発のギャップは「適応の課題」と呼ばれるものです[1]。これは「技術的な課題」への対処法（新しい技能を学ぶ，知識を増やす，スキルを磨く，更なる資格をとるなど）では解決できません。既知の解決法では解決できず，そして私たちがこれまでの内部OSにとどまっているとその答えはないのです。

　むしろ，この解決には，「より高い次元の思考とあり方」への進化を求められます。私たちは，より高い次元から複雑性を伴う問題を解決できます。アインシュタインが言ったように，「現在の問題への解決策は，問題を生み出した意識状態の中からは見つからない」ということです。私たちが個人として直面

図11.1　発達段階とリーダーシップの段階[2]

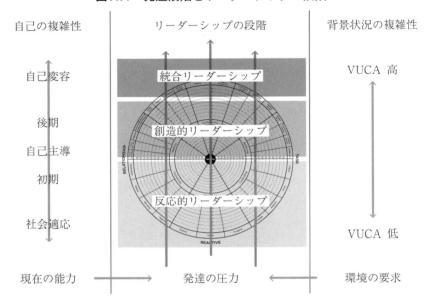

している開発のギャップに対処するには，自分自身が進化することが必要です。そうでなければ取り残されていきます。組織としての進化も必要です。そうでなければ顧客にとって意味のない存在になってしまいます。世界としても進化が求められています。そうでなければ私たちは滅亡に向かうでしょう。

　このギャップは垂直方向の成長に関するものであり，これにはインサイド・アウト（内面の本質的な動機から外部に影響を及ぼしていくありかた）への進化と，意思決定，行動，意味づけの起動方法を新しくすることが求められます。「成人の発達段階」で今自分たちがいる段階のものを脱構築し，次のより高い次元のデザインに構築し直さなければなりません。複雑さを増す世界での目的により適ったデザインに，です。

　「成長の普遍的な道筋」では，最初の動きは上方向，つまり，私たちの現在の自己をより進化した自己へと垂直方向に進化させることです。

　"Mastering Leadership" で，私たちは「リーダーシップのレベル」と「成人の発達段階」との関係について述べました。（図11.1参照）。

　私たちはハーバード大学教育学大学院教授・心理学者であり，成人の発達についておそらく最先端をいく研究者であるロバート・キーガンの独創的な研究から多くを参照しています。彼の研究は，成人が進化する際には3つの漸進的な発達段階を経ると示しています。

1．社会適応型^{訳注1}知性
2．自己主導型知性
3．自己変容型知性

　第1章で，反応的・創造的・統合という異なるレベルのリーダーシップは，段階的に進む心とマインド（知性）の状態に由来すると述べました。また，リーダーシップの普遍的モデルとLCPがこの枠組みを中心に構築されていることも示しました。LCPはあるレベルから次のレベルへのリーダーの発達を加速させるように設計されています。

　リーダーシップとは周囲の環境に対して自分を使うことでもあるので，このような問いが立ちます。あなたはどの自己を使っていますか？　その自己がもし社会適応型知性から生まれているものなら，おそらくあなたのリードの仕方は反応的になっているでしょう。もし，あなたが，社会適応型知性から自己主導型知性への精神の変容にしっかり取り組んでいるのであれば，あなたのリードの仕方はより創造的であると思われます。そして，自己変容型知性からは統合リーダーシップが生じることも多くあります。このようにマインドとリーダーシップには段階があり，発達が進むことで，以前の段階よりも複雑性に対処でき，その中で繁栄できるように適応していきます。このリーダーシップの進化はビジネスの世界で，そして地球規模で求められる喫緊の課題となりました。私たちの将来がそれにかかっていると言えます。

　ここでは，まず反応的リーダーシップから創造的リーダーシップへの移行に的を絞りましょう。ここが，大半のリーダーが今直面している変化だからです。

（訳注1）では"Socialized mind"．「環境順応型知性」と訳されている和書もあるが本書では「社会適応型知性」と訳している。

3楽章からなる反応的リーダーシップから 創造的リーダーシップへの移行

　優れた交響曲の中には3つの楽章（movement）で構成されたものが多数あります。音楽全体を構成するため，各楽章は1つ前の楽章をもとにして，その上に構築されます。この例えは，反応的から創造的リーダーシップへの移行にも当てはまります。これはまさに変容，つまり，知性と心の根本的な移行です。

　私たちは，この進化を3つの楽章で説明していきます。それぞれの楽章にはそれぞれの動きがあり，反応的から創造的への変化を起こすときの3つの動きは以下のようになります。

- 他者主導から自己主導へ^{訳注2}
- 安全から目的へ
- 野心から奉仕へ

●第1楽章—最初の動き

　最初の動きは，*他者主導*から*自己主導*への動きです。他者主導のリーダーは，内面で社会適応型知性を動かしています。若い頃に与えられた条件づけや長年自ら築いてきたアイデンティティーからなるものです。それは，ほとんどの人が当たり前のように周囲に出している自己ですが，社会適応型知性から生じた自己を表に出すと，リードするのも人生を送るのも反応的になる可能性が高くなります。自分の振る舞いが外部の条件や期待によって作られているからです。ここでは，私たちは「アウトサイド・イン」すなわち，外側から自分の内側（自分が何者であるか）を定義される状態で生きています。他者の期待に合わせて生きるためにベストを尽くしているのです。他者とはすなわち，人生における利害関係者や自分にとって権威がある存在，大切な人（ずっと以前に亡く

（訳注2）原書では "Authored by others to authored by self". 直訳すると「自分の物語が他者に描かれている状態から，自分で自分の物語を描く状態」。

なった人である場合もある），文化的規範，政治・宗教の信念，成功・善良・富を得るためにどんな人間にならねばならないかということについての過去と現在の環境からのメッセージなどのことです。私たちは自分の安心と自尊心のために，外部からの存在証明に依存しているのです。

　この場合，私たちはこれらの期待に応えるため，ほとんど無意識に自分の行動をコントロールしています。恐れからそうするのです。他者の期待に応えられない恐れ，承認されない恐れ，十分ではないという恐れ，他者に求められている（と自分で思っている）姿になれない恐れです。私たちは自分の目標に向かって前進しようと一生懸命ですが，ここで起きているのはラリー・ウィルソンが言うところの「play-not-to-lose（負けないため／失わないため）」のゲームです。

　このゲームを引き起こしている構造は自己制限的なものです。多くの人がリーダーとして直面している複雑さに対処できるほど成熟した構造ではありません。

　リーダーシップは変容の坩堝^{るつぼ}です。社会適応型の（依存，反応的な）自己を分解して，自己主導型の（自律，創造的な）自己を構築するために必要な，進化の圧力を生み出す精神のブートキャンプなのです。

　先に紹介した CEO のジェフ・ヒルツィンガーは，居合わせた人の中で最も頭のいい人と思われたいという自分のニーズを手放すために，10年以上もの間学びを続けた立派なリーダーの例です。彼は，より大切なこと（つまり，リーダーシップを拡げる条件を整え，他のリーダーを育て，ビジョン重視のチームを作り上げること）に焦点を定めるように自らを変化させました。ジェフは自分の物語は自分で描く，創造的リーダーになったのです。

　自己主導型のリーダーは，外部からやってくる多くのメッセージの中から最も大切なこと，そして自分が握るものとして何を選ぶのかを識別します。私たちは，自己リーダーシップを，「*最も重要な結果を創り出すこと*」と定義していますが，それはこの動きに由来しています。最も重要なものが何か，それによって自己主導型のリーダーの行動やあり方が定まってくるのです。スティーブン・R. コヴィーはこの段階を「*自律*」と呼びました。一匹狼のように単独で行動するからではありません。彼らは，自らの価値を感じるために外部から

の存在証明に依存することは，もはやないからです。

　自らの価値は，自分の内側から，つまり自分自身で認めることができています。自分の深いところで感じとれる，立ち現れてくる目的が命じるものを識別し，これに沿って生きているからです。この目的は，将来のビジョンなどに変換されていきます。本質，すなわち何に出くわしたとしてもビジョンに沿って一貫した言動をすることは，リーダーを名乗るには必要な要素です。創造的リーダーは，自分が行動した結果として，自分の子どもに働いてもらいたくなるような組織を遺せるように心を注ぎます。もはや恐れから動かされることなく，負けないためのゲームをするのではなく，自分を超えた何か大きなものに奉仕するために目的に沿って行動するようになるのです。

　もしあなたが自分にとって大切な何かのためにそこに立っているのでなければ，あなたは何も大切にしていないのかもしれません。そのような危険な状態にあるかもしれません。「私は何者だろう？」「私にとって大切なものは何だろう？」と自分に問うてください。何者かに対峙して戦うのでも，何か・誰かに従って生きるのでもありません。

　完全に自己主導の段階にいるリーダーは，自分がリーダーシップの移行を遂げてきたことを知っています。そして，次は他者の育成に焦点をあてます。他のリーダーを育てる，リーダーのリーダーになるのです。そうして，彼らは他者や組織のキャパシティと能力を培って，リーダーシップを何倍にもしています。このようなリーダーシップは，今日リーダーが直面する厳しい課題の複雑さにより適応できます。これが拡大していけるリーダーシップです。拡大できるリーダーシップは，自己主導型の，創造的リーダーシップを必要とするのです。

●第2楽章—2番目の動き

　2番目「安全から目的へ」という動きです。これは，最初の動きに深く繋がっているものです。大人の人生では，安全と*目的*がせめぎ合っています。私たちは何か偉大なる存在の一部になりたいと思うけれども，結局は住宅ローンを返済しなければなりません。どちらも大切です。安全を無視すると，目的をリスクに曝すことになります。逆に安全ばかり重視しても，やはり目的をリス

クに曝してしまうのです。

　最近注目されている，最も成功している起業家や企業創業者の中には，安全とリスクのバランスをうまく取ることができている人もいます。上級リーダーとして，私たちは常にこのバランスと向き合っています。始終安全側に立ってリスクを取ることを避ければ，私たちの快適ゾーンの外にある巨大な成長のチャンス（および学習のチャンス）を生かせません。しかし，リスクを取り過ぎて堅実なところから離れてしまえば，*何もかもをリスクに曝してしまいます。*このようにバランスは常に必要であるものの，ちょうどいいバランスを保つのは決して簡単ではありません。

　ほとんどのリーダーは，図11.2に示すようなピラミッド型のヒエラルキーの中で生きています。私たちは仕事に対して目的意識を持っています。自分が生きている世界に貢献したいと思い，その世界がどのようになってほしいのかというビジョンを持っています。私たちは，最も大切なことを創り出したいと思っています。そして同時に，経済的な自由を得て，自分や家族の将来のために経済的なセーフティネットを張るために働いています。

図11.2　目的と安全の間に生じる張力

リーダーシップ

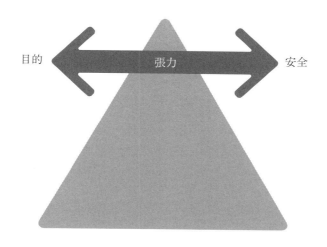

トップへの道を歩んでいるリーダーには，安全に昇進したいという動機があります。安全に出世したいと思えば思うほど（昇進していくと，転落がより大きく辛いものになると思っているので），周囲の人々，特に上の人たちからの承認を必要とするようになります。上司の好意を得られなくなるのは恐ろしいことです。多くの人は，利害関係者の信頼喪失を避けるためならほとんど何でもするでしょう。ここに問題が生じます。*私たちは目的と安全を同時に追うことはできません。*

私たちが向き合う複雑で難しい問題の多くに対処するには，勇気が求められます。未来は，一瞬一瞬に生かされもすれば死にもします。私たちがどの自己を使っていくかによって，現状維持に寄与するのか，それとも自分たちが選択する望むべき組織への先導役として役に立つのか―打ち消すのかそれともビジョンを築くのか―も変わってきます。

失わない／負けないための行動が非常に多くなると，これはもはやリードしているとは言えません。自分を打ち消しているからです。

第一楽章では，私たちは自らの過去や他者の期待の声に動かされ続けることから自らを解放します。そうしながら，私たちは第二楽章となる２つめの動きをしています。私たちは目的と安全の引っ張り合いの関係を見直します。失わない／負けないためにプレイするところから，目的と最も大切なことに向かってプレイする意識へと動くのです。偉大になるためには安全な道などありません。

目的に沿って生きるのはリスクを伴いますが，逆説的に言うと，個人的にも集団的にも，これは自らの将来を自分の手で舵取りすることであり，私たちは別種の安全を創り出していると言えます。それは，自分の人生や未来を自分で創ることによって生じてくる類の安心感です。その人生や未来を創るために私たちは本来生まれてきたとも言えるでしょう。

●第３楽章―３番目の動き

*野心から奉仕へ*という３番目の動きは，最初の２つの動きと互いに関わっています。「情熱」と「意欲」という２つの言葉がありましたが，これらを見分けるため，記述コメントの調査に戻り，高創造的リーダーと高反応的リーダー

の動機付けがどのように違うかを見てみましょう。この動機付けこそがインナーゲーム[訳注3]の中核です。これが元になり私たちは何らかの行動をしたりしなかったりします。また，瞬間瞬間において，周囲に対してどの自己を出すかもここで決まります。結果として私たちが周囲にもたらす「天候」の種類も違ってきます。

　私たちの調査で，リーダーたち・採点者たちがこれについてどうコメントしていたか見てみましょう。図11.3は，高創造的リーダーと高反応的リーダーそれぞれの動機が，周囲にどのように映っているのか，採点者たちの体験から得られたコメントを示した図です。どちらもビジョンがあって戦略的ですが，高創造的リーダーは，ビジョンや戦略をより多くもたらします。創造的リーダーシップは安全より*目的*とビジョンを重視することを思い出して下さい。自己主導型知性の段階にある自己主導型のリーダーは，常に重要な将来に焦点を当てています。ですから，高創造的リーダーが高反応的リーダーよりビジョンがある（22ポイント差）と受け取られるのは，さほど驚きではありません。

　図11.3は，高創造的リーダーと高反応的リーダーの動機付けの構造の違いについて，多くを教えてくれます。「情熱と意欲」は，高創造的リーダーより高反応的リーダーの方が高いことが解ります。以前の章で，意欲がありすぎるということも起こり得ると述べましたが，これは高反応的リーダーの場合のようです。さらに大事なことがあります。意欲についての以下の説明を見て下さい[3]。

- 反応的リーダーは高創造的リーダーより自己中心的，利己的だと見られています（25対0）。第9章のバブルチャートを見ると，エゴ・自己中心的なリーダーシップは中創造的リーダーでは消えていることに気づくでしょう。反応的から創造的へとリーダーシップが移行するに連れ，少なくなります。
- 自己中心的な意欲は，奉仕するリーダーシップや組織の成功へのコミット

（訳注3）インナーゲーム：内的な意味づけシステム，意思決定システム，自己認識レベルやEQ（感情的知性），メンタルモデル，そして内的な思い込みや前提など，その瞬間瞬間にものごとを定義し私たちの行動を発動させている，内的な構造やその複雑性のこと。

図11.3　高創造的リーダーと高反応的リーダーの動機

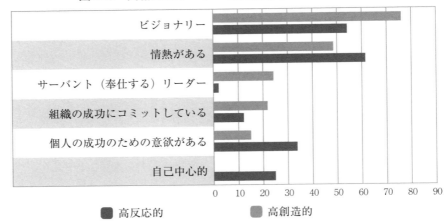

メントに置き換わっていきます。リーダーシップが反応的なものからより
創造的になると，自己中心的なリーダーシップは０に低下しています。一
方，奉仕するリーダーシップは，高反応的リーダーは非常に少なく，高創
造的リーダーでは25になります。

• 組織の成功へのコミットメントも，高創造的リーダーで10ポイント高く
なっています。高創造的リーダーの個人の成功のための意欲は組織の成功
へのコミットメントより少なくなっています。一方，高反応的リーダーで
はこれが逆になります。

　これらの現場を知るリーダーたちは，その記述コメントの中で野心から奉仕
へという３番目の動きについて説明してくれています。私たちは，反応的から
創造的リーダーシップに変容するに連れ，エゴ・自己中心的な状態から，全体
にとっての利益をより重視するようになり，そして最も大切なことを具現化す
る奉仕者になるのです。個人的な成功への意欲は和らいで，他者，組織の使命
の成功との間に成熟したバランスを取るようになります。
　この移行が起きると，リーダーシップが解放されて拡大できるようになりま
す。高創造的リーダーと高反応的リーダーの強みの差が最も大きいものを見る
と（図11.4参照），この変容に伴って自然に立ち現れてくる種類のリーダーシッ

図11.4　高創造的リーダーと高反応的リーダーで最も差のある強み

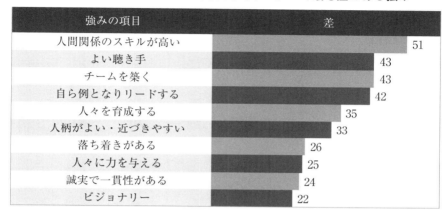

強みの項目	差
人間関係のスキルが高い	51
よい聴き手	43
チームを築く	43
自ら例となりリードする	42
人々を育成する	35
人柄がよい・近づきやすい	33
落ち着きがある	26
人々に力を与える	25
誠実で一貫性がある	24
ビジョナリー	22

プが分かるでしょう。

　マインドや心のシフトが起こる時，それに伴って現れることがあります。リーダーシップは自己中心的ではなくなっていき，組織のキャパシティや能力の育成により重点が置かれていきます。リーダーは近寄りがたいものではなくなり，人間関係のスキルが上がり，話をよく聴き，パフォーマンスの高いチームを作り，メンターとなり，他者の能力を開発し，彼らに力を与えます。そして，高創造的リーダーは静かに，誠実に一貫性を持ってビジョンを体現していきます。

3つの動き，交響曲の完成

　リーダーたちは，リーダーシップのフルスペクトルにおいて高反応的から高創造的に至るまで見分け，説明することができます。"Mastering Leadership" では，ノートルダム大学ステイヤー幹部教育センターとの共同研究について述べました（図11.5参照）。この研究では，成人の発達の各段階（社会適応，自己主導，自己変容）を経るに連れ，リーダーはより効果的になるという結果が示されています。社会適応段階とされたリーダーは，私たちのデータベースにおいて「効果的なリーダーシップの発現度」のスコアが40パーセンタイルで

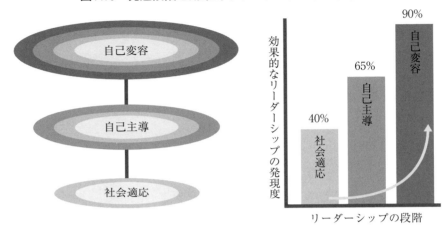

図11.5　発達段階と効果的なリーダーシップの発現度

した。これに比べ，自己主導段階とされた人たちは，同指標の平均スコアが65
パーセンタイル，自己変容段階にある人では90パーセンタイルでした。

　この研究と記述コメント調査から深い考察が得られます。私たちの記述コメ
ント調査は，リーダーたちの成人の発達段階を評価するものではありませんが，
この調査の高創造的リーダーのグループに，自己主導と自己変容段階のリー
ダーがより多く偏在していることが予想できることになります。従って，この
調査の採点者であるリーダーたちは，リーダーの知性の変容によりリーダー
シップの効果性にどのようなことが起こるのかを描写していると言えます。そ
して，リーダーが自分の内側の状況，すなわち，自分を動かしている中核にあ
るものを変容させると，彼らはより効果的になり，リーダーシップを拡大する
ことがよりできるようになります。

　この研究でリーダーたちは深い示唆を与えてくれました。*私たちは，他人の
創る自分（他者主導）から自分で創る自分（自己主導）へと歩み出すと，自己
中心的ではなくなるのです。*

　これは直感に反するように思われるかも知れませんが，筋は通っています。
人生における重要人物の大きな期待に応えなければならないという恐れを一番
の動機としていると，自分の目的のために他人に成果を出させようと駆り立て

ます。自分が昇進するため，前進するため，個人的に成功するため，絶対に期待外れになったり面目を失ったりしないため，という個人的な目的のためにです。この意欲は多くのことを起こすので，このようなリーダーが昇進することはよくあります。

　しかし，さらに大きな責任を負うようになると，この種の意欲は巨大なマイナス要因を育ててしまいます。高反応的リーダーの効果的なリーダーシップの発現度スコアの極端な低さや，マイナス要因上位10項目が示す通りです。後に多くの犠牲を残しながら，カプランが呼ぶところの「破壊的生産性」に組織を追いやってしまうことがよくあるのです。組織の身体的・感情的・精神的余力を消耗し尽くすようなやり方で，結果を追い求めるからです[4]。

　自己中心的な目的のために他者を駆り立てる時，私たちは恐れから，そして「失わない／負けないために」という意識からそうしていることがほとんどです。より大きな目的を見失い（もしくはそのような大きな目的はこれまで見えていなかったのかもしれません）自己中心的な目的が前面に出てしまいます。貢献することへの意識は薄れ，過去そして現在他者から与えられた期待に応えるために一生懸命になるのです。しかし，他者ではなく自分で作る自分，自己主導へと移行すると，私たちは*自分の目的*のために駆り立てるのでなく，*貢献*するためにリードするようになります。自己中心的野心から，自分より大きな何かに奉仕するところへと進むのです。

　この３つの動き（３つの楽章）から成る１つの変容の交響曲を，図11.6にまとめました。

相補的コンピテンシー

　リーダーシップのフルスペクトラムを上がっていくと，中核となる強み（心，頭，意志）を何倍にもできるだけでなく，「相補的コンピテンシー」にも手を伸ばせるようになります。ジョン・ゼンガーとジョー・フォークマンは，共著 *"The Extraordinary Leader"* で，「相補的コンピテンシー」の枠組みを示しました。互いに異なるけれども互いに補完し増強し合うコンピテンシーです[5]。彼らは，いずれも十分発達した２つのコンピテンシーがペアとなり，リーダー

図11.6　リーダーシップのマインドセットの移行

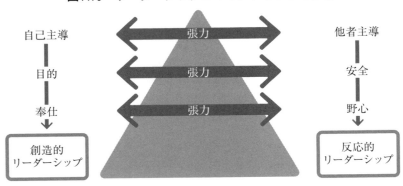

を一層効果的にすることをその著書で示しました。一方のコンピテンシーがも
う一方の効果を増幅するというものです。

　しかし，ゼンガーとフォークマンは，反応的リーダーが自分の中核的な強み
をアイデンティティーとするゆえに，それを常用し，利用しすぎることについ
ては論じませんでした。たとえば，他者依存的リーダーは*良い聴き手*という強
みがあっても，自分の望むことを強く筋を通して主張する勇気には欠けている
かもしれません。このように，反応的リーダーにとって，自分の中核的な強み
とは異なる（反対の）コンピテンシーを開発することは，かなり難しいと言え
ます。

　リーダーがリーダーシップのフルスペクトラムを上ると，相補的コンピテン
シーに手が届きやすくなります。コンピテンシーの間を機敏に行き来できるよ
うに自らを成長させているからです。これは，反応的な状態ではなかなかでき
ないことです。コメントの一例を見てみましょう。

　　メアリーは皆が楽しみながらよりハードに，賢く働けるよう皆を触発し
　てくれます。すばらしいチームの雰囲気を培い，それを，正直で直接的な
　感じをしっかり保ちながら行うのです（ただチアリーダーみたいにしてい
　るだけのタイプではなくその正反対です）。彼女は改善の必要な分野があ
　ればそれを恐れずに指摘するので，誰かのアイディアを彼女が支持した時

には，その人は本当の達成感を味わい，もう一度同じようにやり遂げたいと強く望むのです。

　メアリーのリーダーシップには，2つの異なる要素がどちらもあることにお気づきでしょうか。彼女は，すばらしいチームの雰囲気を醸成しながら，直接的で正直であることで人々が責任を持つように働きかけています。これらが相補的コンピテンシーです。直接的であり，*同時に*それをチームワークと信頼を築くやり方で行っているのです。彼女は他の人の仕事に支援的であり，*同時に*やる気を起こさせる方法で他者に異を唱えることもできています。

　メアリーはコンピテンシー全体を利用し，どんな時，どんな環境でもそのうち最善のものを用いることのできる，創造的リーダーの例です。状況に最適なやり方で，周囲に対して自分を使っており，チームワークを醸成し他のリーダーを育成することで，リーダーシップを拡大しています。それでいて，しっかりと結果も追求しています。

　先に述べたクライアントの1人，ジェラードは，どんな状況でも驚くほどの量の詳細な情報を知ることができるという超人的能力を常に持ち合わせていました。これは彼にとって大きな自信となっていましたが，昨年彼の責任レベルが上がった時に状況はすべて変わってしまいました。起きていることをすべて頭に入れているという以前の強みは，この役職では不可能になりました。今彼に求められているものに対して，その強みでは太刀打ちできないのです。

　今後も成功し続けるには，ジェラードには，相補的コンピテンシーを開発することが必要ですが，これは，反応的リーダーシップから創造的リーダーシップへシフトする時に自然に得られるものです。自分のステージをアップグレードし（垂直方向の成長），これまで強く握っていたものを手放さなければなりません。そうすれば，自分の主な強みに強迫観念的に依存することがなくなり，同時にその主な強みに相補的な別の能力への扉が開かれるでしょう。適した時に，多すぎることも少なすぎることもなく，自分の強みと相補的コンピテンシーを使えるようになるのです。

　強みを使いすぎると，弱みになります。また，求められるものにこれまでの強みが見合わなくなっても無理にそれに依存し続けると，失敗しかねません。

　ジェラードがビジネスの新たな境地で成功するには，新たな相補的コンピテンシーを開発する必要があります。彼の核となる強みの1つは，「結果に駆り立てられる意欲」と「全て知っていること」でした。これらとは反対の強みを開発していかなければなりません。人間関係，チーム，他のリーダーの能力開発などです。リーダーシップを拡大していくために，ジェラードはまず自分の中でこれらの強みを伸ばし，それから自分の経営チームの能力を育てる必要があります。

　どの組織にも，上級幹部には，ジェラードのような人が数多くいます。成功してきた有能なリーダーでありながら，自分が現在成長しているレベルを超えた立場に昇進し，その地位まで自分を連れて来たものを使い続けている人です。より複雑な状況に置かれているので，効果を発揮するためには相補的コンピテンシーに繋がるか開発することが必要なのですが，そうすることができません。彼らは内部OSを反応的なものから創造的なものへ，さらには統合へと進化させるという課題に直面します。この移行ができなければ，彼らは求められていることに見合うことはできません。リーダーの土俵とはそういう性質のものなのです。

　図11.7は，高創造的リーダーの記述コメントでよく見られた補完的要素を図示したものです。図のあちらこちらに目を通すと，相補的コンピテンシーを開発することの有効性が感覚として解るでしょう。

　高創造的リーダーは「専門的な能力があり，*同時*に近づきやすい」，「結果を重視し，*同時*に他者を育てて力を与える」，「ビジョンがあり，*同時*にチームワークを育成する（目的あるビジョンとチームワークは，LCPにおいて，効果的なリーダーシップの発現度と最も強い相関のあるコンピテンシーです）」「情熱と意欲があり，*同時*に人とうまく接する」などです。

　*強みと強みの間を機敏*に，そして*流動的に動ける*とリーダーシップは熟練したものになっていると言えます。高創造的リーダーは，コンピテンシーをうまく組み合わせて，どんな状況にも最適なリーダーシップをもたらすことができます。この能力は拡大することができ，リーダーのマインド構造が社会適応から自己主導，自己変容型へと進化し，リーダーシップが反応的なものから創造，統合へと成熟するときに，自ずから立ち現れてくるものです。

図11.7　強みを活用し相補的コンピテンシーを開発する

CREATIVE

自ら例となりリードする
誠実で一貫性がある
落ち着きがある　　　　ネットワークをうまく築く
オープン，正直，率直
人間関係のスキルが高い　　　情熱と意欲がある
チームを築く　　　　ビジョナリー
人を育てる・エンパワーする　　結果中心主義
近づきやすい　　　専門領域内の・技術的な能力がある

RELATIONSHIP　　　Identity　　　TASK

「意識的なリーダーシップ訳注4」を育み進化させるモデル

　リーダーシップは最も研究されてきた対象かも知れません。そしてもはや，最も解らないことの多いものではなくなりました。今私たちは，何が効果的なリーダーシップに役立つのか，そして効果的なリーダーシップに至る道筋がどのようなものかも解っています。最初，リーダーたちがリーダーシップのフルスペクトラム，すなわち高反応的・中反応的・中創造的・高創造的に至るリーダーシップについて，これほどまで正確に描写していることを知った時には，私たちは「すごい！　ここに完璧な成長の道筋があるじゃないか，リーダーた

（訳注4）原文では「conscious leadership」。リーダー（人）の世界の見方，関わり方などの意識の状態でリーダーシップも変化し，プロセスも得られる結果も異なってくる。高度に創造的なリーダーの意識は，置かれた環境の状態を認識し，その環境（そして空間的にも時間的にもより大きな環境）の中で，もっとも重要なことを生み出すことにつながっている。つまり，自分のエゴを守らなければならないという恐れではなく，目的やビジョンにつながっている。統合レベルのリーダーシップについては第13章で触れる。

ちはこれを目にしていたんだ！」と声を上げるほどでした。

　リーダーたちは，リーダーシップについて感じたことを述べるという方法で「リーダーシップの普遍的モデル」の全体像を描いてくれました。これにより，モデルの妥当性が証明されました。私たちがずっと言ってきたこと，すなわちリーダーシップ・サークルのモデルは普遍的な三位一体の枠組みだということが確認できたと言えます。その3つとは，(1)リーダーシップのモデル，(2)そのモデルに照らした深い洞察が得られるリーダーシップアセスメント，(3)成長のための枠組みまたは道筋です。これは普遍的な成長・発達の原則と道筋に則って構築されています。リーダーたちは垂直方向の発達的なリーダーシップのフルスペクトラムを描き出しただけでなく，すばらしい明確さと正確さで，それぞれのタイプのリーダー特有の成長の道筋を説明してくれました。彼らは，それぞれのリーダーについて縦方向と横方向の動きを教えてくれたのです。そしてこのことにより，成長について次の質問を示してくれたのです。「あなたには，あなた特有の強みのセットがあります。それをどのようにしますか？　どのようにそれを解放し，活用し，増大し，拡大していきますか？」

　それでは，何が役立つのか見てみましょう。リーダーたちはどのようにして，自分の成長を加速しているのでしょうか？　リーダー個人の効果性とリーダーシップ・チームの集団としての効果性にとって長続きする変化を深部から創り出すには，実際どのようなことを実践するとよいのでしょうか？

　この「開発の課題」は喫緊の課題です。

振り返り ☕

・あなた個人は今，成長のどの段階にいますか？　社会適応，自己主導，自己変容のどのあたりでしょう？　どのようにそれが解けますか？
・あなたの成長・発達段階は，周囲の人にどのように影響していますか？　また，あなたのリーダーとして効果性にどのように影響していますか？
・あなたがまだ自己変容段階に至っていない場合，あなたが次の段階に移るには何が必要ですか？

第12章 Practices That Transform Leadership

リーダーシップ変容のための実践
──変化はシンプルだが難しい

　もしあなたが自分自身，自分のリーダーシップ，または自分の組織の集団としてのリーダーシップを変えたいとしたら，何が役に立つか，もう私たちは知っています。自分を変える基本的メカニズムの説明やそれを頭で理解することはそれほど難しいものではありません。本章でそれについて述べていきます。ただし，騙されてはいけません。私たちが人生において，そしてリーダーシップにおいて日々どのような自分で振る舞っているか，習慣として深く刻み込まれたパターンを変えるのは，簡単ではないのです。

　根本的な変化を「変容」と言いますが，これは時間をかけて味わいながら獲得するものです。臆病な人にはなかなかできることではありません。神話や伝説にある英雄の冒険の旅のようなものであり，精神・魂のブートキャンプです。個人の努力を必要とし，集団でやろうとすればもっと大変な作業です。しかし，成功すれば，そのリーダーシップが競争優位をもたらす要素となるでしょう。今のリーダーシップのレベルでは得られないような，より多くのもの，より高度なものを得たり生み出したい場合にこそ，変化と変容に向けて努力する価値があります。この場合，努力の値打ちがあるだけではありません。人生を懸ける価値があると言えます。

　さて，私たちは現在，ある大企業の2つの幹部チームに関わっています。この2つのチームがこの企業のすべての売上げに責任を負っています。一方は，チーム全体としての成長と，組織を変容させるために自チームのキャパシティと能力を高めるという課題をすべて受け入れました。チームでは機運が明確に高まり相乗効果も起こり，メンバーそれぞれがグループ全体の効果を高めています。

　彼らはどんなことをしているのでしょう？　彼らは効果性を大きく高める方向に向かって進んでいく中で，増幅効果を経験しています。自分たちのリーダーシップを，1人のリーダーから19人のリーダーへ，そして19人のリーダーから1万人へと拡大しています。これはリーダーシップを拡大していくときの最初の段階です。

　2番目のチームの歩みはゆっくりです。求められることに対してメンバーが強く抵抗する場合もあります。リーダーはチームメンバーに対し常に集団としてのリーダーシップの課題に取り組むよう要請していますが，まだ受け入れられていません。チームはまだ，「リーダーチーム」としての効果性というよりも，個々の成長に多くの努力を要しています。このため，もう一方のチームが経験しているような高まりは起きていません。

　2つ目のチームでは意識は内側に向いていて，自分たちのこれまでのやり方から抜け出すのに苦労しています。時にはメンバーが互いに邪魔し合い，お互いを相殺しています。結果として，このチームのリーダーは，リーダーシップを次のレベルへ，さらにその先に拡大する前に，自チームのメンバーと困難な戦いをしていることになります。2万5千人以上の従業員や何十万人もの顧客が彼らを頼りにしているにも関わらず，です。

　内側に意識を向け，個人のリーダーシップ効果性を高める努力は必要ですが，組織を変容させるには十分ではありません。もちろん，まず自分から始めなければなりません。それは不可欠です。しかし，自分のリーダーシップをチームへ，そしてチームのチームへ，その先へと拡げていきたいなら（第8章で見たように），仲間とともに公然と学んでいかなければなければならないのです。個人の成長が集団としてのリーダーシップの効果性に繋がらなければ，組織の変容は起こりません。

　最近，私たちはシンジェンタ社の上級幹部チーム（SET）と仕事をしました。このセッション中，チームのそれぞれのメンバーが他の全メンバーにフィードバックをしました。各メンバーへのフィードバックの際の焦点を合わせるために，私たちはメンバー全員に以下の問いかけをしました[1]。

- あなたの同僚それぞれがSETに対して貢献していることで最も重要なこ

とを1つ挙げるとしたらそれは何ですか？

- あなたの同僚がチームのためにやめなければならない，または改善しなければならない分野を1つ挙げるならどんなことですか？
- あなたの同僚それぞれのリーダーシップの特徴で，ぜひこれからも貢献のために続けるべきだと思うことや，あなたがその人に対して賞賛していることは何ですか？
- 私たちがチームとして達成しなければならない重要なことはどんなことですか？

　このセッションはオープンで直接的で力強いものになりました。メンバー全員が，自分の行動でチームに役に立てていることを明確に感じてセッションを終えることができました。また，シンジェンタ社を率いる上で，チームという集団としての効果性を高めるために何を改善する必要があるのかも明らかになりました。そして，メンバーはそれぞれ，すべてのチームメンバーからチャレンジを受け，支援され，深い絆を感じることができました。彼らは一緒に，最も大切な成果を生み出すことに，より焦点を当てていました。

　ジョン・パーを覚えているでしょうか。彼は，自分のリーダーシップ変容に取り組み，そのリーダーシップを自分の聡明さの外に広げることにも取り組んでいます。彼もこのセッションに参加していました。終わってから，彼は私たちを脇へ呼んで言いました。「私が自分のチームと一緒に実現しなければならないのはこれだったんだよ」。これがリーダーシップを拡大するということなのです。同社CEOのエリックは，自分のリーダーシップを会社トップの幹部チームに拡大しました。今では，さらに拡大し，組織全体に拡がろうとしています。チームはうまくその道を歩んでいます。

　リーダーが組織内でこのことを達成する方法については第8章で述べました。本章では，その先に進みましょう。ここでは，リーダーシップの普遍的モデルや成長の普遍的な道筋を利用して，優れたリーダーたちがリーダーシップを拡大するためにやっていることの中に埋め込まれている原則や実践法を述べていきます。本章の原則・実践はどれも，個人（自分から始めなければなりませんから），チーム，組織のレベルに応用できます。（注：この章では「自分たち」

「私たち」という言葉を使って，個人に対してもチームなどの「集合体」に対しても語りかけていきます。）

どうやって変わるか

　効果的なリーダーは，次の4つのことを実践して，自分・他人・組織の中にリーダーシップを拡げる条件を作り出していきます。これらは生成的張力を作り，その状態を保つ役割があります[2]。

1. **欲していることについて真実を語る。**ビジョンを創る。一緒に達成したい成果に集中する。それを生み出すための明確な意図をしっかりと持つ。これを実現させることを選ぶ。この意図を保ち，日々再確認する。

2. **自分たちが今の現実をどのように創っているかについて真実を語る。**自分たちが現在生み出している結果について正直に語る。特に，希望に合致していない結果について正直に。個人的にも集団としても，私たちがどのように今の現実を創り出しているか，奥にあるものを知る。自分たちが本当は望んでいない現実をもたらす行動をさせている，埋もれた思い込み・信念を理解する。自分とチームのメンバーの中にある，これらの信念・考え方を表面に出す。これらを熟考し，これらの思い込み・信念の中で今は不要なもの，真実ではないものを見つける。

3. **これを繰り返し，生成的張力がある状態を保つ。**これを習慣としてやり続ける。すなわち，何を欲しているのか，そして何を得たのかについて真実を語ることを継続的にし続ける。

4. **毎日何かを実践する。**毎日，実験するように何かをやってみる。望むものに向かって進むために毎日小さな一歩を。経験から学ぶ。例えば，以下のようなことは大いに助けになる。

- 常にフィードバックを受け続ける
- 毎日内省する習慣を持つ
- 直感を信じ，チーム内にも直感的洞察をオープンに受け入れる雰囲気を作る。

- これら全てを公けにし，透明性を持って，周囲の人の助けを借りながら行う。
- 上記すべてについて，組織内で長期的かつ体系的に行う

　個人的・組織的にこれを行えば，生成的張力がうまく作用し，私たちのビジョンを現実化する可能性が高まります。また，このようにすることで，私たちはマインドセットをシフトさせ，個人と組織の OS を反応的から創造的なものへ，さらに統合へとアップグレードできるのです。また，縦方向に（*上へ*）移行し*横方向*の行き来ができるようになります。強みを相殺していたところからそれを倍増できるようになり，核となる強みを補完してくれる未開発だった強みにも繋がれるようになることで効果はさらに増幅されます。要するに，これが，私たちが自分自身より大きな何かに奉仕することのできるリーダー，チーム，組織になり，最も大切な成果を生み出す方法なのです。組織のキャパシティと能力を拡大し，組織が望む未来を創り出す方法であり，組織を変容させる方法です。

　これほどまでにシンプルなのです。では，細かく見ていきましょう。ここからが難しくなります。

生成的張力を確立する

　生成的張力（図12.1参照）は，創造型リーダーの OS の中心にあるメンタルモデルの一つです。私たちがそうすることを選ぶならば，自分が変化する，つまり自分が自分になる仕組みです。人生で多くを創り出す起業家やアーティストや科学者やリーダーなどは，創造という行為そのものの原動力となるエネルギーを与えるために，緊張（張力・引っ張り合う力）を利用します。緊張や引き合う力は解放を求めます。緊張のない状態になるように解放されることを求めるのです。純粋な物理学です。生成的張力とは構造であり，構造がパフォーマンスを決定します。生成的張力という構造は（私たちが何を望み，何が達成されたか正直に言い続けるなら），自然な傾向として，今の現実をビジョンに向けて動かしていくことができます。

欲していることについて真実を語る

　私たちが望む何かを創り出すためのスタート地点は，何を望むのか（そして
なぜ望むのか）を，具体的に知ることです。それが成されたら，実際に創造さ
れたら，どの様な状態になっているかが分かるくらい具体的にしてください。
この時点では，「どうやって」望むものを創り出すかを知っている必要はあり
ません。まずは，自分たちが成果として生み出したいものは何か，それに意識
を向け，そこに焦点を当てるだけでいいのです。

　ビジョンなら何でもいいわけではありません。私たちが望むものには重要な
ものとそうでないものがあります。魂を妥協的に使うことはできません。個人
としても組織としてもです。生成的張力の場に注がれる燃料となるエネルギー
は，結果を出すことへの情熱と愛です。もし重要なことでないならば，生成的
張力は作れないし，道筋から外れてしまうでしょう。私たちはともに辛抱して
やり抜くことはないでしょう。

　繰り返しになりますが，自己リーダーシップの定義とは，最も大切な成果を
創り出すことです。個人のこの能力の器を大きくし，集団に増幅していくこと

図12.1　生成的張力

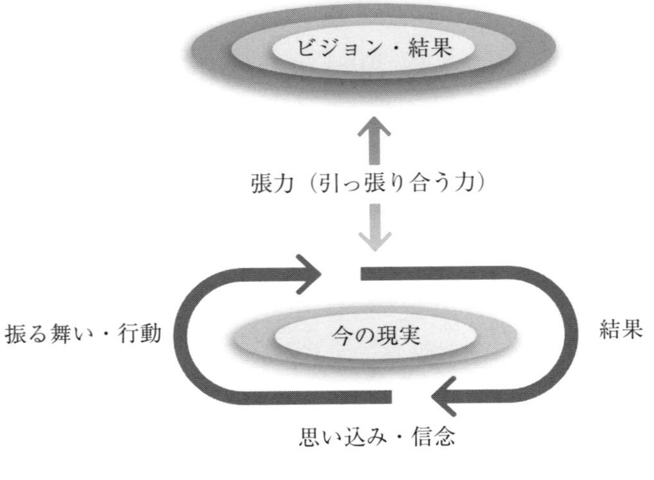

でリーダーシップは拡大します。ですから，生成的張力を確立する最初の1歩は，重要な結果に焦点を当てることなのです。重要な結果が何か，これは，目的，ビジョン，成果，行動・振る舞いなどの，様々なレベルで明瞭にすることができます。それぞれのレベルでより明確であり，それぞれが互いに同じ方向を向いているならば，生成的張力はより強力になります。

目的を見極める

　何を望んでいるのかを明確にする最も深淵なレベルとは，私たちの存在目的を見極めることです。"Mastering Leadership" で，創造的（およびさらに進んだ）リーダーシップを確実に強化できる6つの実践法を概説しました。目的を見極めることはその最初の1つです。

　目的は私たちの情熱の根源であり，北極星のごとく本当に進むべき方向を教えてくれるものです。私たちが大事にしていることを大事にする理由です。自分がなぜここにいるのか，そして何が重要なのか。人生は，もし私たちが注意を向けるならば，それを常に私たちに語りかけています。あとは，人生がくれた情報，点と点を私たちが繋げていくことになります。しかし，スティーヴ・ジョブズが2005年にスタンフォード大学の卒業式のスピーチで語った通り，「将来を見越して点と点を結ぶことはできません」[3]。ですから，目的を見極めるという作業には，人生の声に深く耳を傾けることと，人生に起こる出来事は目的につながっていると深く信頼することが必要です。変容を遂げるリーダーたちはこの作業をしてきました。彼らは目的が動機になっており，自分のリーダーシップを通じて，他者を勇気付け，彼らが何のためにそこにいるのかを見つけるよう促しています。

　高次の目的を見極めることは組織に必要不可欠であり，組織のアイデンティティーの核です。これを見極め，明確にすることはトップのリーダーの第一の仕事です。市場や利害関係者は，自分たちがどんなサービスを受けたいかについて，どんな手がかりをくれているでしょうか？　すべての関係者への奉仕に最適であり，そして私たちの心をつかみ一つの方向に向けてくれるような目的をどのようにして見極めるのでしょうか？　このようなことがうまくできれば，

私たちは組織で非常に大きなエネルギーを解き放つことができます。

ビジョンへと落とし込む

　ビジョンがなければ，目的は実現できません。目的は北極星の様に向かうべき方向を教え，ビジョンは具体的な目的地を教えるのです。人の心を動かす説得力のあるビジョンはどれも目的と融合しています。

　ビジョンは望ましい将来の姿を描いたものですから，触媒のように生成的張力を引き起こします。創造的リーダーシップとは自己主導型のリーダーシップ（最も重要な成果を生み出す能力）であるならば，ビジョンはその中心に位置を占めます。*目的*とビジョンは自己主導型，そして創造的リーダーシップの脈打つ心臓であり，生成的張力のベクトルが向くべき真の方角でもあります。ビジョンがなければ，引っ張る力は生じません。

　組織が目的あるビジョンに焦点を当てている状態を確実なものにするのは，基本的なリーダーシップの要素の一つです。実際，LCP 上では，「*目的とビジョン*」のスコアが効果的なリーダーシップの発現度のスコアと最も相関が強くなっています。ビジョンを創るには，必要な時間を使って，今は存在していないけれど，進んだ先に何が現実に存在するのかを明確にします。人生において，そしてビジネスにおいて最も望んでいる状態について描きます。実現したらそうだと解るくらい，明確に描きます。個人で，また仲間と一緒に内省したり，主な関係者と意見を交わしながら明確にしていきましょう。端的に言えば，目的に沿ったビジョンを中心にリーダーシップのチームを構築していないとしたら，あなたはリードしていることになりません。

　最近，ある大きな医療関係の組織の上級幹部チームと席を共にする機会がありました。その会議では，彼らは自分たちに任された組織の未来について話し合っていました。事前の面談から，組織をどこに導いていくか明らかにしたいという欲求がメンバーの中に溜まっているのは明らかでした。全員が国内の医療業界は大きな混乱が長期間続く状態に向かっていると解っていました。このため，これから爆発的に生じる VUCA な環境でも繁栄できる組織の姿を（もしそんな組織がこの国で存在するとしたら）描く必要があったのです。

　1日半に及んだミーティングで組織の将来像のビジョニング（将来像を描く手法の一つ）とデザインを2度行いました。そこで浮かび上がった将来の組織の姿に、彼らは驚いていました。このビジョンに現れているような組織で仕事をしたことがなかったからです。メンバーはそれぞれ何かしら関連することに携わってはいましたが、ここで立ち現れた姿は想像を超えていました。彼らは自分たちが描いたビジョンをやり遂げる力があることを知っていました。また、そうすれば、これから訪れる状況の中で自分たちが繁栄するだけでなく、業界全体やこの国の医療の将来を劇的に変容させることも解っていました。彼らは、自分たちが同じ方向を目指しているのだという一体感をこれまでにないほど味わい、涙を浮かべてそこに立っていました。彼らがともに創造したビジョンは、メンバーそれぞれの医療に従事する目的も満たしていたので、このビジョンを生み出すことに対して、皆気持ちが入っていました。このミーティングは、個人的にも集団としても、高次の目的や人を魅了するビジョンに向けての生成的張力が確立される、類を見ない特別なものとなりました。

成果と行動・振る舞い

　ビジョンは更に、戦略と目標、すなわち「どんな成果を得たいか」に落としこむことになります。文献ではよく見過ごされるのですが、次のような事実があります。「今と違う将来を創り出したいなら、それを今体現する、つまり、あらゆる機会にそれを行動で示すことが必要である」。私たち自身が変化に「なる」、変化で「ある」必要があります。つまり、自分自身に対して、そして、周囲に対してどのように自分を使うのかを変化させる必要があるということです。個人的にも集団としても、リーダーとしてどのように振る舞うのかは、瞬間瞬間で違ってくるはずです。

　競争で有利になるために、多くのリーダーはより機敏（アジャイル）で、クリエイティブで、やる気に満ちた、革新的な仕組みと文化を築こうとします。しかし、反応的にリードするなら、これらの変容への努力も効果が少なく、失敗する可能性が高いでしょう。ここには創造的リーダーシップが求められます。私たちの研究では、どのようなリーダーシップが求められているのか、役に立

つまたはそうではない具体的な行動・振る舞いが何なのかを，リーダーたちが説明してくれました。

図12.2は，世界のトップリーダーたちが「役に立つ」と言うことのリストです。これは，「高創造的リーダーの強み上位10項目」と，「高創造的リーダーと高反応的リーダーで最も差の大きかった強み」を組み合わせたものです。最も効果的なリーダーと最も効果のないリーダーに最大の差を付ける要因は何であるかのリストです。

このリストは，LCP の円の上半分にある創造的コンピテンシーとともに，リーダーとして役に立つ振る舞いがどのようなものかを知る上で，強力な出発点になるでしょう。

自分のリーダーシップがより効果的になるよう変化する最速の方法は，これらの行動・振る舞いやコンピテンシーの１つを用いてそこに，生成的張力を構築することでしょう。第４章から第８章で「大事な１つのこと（One Big Thing）」について触れました。それを改善・開発すれば，自分のリーダーシップを次のレベルに持っていける１つのことです。私たちは，これを「錠を開く変化」と呼んでいます。

私たちのリーダーシップの錠を開いてくれる，つまり解放する１つのこととはどんなものでしょうか？　錠を開けるというのは，もしかしたら強力な反応的傾向の中に埋め込まれた強みに関することかもしれません。思い出してみて下さい。成長の普遍的な道筋の最初の動きは「上へ」でした。核となる強みを反応型の構造から自由にするのです。たとえば，「人々を支配する力がある」と「人々とともに働く力がある」の違いは何でしょうか？　どちらも，意志・意欲・結果への力という核となる強みを利用しますが，それに伴って起こる結果は違ってきます。「大事な１つのこと」はしばしば，これから立ち現れてくる強み（例：「よく聴く」など）になっていることがよくあります。それをテコのように活用することで，リーダーシップを次のレベルに押し上げてくれるものです。他者からのフィードバックとインプットは，自分の「大事な１つのこと」を発見する助けになるでしょう。

自分の「大事な１つのこと」が解ったら，それと自分の目的・ビジョンの間に二つを繋ぐ直線を引きましょう。自分の行動・振る舞いで最も変えるべきも

図12.2　リーダーシップの最大の差別化要因

何が機能し，うまくいくのか

- 人間関係のスキルが高い
- ビジョナリー
- チームを築く
- 人柄がよい・近づきやすい
- 自ら例となりリードする
- 情熱・意欲がある
- よい聴き手

- 人々を育てる
- 人々に力を与える
- 肯定的な態度
- モチベーターである
- 落ち着きがある
- 誠実で一貫性がある
- サーバント（奉仕する）リーダーである

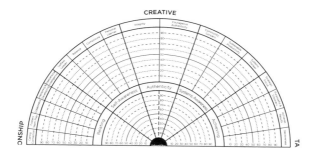

のは，あなたが最も気に懸けていることの実現にどのように関係しているでしょうか？　それを見ると，生成的張力，つまりモチベーションのエネルギーが生じるはずです。

　第4章で，開発計画（本書のリンクからLCP自己評価を行うと入手できるフォーマットを使っても良いでしょう）に取り組み，自分の「大事な1つのこと」を見つけるようお勧めしました。もしまだやっていなければ，今すぐ始めることを強くお薦めします。また，仲間と一緒に取り組むこともお薦めしたいと思います。先にご紹介したフィードバック・ミーティングでは，まさにこれが行われました。彼らが定めた目標は以下の通りです。「私たちは，チームを築き，集団としての効果性を高め，リーダーシップを組織のあらゆるレベルで拡大します。この取り組みを，透明性をもって弱みもさらけ出しながら共に行うことによって」。

現状について真実を語る

　現状について真実を語ることは，エネルギーを解き放ちます。現状は，とても肯定的なものもあります。あなたはどれくらい，人が他者からの賞賛を受け取らないでいるのを見たことがありますか？　自分たちが成し遂げてきたことを承認しない，ということが非常に多くみられますが，これは無益です。達成したことを認めるのは，自分たちが生み出すと心に決めたものなら何でも生み出せるのだという信念を，力強く補強してくれるものだからです。この承認は，予期したことの実現へと踏み出す機運を作ってくれます。

　会議中，どれくらい正直にありのままの真実が語られているでしょうか？私たちの経験では，十分ではありません。会議が長引く理由の1つは，政治的な地雷や触れたくないことを避けながら議論を進めようとするからです。リーダーとして，私たちは360°フィードバックの結果に驚いたりショックを受けることすらありますが，それは，フィードバックのやり取りの訓練を受けていないからです。フィードバックが不快だと，避けてしまいます。力のある人に真実を告げるのは危険だと感じるため，組織の中で昇進すればするほど，フィードバックを受けられなくなるのです。しかし，今何が起きているのか，正直でありのままの真実を受け止めるのが困難なのは解りますが，これは長期的に成功するには実践必須の習慣です。

　現実についての真実を覆い隠すのが常だと，私たちは妥協して生成的張力を構築することはできません。生成的張力は，今の姿とありたい姿の差を浮き彫りにするため，私たちの内面ではしばしば不安の緊張を生じ，疑念やストレス，恐れ，その他の内的葛藤を生み出します。反応的な行動・振る舞いは，これらを取り除く，内的緊張への応答反応です。恐れと内的緊張を素早く取り去るために，操作，自己防衛，他者依存という反応的な戦略が設計されています。

　こういった疑念や恐れをできるだけ早く追い払うという反応を習慣にしている場合，私たちは往々にして次の2つの戦略を採っています。(1)何を望むかごまかす。ビジョンを縮小化し，現実的になり，制約的に考え，可能性を否定する。(2)現状をごまかす。難しい対話を避け，小細工をし，科学は不都合な真実

であるため否定する。

　どちらの戦略も，内的葛藤やチームのメンバー間の対立を緩和するにはうまく機能します。しかし，どちらも生成的張力のエネルギーを蝕み，最も大切なことを創り出す能力を大きく侵食します。ですから，何を望み，今何を手にしているかについて正直に語ることが不可欠なのです。

　フィードバックを受けることは，現状についての真実を明確に知るために役立ちます。効果的でない形で自分を使っていて，その自分がどのように見えているのかが解ったら，何か手を打てます。道を外れているのに気づかなかったら，一時的にはご機嫌でいられるかもしれませんが，間違った方向に進んでしまうでしょう。

　私たちの調査に回答したトップリーダーたちは，役に立たず，うまくいかないことについても鋭いリストを提供してくれています。表12.1は，「高反応的リーダーのマイナス要因上位10項目」のリストと，「最も効果的なリーダーと

表12.1　差別化要素とリーダーシップを打ち消す要素

役に立つこと	役に立たないこと
• 人間関係のスキルが高い	• 非効果的な意志疎通・交流のスタイル
• ビジョナリー	• チームプレーヤーでない
• チームを築く	• チームを十分育成しない
• 人柄がよい・近づきやすい	• 要求が厳しすぎる
• 自ら例となりリードする	• マイクロマネージ
• 情熱・意欲がある	• チームに責任を持たせない
• よい聴き手	• 真剣に話を聴かない，よく聴かない
• 人々を育てる	• 過度に自己中心的
• 人々に力を与える	• 感情をコントロールできない
• 肯定的な態度	• 忍耐力がない
• モチベーターである	• 細かすぎる・やり方に拘りすぎる
• 落ち着きがある	• 決断・判断が衝動的
• 誠実で一貫性がある	• ビジョンを明確に伝えていない
• サーバント（奉仕する）リーダーである	• 柔軟性に欠ける

最も効果のないリーダーで最大の差のあるマイナス要因」を組み合わせたものです。

　ここでも，LCP の円の下半分の反応的傾向と表12.1の役に立たないことリストを組み合わせると，何が自分を打ち消してしまい，どのように自分の意図と競合してしまうのか，よく解ります。錠を開くこと，つまり，自分の「大事な１つのこと」に向けて生成的張力を確立するには，何が役に立って何が役に立たないかのこの２つのリストは，有益なガイドとなるでしょう。

　生成的張力のモデルの下部（つまり，今の現実）はループになっています。図12.3は，私たちの今の現実と内部 OS の関係を示した図です。行動・振る舞いは内側（内部の OS）から動かされています。この OS は，うまい具合に確立された信念・思い込みや前提のセットからなっています。私たちがどのように振る舞うかによって，それぞれ何らかの結果が得られます。この結果が私たちが信じていることを補強します。このことが複数の人に起こると，集団としての思い込みや信念ができ，文化になります。長きにわたり，個人でも集団としても，私たちは自分の思い込みがまるでそれが真実であるかのように行動してきました。そして自分の信念の妥当性を見かけ上強化する結果を得てきました。このため，自分の見方では，自分が信じていることは常に正しいのです。この反応的構造の限界に突き当たり，自分の信念を振り返り点検してみるまでは。そこに至って始めて，私たちはこれまでとは違う結果に繋がるような別の選択肢を手にすることができるのです。

　物理学者のデヴィッド・ボームは，かつて，「意識は現実を創り出すが，そんなことはしていないと（意識は）言う」と語りました。私たちの思い込み・信念は水面下で潜在的に動いています。自分には見えません。思い込みは，見えないやり方で私たちの行動を管理しています。私たちは自分では認識できていない形で自分たちの現実を創り出しているのです。今の現実について真実を語るということは，このすべてを見ることです。つまり，自分がどのように振る舞っているのかを認め，リーダーとして自分がどのような「天候」をもたらしているかを知ること，自分の行動・振る舞いが他者や文化や結果に及ぼす影響を認識すること，そしてさらには，自分の習慣的な行動・振る舞いの根底にあるもの，すなわち，自分たちのリーダーシップを動かしている思い込みを見

図12.3　生成的張力のループ

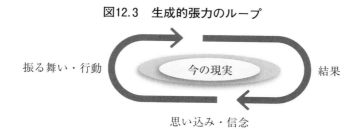

ることができるようになります。何よりも，私たちは自分の思い込みや信念の中核にある偽りや幻想を知る必要があります。

　反応的な信念・思い込みは，自分のアイデンティティーを自分が持つ強みや才能と同一視します。「私とは，私の考えによって定義されている」，「あなたが受け入れてくれるなら私は安全だ」，「高いパフォーマンスを出すことで私は価値ある人間でいられる」，これらの信念・思い込みは全て偽物です。私たちの安心や価値やよいところが，何か，または誰かによって決められるというのは真実ではありません。私たちは生まれながらにして善き者であり，安心でき，価値があるのです。

　こういった信念・思い込みの構造を破壊する時，私たちは，自分の強み（生まれ持った才能）を自尊心やアイデンティティー確立のために利用するという重荷から解放することができます。そしてこれにより，（自分の考えが勝つように常に会話を支配しなければならないなどというような）自分の強みとの強迫観念的関係が解消されます。そして，（何か学ぶことがあるから深く傾聴するなど）より効果的である自分の使い方を選べるようになります。要するに，自分のリーダーシップの効果を打ち消してしまうような行動をやめ，何か他のやり方を試せるようになれるのです。私たちのリーダーシップの錠を開け，私たちの効果性を次のレベル（強みを倍増させられるところ）に連れて行ってくれるもの，それが「大事な1つのこと」なのです。

　まとめましょう。個人的にも集団としても，「大事な1つのこと（重要なことを創造していくために大切なこと）」に焦点を当てることと，自分の今のやり方がどのようなものであり何を得ているのか（自分の思い込みと行動と結果の間の関係）を見極めることにより，私たちは生成的張力を確立することがで

きます。このことについて正直に語り続けると，意図した方向に変化する・変化させる可能性を高められるでしょう。こうして，リーダーシップのフルスペクトラムを*上*に移動することや，相補的コンピテンシーを開発するために*横方向*に移動する助けになるよう，的確にこの生成的張力が作られます。

第6章では，「リーダーシップ開発計画」に，自分のリーダーシップを打ち消す，または自分の「大事な1つのこと」を邪魔しかねない「大きな1つの反応的傾向」を記入するようお勧めしました。ここでもう1度，自分の書いたことに立ち戻り，なぜ自分がその様に振る舞わずにいられないのか，自分に語った物語に*耳を傾け*ましょう。そのように振る舞わなかったなら，あなたにとって何が危険にさらされるのでしょうか？

あなたの内側の会話を追跡して，自分の行動や振る舞いを起こしている核となる恐れや思い込みに行き着くまで辿ってみましょう。辿れたなら，次にその信念・思い込みを検証し，それが真実かそうではないのか，真剣に問うてみてください。おそらく，その信念や思い込みは偽りで，アップグレードが必要だと気づくこともあるでしょう。これは，あなたのリードのしかたに*関して基本的なシフトを起こす，深い作業*となります。

また，これを集団として実践することもお勧めします。2つの方法があります。(1)「私たちの今の状態（仕事の進め方，組織の設計，戦略的な選択，互いの関係性のあり方など）に影響を及ぼしているのは，どんな前提だろうか？」と問いかけることにより，文化の元となっている内部OSを，一緒に深く追求します。(2)自分たちの反応的傾向と，その奥にある恐れや信念を公然のものとすることができるような信頼を築きます。リーダーのチーム内でこれが実施できたら，すばやくまた思いやりを持って，効果を打ち消してしまうやり方を止め，機能を増幅できるようになるでしょう。

意図的になる

意図は意志の力より強力です。自我（エゴ）の力である意志力も結果を得ることができますが，意図せぬ結果であることがあります。対照的に，意図は魂の力，つまり精神的なコミットメントとエネルギーです。目的とビジョンは，

私たち，そして私たちのリーダーシップを通して表れたがっています。意図は，その目的やビジョンの出現のために，目に見えない力を顕在化させるのです。ヨハン・ヴォルフガング・フォン・ゲーテは次のように言いました。

　人がコミットメントするまでは，ためらい，手を引く可能性，そして常に非効果的なところがある。すべての新しい試み（および創造）の行為に関して，基本的な真実が１つある。これを無視すると無数のアイディアやすばらしい計画があってもそれを殺してしまうものだ。その真実とは，人がきっぱりとコミットした瞬間に，神の摂理も動き出すということだ。

　あらゆる種類の物事は，その人がいなければ起こらなかったはずのことを起こした人を助けるために起こる。その決意から全てが流れ出す。誰もそんなことが自分に起ころうとは夢にも思わないようなあらゆる種類の予期せぬ出来事や出会い，物質的な援助が，その人に利するように起こる。

　できること，できたらいいなと夢見ることは，何であろうとそれを始めなさい。大胆さはその中に天才性と力と魔法を秘めている。今すぐ始めなさい[4]。

止まって，問いかけて，選ぶ[5]

　つい熱くなってしまった時など物事のただ中にありながらも生成的張力をうまく取り扱うための，シンプルで実用的で便利な方法があります。日々の活動の慌ただしさの中では，休みを取って何が反応的行動を引き起こしているのか突きとめるのは，なかなかできないことです。その瞬間には，古い行動パターンをやめるだけで十分で，それがすぐできる３つのステップがあります。*止まって，問いかけて，選ぶ*ことです。

　自分が意図（「大事な１つのこと」など）やチームの合意に反するような振る舞いをしている（しようとしている）のに気づいたときに取れる最初で最善のステップは，シンプルに「止まる」ことです。その自分や自分たちの内側で

起きていること，自分たちの間で起きていることを中断し，注意を向けます。自分を責めたり傷つけたりしないこと。ただ止まって意識を向けるのです。一休み，一呼吸息して，起こっていることと衝動的に起きた反応との間にスペースを作ります。

　そのスペースの中で*問いかけ*ましょう。「これは私たちが将来のために望むことと矛盾していないか？」と問うのです。いつもしてきたように考え，振る舞い続けるなら，いつも得てきた結果を得続けるでしょう。しかし，何か別のことを望むなら，別の考え方，振る舞い方をしなければなりません。「問いかける」とは，古い行動パターンに疑問を投げかけ，その行動がつながる先を思い出すことです。また，望む将来と一致した行動に焦点を合わせることも意味します。

　次に，シンプルに*選び*ましょう。違うやり方で取り組むことを選ぶのです。例えば，「相手のアイディアを即座に退ける前に，しばらく会話し，話を聞いて学んでみよう」。これでいいのです。やってみてください。そして何が起こるかに意識を向けます。これをシンプルに実践すれば，生成的張力をまた作ることができます。

　また，何が起こっているのか後からより詳しく観察するのもよい習慣です。どうして古いパターンに陥ってしまったのか，検証するのです。その瞬間，自分の中で何が起こっていたのか思い出しましょう。自分の反応の中にある恐れや怒りや疑いの声をよく聞きます。そしてその声を「辿って」行きます。その声が語る物語に耳を傾け，その物語に真実味を与えた，自分の作った前提が何なのかに聴き耳を立てます。それらの前提が真実なのか問うてみて，真実なのか幻想なのか，正体を見抜いてください。その物語，そして物語の背後にある信念・思い込みを知れば知るほど，そのパターン全体を起こしているループを早く断ち切ることができます。そうしたら，学んだことをチームと共有しましょう。このようにあくまでも人間的であることによって，あなた自身の信頼を築け，皆の学びにもなります。自分がどのように自分を打ち消しているのかをよく知ると，私たちはより効果的に，その瞬間に*止まって*，*問いかけて*，*選ぶ*ことができます。

　次のような場合，私たちはより簡単に古いパターンを中断し，望むことに焦

点を当て直すことができます。それは，⑴自分が何を望んでいるのか，望んでいるものを創り出すために，どのような自分でありたいかが明確になっている。⑵自分の効果を相殺する行動をしている際に，自分に言い聞かせている偽りの物語をよくわかっている。この2つです。

実践

　生成的張力を作ることそのものを日常的に実践する習慣を作りましょう。これが習慣になると，あとは「大事な1つのこと」に向かって前進するために何かを試すだけです。ある新しい行動を試し，小さな一歩を積み重ね，安心して失敗できるような実験をし，その影響を見て，必要なら調整して再挑戦するのです。古いパターンに戻ってしまったらそれに気づき，その経験から自分の内部の思い込み・信念，そしてそれがどのように一連の振る舞いを起こしているのかについてさらに学びます。

　私たちは，自分が創り出そうとしているものは何か，その意図に改めて焦点を向けることによって，生成的張力の場を立て直すことができます。そしてまた次の実験に進みます。小さな成功を認めることによって，この張力の，目標に向かうベクトルを強化しましょう。新しくより効果的な振る舞いやリードのしかたから生まれる新しい結果により「新しい信念・思い込み」を強化し，確固たるものにできます。「実践→観察→振り返り→」を繰り返しましょう。そして，支援的なフィードバックを継続して求めましょう。

直感

　上述した考え方は，どれも純粋に合理的なものではありません。私たちは，合理的精神からだけ目的を見極め，ビジョンを創り出すわけではないからです。ビジョンを創るにはインスピレーションが必要であり，直感はインスピレーションの入口になります。直感とは，私たちがブレイクスルーを起こしたいならば必要になる情報を私たちには見えない次元（潜在意識や超意識）から引き出してくる，私たちが生まれつき持っている能力です。

　では，インスピレーションはどこから来るのでしょうか？　大きなアイデアはどのように生じるのでしょうか？　アイデアとは私たちが考え出すのか，それとも私たちの意図的で合理的なコミットメントにぴったり沿ってやって来るものなのでしょうか？　映画『奇蹟がくれた数式』で，ケンブリッジ大学の有名な数学の天才（そして最も合理的な人間）トーマス・ハーディは，同僚に驚くような結論を告げます。「僕たちがこれらの数式を編み出したんじゃない。もともと存在していて，すごく優秀な頭脳をただ待っていたんだ。ただ発見され，証明されるために」[6]。

　アルベルト・アインシュタインはこう言っています。

　　　直感は新しい知識の父であり，実証主義は古い知識の蓄積に過ぎない。知性でなく直感があなたの扉を開く魔法の呪文なのだ。実際，人間性を前進させるのは知性ではなく，直感である。
　　　直感は人間にその人生の目的を教える。私は幸せになるために永遠という約束など要らない。私の永遠は今だからだ。私の関心は１つしかない。自分がここにいる目的を満たすことだ。この目的は両親や周囲の人に与えられるものではない。何か未知の要素によって引き起こされるものだ。それらの要素が，私を永遠の一部にしてくれる」[7]。

　生成的張力は力学的な「場」のようなものであり，ゲーテの言葉が示したように，生成的張力を確立させる明確な意図は，見えるものも見えないものも含め多くを動かし始めます。ブレイクスルーを引き寄せる重力場を作るのです。このようなことの一部は合理的に理解できますが，驚かされることもあります。それは，ほんの一瞬，瞬く間にやって来るように思えます。目的やビジョンは，長続きするインスピレーションを必要とすることもありますが，普通は「ひらめき」を必要とします。直感的な認識は，私たちが内面を深く掘り，自分に限界を作っている核となる信念・思い込みに迫った時に現れることがよくあります。突然の閃光のようにひらめきや洞察をもたらすのです。
　直観を得た瞬間に理解したことは，私たちの生き方，リードのしかたを変える可能性さえ持っています。また，ミーティングのペースを落とし，チームが

対話できる状態になると，直感が働く余地ができます。大きな難問への制度設計や技術的解決策が一瞬で訪れることもあれば，なぜかは説明できなくても，一瞬でどうすればいいか解って，それがブレークスルーを助けるきっかけになるケースもよくあるのです。直感と合理性は手を携えて働き，生成的張力を解消するために必要な洞察や学びを与えます。ですから，直感的な能力を利用すると，リーダーとして，またリーダーのチームとしての私たちの成長を加速できます。直感が最もよく働くのは，休憩やリラックスしている時間，マインドフルネスの状態の時，そして集中した意識的で合理的なコミットメントを経た後の対話の時間などです。自分の中に「静かな中心」を持っていることが役立ちます。

内省

　数年前，私たちのビジネス・パートナーの2人，ローマ・ガスターとパドレイグ・オサリバンが，非常に効果的なリーダーが日常的にやっていることは何かについて調査研究を実施しました。私たちはLCPの結果が80パーセンタイル以上のシニアリーダーを見つけるため，データベースを整理しました。これは並外れたリーダーのグループです。そしてその人たちに研究の一部への参加要請をすると，25人が承諾してくれました。図12.4はその人たち全体のLCPです（高創造的リーダーグループのものに似ています）。

　それから，スマートフォンやタブレット用のアプリを開発し，彼らが自分の成長や高いパフォーマンスを保つために日常的にやっていることを記録するよう頼みました。驚いたことに，そのリーダーたちは朝晩に内省の時間を持つ習慣がありました。彼らは朝の内省には次のようなメリットがあると教えてくれました。

- その日の準備ができ，より心や頭を*整理*できる。
- どのような自分として過ごすか，より*意図的*になれる。
- よいところを見る・*感謝*する気持ちが高まる。
- 前の日の出来事を*振り返り*，自分の中で消化する時間が持てる。

図12.4 極めて優れたリーダー25人全体のLCP

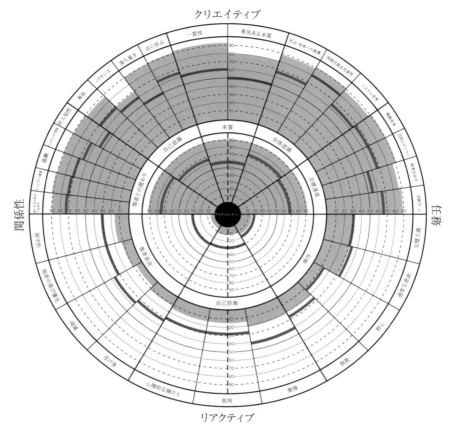

- 自分の感情や身体の状態を認識することで，その日の感情的な負担への準備ができる。
- 覚醒した状態になる。
- 視点を与えてくれる。

　また，これらのリーダーたちは，夜に内省をすると，完了したことや継続することの整理，その日うまくいったことといかなかったことの見直しができ，また，成功を認め，感謝を表し，「今」にい続けることができるとも述べまし

た。1日の初め，日中，夜に振り返りをすることは，彼らがどのような自分で振る舞い，人と関わるかについてより意識的でいることの役に立っていたのです。その結果，彼らは，より「今・ここ」に存在していられるようになり，他のリーダーを支援し，問いかけ，成長させるスキルも高まっていました。要するに，より効果的にリードし，キャパシティと能力を自分の周りに拡大することができていたのです。

　自分の開発のギャップを埋め，リーダーシップを拡大し，変わりやすく複雑な仕事の環境で継続的に高いレベルでパフォーマンスをするために，皆さんにも日々振り返りを行うようお勧めします。

フィードバック

　本書では，フィードバックの価値について多くを述べてきました。すべての動的システムはフィードバックループを必要とします。リーダー，そしてリーダーチームである私たちも同様です。フィードバックは成長を促進してくれます。周囲の人たちは私たちを非常に正確に見ているからです。人々にはリーダーシップのフルスペクトラムが見えていて，私たちがどの辺にいるか位置づけることもできるのです。私たちの個性に伴う強みとマイナス要因を解っています。私たちを見てくれています。私たちはフィードバックの豊富な環境の中にいるのです。あとはそれを大いに活用するだけです。

　ある時，私たちはある組織に招かれ，CFOのコーチングをすることになりました。彼は周囲の人を「潰してしまって」おり，そのキャリアを救うためです。人々は彼と働くのをとても嫌がっていました。彼は幹部チーム全体の効果性を打ち消すほどでした。CEOが彼が自ら変わるのを助けるために私たちを招いたのですが，変わらなければ彼は辞めさせられていたでしょう。CFOの座が危うくなっていたため，彼はこの取り組みを受け入れました。彼が自分のLCPの結果を受け取り，自分がリーダーとしてどのように振る舞っていたのかを見た後，私たちは，周囲の人々から対面でフィードバックを聞くという簡単な面談を勧めました。そして，特に自分の非効果的な行動について，シンプルに次のような質問をするよう促したのです。

- その行動はどんな風に見えますか？　私はそれをどんな風に行っていますか？
- その行動はあなたや他の人にどんな影響を与えていますか？
- 私はこれまでとは異なるどんなやり方で振る舞うべきでしょうか？
- 私がもっとすべきこと，もっと減らすべきこと，同じように続けるべきこととは何でしょうか？

　私たちは彼に，防御的にならずに話を聞くこと，言い訳や議論をしないこと，探求の気持ちでその場に居続けることを勧めました。後日，フォローアップのコーチング・セッションで，フィードバックの面談はどうだったか尋ねると，彼は言いました。「自分が相手にどんな印象を与えているか，これまで知りませんでした。たとえば，私の顔のちょっとした表情が，会話を遮断していたなんて，全然知らなかったんです」。

　このCFOは変わり始めました。彼は，自分の攻撃的なリーダーシップの奥にあるものを掘り下げながら，弱みを見せ，シニアチームのメンバーとの深い人間関係の中で前進していきました。最終的には，彼は幹部チーム内でも組織においても非常に良い影響を与えるリーダーとなりました。

　同じことが，チームや組織のレベルにも当てはまります。上級幹部チームは，主要な指標を作り，その意図した結果に対して定期的に現状のフィードバック（今の現実）を得るために，フィードバックの仕組みを整備する責任があります。これにはチームの業績・文化両方に関するフィードバックを含みます。

　周囲の人たちが私たちに伝えてくれることはたくさんあり，彼らは私たちの成功を望んでいます。私たちはシンプルに質問し，よく聴く必要があるのです。単純なことですが，簡単ではありません。変容と同じく，フィードバックも徐々に慣れて味わえるようになるものだからです。しかし，より効果的になるには唯一の最も役立つ実践と言えるでしょう。

真実を語る

　本章で述べたどの実践法も，一対一の会話やチーム内あるいは組織内の対話

において，メンバー一人ひとりがお互いに真実を語れるかどうかが鍵となります。リーダーシップを拡大するリーダーのチームでは，直接的に，自分の本心から，思いやりを持って，大切なことを伝え合いながら，難しい会話をする力を高めていきます。これは勇気の要ることです。しかし，これは基本的な実践法です。私たちがしばらく関わったあるチームは，よくこう言いました。「今では以前なら避けていた会話ができるようになりました。しかもうまくできるようにりました。このことですべてが変わりました」。

　創造的リーダーシップを拡大するには，根本的に本質につながること（本心から語り，自分に偽りなくあること）が求められます。あなたのチームがこれを継続してきちんとできないのならば，変える必要があります。

変化をリードする

　リーダーシップの拡大のために，素早くそして大きな前進をしているリーダーは，自分個人の変化にも役立ち，同時に組織などシステムの変容の触媒となるような，以下の二つのことも行っています。(1)育成開発に対して長期的かつシステミックなアプローチを取ること，(2)公にも個人的にも変化をリードし，それを「弱さを晒しながら」やることです。

　個人と集団の変化には時間がかかります。多くの人の協力も必要です。長期的なアプローチしか機能するやり方はありません。残念ながら，変化の試みはほとんどが短期的で，一時的で，個人で行われ（集団的でなく），スキル面ばかりを重視し（もっと深い内的成長が必要なのにこれを無視し），私的に行われ（公にされず，集団としてではなく），システム全体が関与することということがありません。

　大幅に，そして持続可能な方法でリーダーシップを拡げた人たちは，個人的に変化をリードして来ました。しかし実際は，リーダーであるならば組織の「最高育成責任者」になったようなものです。組織の育成開発の課題は私たち自身の開発のギャップと繋がっています。このことを認識した上で，組織開発に着手すると同時に，個人とチームの育成開発の課題に取り組みましょう。

　リーダーは有言実行で学び，最高のリーダーはオープンに，弱みも見せなが

ら，深い人間関係の中で学んでいきます。開発のギャップは外界から孤立して
存在しているわけではありません。個人やチームの開発のギャップは密接に絡
み合っており，さらに大きなシステムが進化していくために求められるものと
も相互依存しています。以下のことを理解していると，最も効果的にリードす
ることができるのではないでしょうか。

- 個人・集団・組織の育成開発はビジネス上不可欠である。
- 人と同じく，組織にも文化という内部 OS がある。
- 組織はその最高位のリーダーたちの意識レベルより高いレベルのパフォー
  マンスを出すことは決してない。
- シニアリーダーシップの集合的意識が，文化を生む根本になる。
- リーダーとしての私たちの一番の仕事は，育成開発をリードすること，す
  なわち他のリーダーを育成することである。
- 私たちはシステムから分離していない。
- 私たちはシステム全体の縮図・小宇宙である。
- 個人の変化やチームの効果性に関して取り組んでも，次のような場合は失
  敗する可能性が高い。それは，競争優位を貶めるようなリードの仕方を支
  持・維持するようなシステムであるのに，それを私たちが変えない場合で
  ある。
- システムが機能するもしないも私たち次第である。
- 自分自身が変化しない限り変わらない。
- 私たちは公に，弱みを見せながらこれをしなければならない。
- 偉大になるためには，安全な道はない。

　個人の変化とシステムの変化は一緒に起こらなければなりません。だから
リーダーシップは精神・魂のブートキャンプなのであり，最高のリーダーたち
は自らの開発のギャップを公にし，助けを求めてきました。最高のリーダーた
ちは，システム全体が公然と学ぶのを促す変化のプロセスも実行に移します。
具体的には，彼らはフィードバックや学びや継続的な育成開発を制度化してい
るのです。

　第2章と第8章でデザイン（構造）がパフォーマンスを決定すると述べましたが，意図を持ち時間と手間をかけて育成開発をする組織は，よいパフォーマンス，目覚ましい業務成績を上げることができます。これらの組織が独特なのは，意識的に，育成的になるよう設計されているためです。メンバー全員が成長し，改善できるよう，自然かつ強力に促してくれるシステムになっているのです。また，これらの組織はメンバー1人ひとりが縦の成長，つまり上への移行ができるようにも設計されています。

　こういった組織には，いくつかの特徴的で独特な設計のパラメータがあります。第一に，彼らの文化はトップが率先して創っています。これは階層的という意味ではなく，役職の高いリーダーも他の人たちと同じくらい学んでいます。彼らは一緒に公然と学び，そのやり方の模範になります。第二に，常にフィードバックがあります。このような組織の文化では常に，そして上手にフィードバックが行われています。メンバーは，いつも自分の強みと開発のギャップに気づけます。第三に，成長が期待され，これが仕事の条件になっています。向上しないのであれば，去る時です。このため，これらの組織は，成長の触媒となるような，フィードバックに富んだ支援的な文化を築いています。その結果，誰にも負けない業績がついてくるのです。

　私たちのクライアントとの取り組みの多くは，フィードバックが豊富な環境を創りそれを有効活用することに重点を置いており，アセスメント，コーチング，そして，グループでの共同学習などを用いています。グループ学習では，それぞれのメンバーが自分の開発目標の達成のために責任を持ち，進めていくのを支えることに焦点を当てています。ここでは，メンバーには「進捗確認サークル訳注1」，つまり，リーダーである自分たちに，継続的にフィードバックをくれる役割を担う人たちのグループを設定してもらいます。チーム育成には複数年をかけます。このようなリーダーチーム育成の過程では，意識的にお互いの個人的成長をサポートし合い，同時に集団としての効果性を高めるようにします。組織をリードするにあたり，自分たちは共にどのように存在し，振

（訳注1）原文ではaccountability circle。自分がコミットしたことを責任を持って進めるためのグループ。

る舞うのか，その成長を支援し合うのです。これらすべては，仕事上の会話の中で，仕事と切り離さずに行います。

　私たちは，クライアントが自分たちのリーダーシップの開発の課題を定め，個人そして集団としての開発のギャップを埋めるシステムを整備するのを手伝います。それから，より高次の意識状態のリーダーシップへの成長とそれを組織全体に拡大する条件の確立を手伝います。このような変容の取り組みにおいて，成長はトップから率先して行い，公然と，弱みもさらけ出し，（内部 OS のアップグレードによる）「インサイド・アウト」（内から外へ。内面の本質的な動機から外部に影響を及ぼしていくありかた）の状態で行われていきます。それはシステミックに，根本的に人間らしく，深い人間関係という器の中で，高次の目的のために行われます。その焦点は，集団としてのリーダーシップの効果性を高める触媒となる個人の変容にあります。このような組織は，変容のるつぼを作り，全員を生成的張力の中に入れて，精神・魂のブートキャンプを経験させます。その結果，反応的から創造的へ，もしかしたらさらに統合へとリーダーシップや文化を根本からシフトさせるのです。

　このようにして，私たちはより機敏（アジャイル）で適応性があり，打たれ強さ（レジリエンス）があり，革新的で絆の深い組織を創ることができます。また，これは，リーダーがリーダーシップを拡大するための条件やそのための実践習慣を導入するやり方です。うまく行く方法はこれしかありません。私たちはシニアリーダーがこの作業をすることなく変容に成功した組織の例を１つも挙げることはできません。

ホームワーク 📖

- 継続的に支援的フィードバックをうけることは，あなたのリーダーシップを進化させる強力な方法です。本書最後の宿題です。あなたの「進捗確認サークル」を作りましょう。つまり，あなたが信頼でき，あなたをよく知る人のグループに，継続的にフィードバックをしてもらいましょう。
- 本書付録の「開発計画」訳注2に，この役割を受けてくれそうな人のリストを書き出しましょう。開発計画には，どのように進捗確認サークルの設定や活用するかも簡単に示されています。

（訳注2）ウェブでLCP自己評価を行うと希望者に開発計画のファイルが届きます（同じメールアドレスは1回だけ使用可能です）。
　　https://self-assessment.theleadership circle.com/ja-JP/registration

第13章 Integral Leadership Informed by Grace

大いなる恵みに導かれる
統合リーダーシップ
——危機にある世界のためのリーダーシップの未来

　この世界に破滅的な将来と可能性に満ちた将来の両方があることは，歴然としています。いずれも不確実な将来です。賢明に道を進んでいかなければ，悲惨な結果となるでしょう。

　今日の世界のリーダーシップの状態は，世界全体が直面している難題に見合うものでしょうか？　私たちはそう思いません。現在の世界の状況の中で，私たちは開発のギャップの前に立たされています。自分たちの能力を打ち消してしまうことが非常に多く起きています。リーダーシップを進化させなければなりません。

　ジョフリー・ウェストは近年，「スケール：生命，都市，経済をめぐる普遍的法則」 *"Scale: The Universal Laws of Growth, Innovation, Sustainability, and the Pace of Life in Organisms, Cities, Economies, and Companies"* を著しました[1]。ウェストは物理学者であり，また，自然界の「スケール」に関する普遍的法則を見つけようと生命体などの研究にも注力してます。彼の発見は実に驚くべきものでした。

　ウェストは，「べき乗法則」と呼ばれるいくつかの法則を発見します。「自然の法則として数学的に説明できる一貫性をもって，自然は自らを拡大している」というものです。そして，この自然の法則は，「線形未満のスケーリング」になっています。拡大すると，大きくなったサイズを維持するのに必要なコストは小さくなる，というものです。

　たとえば，クジラはライオンより大量に食べますが，体重比ではライオンの方がクジラより多くを食べています。体重とエネルギー摂取の関係は，すべての哺乳類において，単純な数式を使って驚くほど正確に予測できます。このよ

うに，自然は線形未満で拡大するのです。一方，人間の行うこと（経済，会社など）は*超線形*で拡大し，スケールするのに伴いさらなるインプットの拡大を必要とします。これが，ウェストがその著の最後に提示したジレンマを生んでいます。彼は，人間の集合的拡大の世界的傾向について，自然や地球の生態系と比較しながら検証しました。

　ウェストは，人口増加・GDP 成長・環境汚染増大など，多くの人間活動の動向は超線形で増大し，シンギュラリティ（特異点）に近づいていると示唆しています。物理学上，有限の時間内に成長が無限になると，シンギュラリティに達します。人間の活動は超線形で拡大しており，複数の分野（有限の時間内に持続的に成長できない分野）で私たちは急速に特異点に近づいています。何らかの方法で時間を引き延ばすことができれば，より長期にわたって成長率を維持できるでしょう。イノベーションには時間を延長する効果があります。自然は線形未満でしかスケールしないので，期限を延ばすためには人間によるイノベーションが介入するしかありません。言い換えれば，私たちは自分で創り出しているジレンマから抜け出すために，イノベーションを行わなければならないのです。人類はこれまでのところ随分うまくやってきましたが，現在，世界的にも非常に困難な限界に近づきつつあります。

　イノベーションが求められるため，ウェストは続いて，破壊的イノベーションの速度を見ようとします。破壊的イノベーションとは，非常に大きなもので，文明の土台とまでいかないにしても，経済の土台を変えてしまうようなイノベーションを指します。コンピュータやインターネットがその例でしょう。イノベーションは私たちがより少ないリソースでより多くのことをできるようにする効果があり，言い換えると，時間を延長する効果が得られます。上述の拡大の法則に埋め込まれたシンギュラリティに達することなく，成長を続けられるという効果です。しかし，現在，イノベーションの速度がそのシンギュラリティに近づいています。パラダイム・シフトを起こすような破壊的イノベーションのペースは，20〜25年を下回るようになり，さらに低下し続けています。

　破壊的イノベーションがあまりに急速となり，私たちの適応力を凌駕し社会を引き裂いてしまうとき，私たちはシンギュラリティに達しているのです。

　ここに矛盾が生じます。ウェストは，私たちは次のような現実に直面してい

ると言います。「*これまで以上のペースで，破壊的なイノベーションを行わなければ，私たちは困難な事態に陥る。しかし，破壊的なイノベーションを行うと，私たちは自分たちの社会を打ちのめしてしまう*」。これこそが複雑性です！私たちはこの最中にあり，経済の指数関数的成長を追求し続けるならば，複雑性は必ず加速します。もちろん，私たちは抑制のない成長との関係を変えることができますし，そうする必要があるでしょう。しかしその選択もまた，全く新たに複雑なシステム的ジレンマを生み，これに対応するための何らかのイノベーションが急速に必要となるでしょう。

　つまり，どこからどう見ようと，私たちは増大する複雑性と破壊的変化に直面しており，今もこれからも，前例のないレベルのイノベーション，適応力，拡張可能性，持続可能性，しなやかさと粘り強さ，集合的知性，強い絆，エンパワーメント，機敏さ，システム思考，そして地球規模の協力を必要としているのです。さらに，これらすべてを大々的に，かつあらゆる規模で必要とします。組織はこれを本格的に行わない限り繁栄することはできません。政治もまた同じです（そして，政治がこのような複雑性の重みで（失敗していないとしても）圧迫されているのも明らかです）。

　その上，これまで述べてきたすべてのことを地球規模で行う必要があります。このため，あらゆるレベルで，効果的で，成熟し，智慧や集合的知性と共にあるリーダーシップが必要なのです。これを成し遂げることは可能ですが，これまでにないほどの集団としての協働，成熟したリーダーシップが必要です。

　では，現在のリーダーシップの状態はこの難問に見合うものでしょうか？私たちはそう思いません。それどころか，創造的リーダーシップでさえも十分ではないと思います。

　本書の多くをこのステージへのマインドと心の根本的移行の説明に費やしてきたので，こう言うと皆さんは驚かれるかも知れません。もちろん，創造的リーダーシップは，複雑さの中でリードするには，反応的リーダーシップよりはるかに有用ですし，必要な進化のステップです。しかし，私たちはさらに複雑な世界に突き進んでおり，そこで課される難題にはこれではまだ十分ではないと思っています。統合リーダーシップが必要とされています。これがリーダーシップの未来です。

前著 *"Mastering Leadership"* で，自己変容型の内的 OS に支えられた統合リーダーシップについて，ある程度述べました。このレベルで活動しているリーダーは５％しかいません。このようなリーダーが非常に少ないという事実は，私たちが集団として開発のギャップに直面していることを強調するものです。ただ，一部のリーダーはこの移行の準備ができています。

本書で，調査サンプルの高創造的リーダー群には，創造的リーダーと統合リーダーの割合が高いと思われることを紹介しました。これは，効果的なリーダーのかなりの数が，リーダーシップの効果性と成熟度に関して次のレベルに移行する準備が整っていることを示唆します。現状では，大半のリーダーは反応的，あるいは創造的リーダーシップへの移行過程にいるため，私たちはここの段階での育成・開発に継続して力を注がなければなりません。これは不可避です。しかしその一方で，私たちは，リーダーたちのさらなる成長，すなわち，統合段階の成熟度を備えたリーダーへの成長をどのように支援していくのかも学んでいく必要があります。これは今，ビジネスにおいても，世界においても必要不可欠なものです。

リーダーシップに関する各種の本がその道を示しています。ジョン・マッキーとラジェンドラ・シソーディアはその著『世界で一番大切にしたい会社』で，複雑さの中で繁栄し，私たち全体の幸福に貢献できるのはどんな組織やリーダーシップなのかについて説きました[2]。また，フレデリック・ラルーは *"ティール組織（Reinventing Organizations）"* で，独自の革新的なやり方で複雑さの中にあって繁栄するよう考えられた組織が成功する様子を具体的に述べました[3]。彼が「ティール組織」と呼ぶこれらの組織は，統合段階の組織としてデザインされ，リードされているのです。

また，ロバート・キーガンとリサ・レイヒーは，『なぜ弱さを見せあえる組織が強いのか』で，成功する「発達指向型組織」について述べました。組織全員の成長を推進するよう，意図的で意識的に設計された組織のことです[4]。また，私たちの著書，*"Mastering Leadership"* でも同様のことを述べています。これらの本はどれも，複雑さの中で繁栄できるようデザインされた新しい種類の組織について説明しています。

しかし，これら新しいタイプの組織も，そのリーダーシップが未成熟である

と前に進むことができません。少なくとも創造的，望むべくは統合段階のリーダーシップを必要とします。リーダーシップの未来は統合リーダーシップです。あらゆるレベルでリーダーシップを拡大し，変化のペースに合わせてイノベーションができ，複雑さの中で繁栄できるよう，革新的なデザインの組織を創れるリーダーシップです。

　これはまさしく，私たちを精神・魂のブートキャンプへと連れ戻します。ビジネス環境のプレッシャーが，私たちのさらなる成長を容赦無く求めてくるからです。創造的リーダーシップから統合リーダーシップへの移行において，私たちは Self-Authored（自分で自分の人生の物語を著す。「自己主導」と訳されることが多い）から Authored（高次なものによって著される）という意識へと動いていきます。自分は，別の誰かに作られるのでもなく，自分個人の目的意識によってのみ作られるのでもありません。エゴを手放し，自分よりずっと大きな何か，私たちの人生やリーダーシップを通して何かをしようとしているらしい大きな存在によって自分の物語が描かれているという状態です。私たちは，出現してくる集合的未来への奉仕者，大きな目的に使われる存在となります。

　統合リーダーシップは，自己変容型の意味形成システムから立ち現れてきます。それ以前では，私たちは，誠実に自分の本質につながり，ビジョンを示し，目的指向であるように自己を磨いてきました。統合リーダーシップへの移行では，自己はまた別の変容（つまり破壊と再統合）の道を通ります。この移行により，私たちは，自分を一つのシステム —様々な自己が存在する生態系— として認識し，その自己たちと関わっていく能力を，一層高めることができます。

　より高いところに行くためには，より深いところまで降りなければなりません。私たちはまた別のレベルで自分の「どこまでいっても終わることのない世界」と向き合うことになります。ここに来て，私たちは自らの光と闇，男性性と女性性，できていることとできていないこと，きれいなところと壊れているところをもその手の中に抱えることができるようになります。自らを厳しく裁くことなく，湧き出てくる自己への慈愛の念とともに。

　このように私たちの内面の許容力が新しくなり，これがリーダーシップを変容させます。非難したり，どちらかの側についたり，自分のビジョンの肩を持つことをしなくても，世界で機能していること・していないことをホール

ド^{訳注1}できるからです。この段階では，私たちは，自分や世界をシステムとして見ているからです。私たちは，システムの開発ギャップは，自分個人の開発ギャップに関連していることを知っています。私たちはもはや，組織内の変化を単純に推し進めているわけではありません。根本的に，人間的に，深い人間関係の中で，そしてさらには新しい視点から変化を導いています。その視点とは「個人でも集団としても，システムというのは，自分たちの中にある機能すること・しないことを映している鏡なのだ」というものです。自分のシャドウ^{訳注2}を投影することが次第に少なくなり，このため反応的に相手を敵や対抗者とみなすことなく，対立や葛藤に関われるようになります。他者も自分と同じく成長の過程にいる存在として受け留め，聴く，学ぶ，思いやる，強みに目を向けるというあり方で対話に参加します。リーダーやシニアリーダーチームの中，そして利害関係者との間でも，複雑な問題に対して全関係者の利益となる革新的で適応性のある画期的な解決を生むような対話の場を作ります。公に，共に学びます。私たちは，自分が知っていること，確かだと思って握ってきたものを手放します。私たちの求めるソリューションは，高いレベルの集合的知性とシステムの智慧を必要としているからです。1人の人間だけでは十分ではないのです。

　私たちは一緒になって，機敏性のある画期的な新しい組織のデザインを生み出します。VUCA の世界において，皆が参加でき，絆を感じ，発達成長していき，目的に合うような組織のデザインです。このように，私たちは出現する未来，私たちが共に繁栄する世界へむけての奉仕者であり，システムの設計者になるのです。

　これらはすべて，大いなる存在の愛が伝えてくれるものです。私たちは，大いなる愛というものがあり，それは私たちが自我を手放し，助けを求め，知らない状態でいられ，学びながら共に進んでいくための十分な恵みをシステムにもたらしていると信じています。私たちが段階的に自我を手放し高次の目的に

（訳注1）それらがあることを認め，それを包含していられること。
（訳注2）自分にはないと思っているもの。受け入れられないと思っているものをシャドウと言います。

自らが使われるようにするに従い，私たちは情報やインスピレーションを受け
とります。そして私たちは形作られ（in-formed），魂に息が吹き込まれ（in-
spired）るのです。

　何をすべきなのか，どこへ進む必要があるのか，何をどうやって変えればい
いのか，それが突然わかることがありますが，この時私たちは，（理解しがた
いことかもしれませんが）直感的な気づきの波に乗って訪れる，智慧の恵みを
受けています。私たちがさらに深い自己理解へと進み，その意識の中で，深い
ところでの人類のつながりに気づくこともあります。この時も恵みを受けてい
ます。

　私たちは天の祝福を受けています。私たちを前進させてくれる出来事がまさ
に然るべき時に共時的に起こることに驚かされることがあるでしょう。

　これらのことすべては天の恵みに満ちているのです。

　前章で，スティーヴ・ジョブズがスタンフォード大学で行った有名なスピー
チに触れました。彼は次のように述べています。

　　　繰り返しますが，先を見越して点と点をつなぐことはできません。過去
　　を振り返ってつなぐことしかできないのです。ですから，点と点が将来，
　　何らかの形でつながると信じるしかありません。自分の直感，運命，人生，
　　カルマ，何でもいい，何かを信じなければなりません。私はこのアプロー
　　チに後悔したことはありません。これが私の人生で違いのすべてを創り出
　　してくれたのです[5]。

　統合段階のリーダーとして，私たちは私たちのために働いている見えない力
を頼りにすることを学びます。私たちが進化し，人生が私たちをどのように利
用したいと思っているのかに気付き，そこに向かって，大胆に（時に盲目的
に）一歩踏み出すと，宇宙が私たちと協力し合っていることが見えてきます。
私たちのためになる様に，より大きな善，そして私たちの成長に宇宙は力をく
れているのです。ここには大いなるものへの信頼と自分や周囲への信頼が必要
です。私たちがよろめきながらも勇気を持って前進すれば，点と点はいつか繋
がると信じられるようになるためには，自分の内側，外側ともに探究し，自分

の内側と繋がっている大きな何かへの信頼が必要なのです。

　人間が本来持つ善なるもの，そして私たちを前へと進ませてくれるものを信じるなら，私たちは，この変わりやすく，混沌として不確かな世界で舵をとり，成功し，繁栄できるよう天の恵みが導いてくれると信じることができます。このような存在への信頼が，私たちに起こり得ることへの扉を開き，それをより可能なことにしてくれるのです。

　宇宙の摂理として存在するこの恵みを動かすには，何かより高いものへのコミットメント（私たちが生きる世界とすべての生命が依存する地球に奉仕すること）が必要です。この関わりが私たちを地球と結びつけ，私たちすべての内に息づく魂・精神（spirit）と結びつけます。ゲーテが述べたように[6]，このコミットメントと信頼とともに「神の摂理が動き」，よりおおいなる善のために私たちと力を合わせてくれます。私たち全体のためにこの摂理が動いていくと，明るく希望的な未来へ向かい点と点が繋がっていきます。統合リーダーシップへの進化は大いなる存在の恵みを受けた時に最も進化し，またこの恵みを受けて最もよくリードできるのです。

　最後に，統合レベルのリーダーは「私たちが本来一つである（our inherent unity）」と直観的に知っています。私たちがブレイクスルーして，自らの中にあるさまざまな自己たちがなす生態系（エコロジー）の美しさを見るとき，私たちは，「敵」を含めた他者は自分たちとそれほど変わらないことに気づくのです。そして，より深い「一体」―私たちが皆で共有するもの，私たち皆がいるところ―まで見る準備が整います。あなたは私であり，私はあなたであり，私たちは全員がお互いなのですから。これはあらゆる精神的，霊的な伝統の中心，本質的真理となっています。

　私たちは，リーダーシップの未来は，大いなる「恵み」を受け取る統合リーダーシップであると信じています。また，私たちは本来「一体」なのだ，という仮説に立ちリードしていくことだと信じています。このようにして，地上のあらゆる生き物のために繁栄する将来を創り出すのです。世界がどうなるのか，あらゆるレベルのリーダーたちにより未来は変わってきますが，特に，一体という源から智慧を受け取る統合リーターシップへ進化の過程にいるリーダーたちにかかっていると私たちは考えています。

　あなたも，組織の開発の課題に真摯に取り組むことにより，世界の未来が強く必要としている成熟し，卓越したリーダーシップを育てることに貢献しているのです。

付録A ―――――――――――――――――――――――――――

リーダーシップ・サークル・プロファイル (LCP) の表す意味

他者との関わりのスコアは，人々やグループ，組織の最善の力を引き出せるような方法で他者と関わる能力の指標です。

- **思いやりのあるつながり**：温かな思いやりのある人間関係に対する関心とそれを構築する能力の指標
- **チームプレイ推進**：部下とのチーム，組織横断のチーム，自分が参加しているチームなど，パフォーマンスの高いチームワークを育む力の指標
- **協働**：関係者が共通の土台・合意点を見つけることができるような方法で他者を参加させることがどのくらいできているかの指標
- **メンタリングと育成**：メンタリングを通して他者を育成したり，人間関係の強化によって他者を持続的に成長させる力の指標
- **対人知性**：他者の話を聴くこと，対立や論争との向き合い方，他者の感情への対処，自分の感情の管理などの対人関係の効果性の指標

自己認識のスコアは，職業上，また個人としての継続的な成長へのリーダーの志向と，内的な自己認識が高潔なリーダーシップとしてどのくらい表現されているかの指標です。以下の項目があります。

- **無私**：どのくらい自分の利益を超えた奉仕を追求しているかの指標。個人への信用や自らの野心よりも，共通の利益になるような結果を生み出すことの方がはるかに重要であるという意識や行動。
- **バランス**：仕事と家庭，活動と内省，仕事と休暇などの健全なバランスを保つ能力。自己更新したり自分を見失うことなく人生のストレスに対処する性質
- **落ち着き**：対立や緊張度の高い状況において，落ち着いて自分の中心との繋がりを保ち，動揺せずに重要なことに焦点を当てていられる能力の指標

- **自ら学ぶ**^{訳注1}：学ぶことや個人および職業上の成長への興味関心の強さと実際の行動がどのくらい現れているかの指標。自己認識，知恵，知識，洞察などにおいての成長を，どのくらい積極的かつ内省的に追求しているか

本質^{訳注2}のスコアは，リーダーが自分らしく誠実に，勇気があり，高潔で一貫性のある在り方で人と関わる能力を表します。以下の項目があります。

- **一貫性**^{訳注3}：自分が大切にしている価値観やプリンシプル（原則）にどのくらい忠実に行動しているか，そして，有言実行であると周囲から信頼されているかの指標
- **勇気ある本質**：厳しい姿勢もとる，触れてはならないと思われていること（話し合いが回避されがちなリスクの高い問題）を持ち出せる，人間関係の難しい問題にオープンに進んで対処しているかの指標

全体認識のスコアは，リーダーがどれくらい全体的なシステムの改善・生産性，社会やコミュニティの幸福に意識を向け重視しているかを表します。以下の項目があります。

- **社会・世界への配慮**：何に向けて奉仕をしているのか，リーダーの志向を示す。自分が後に遺すものを，コミュニティや世界の幸福への奉仕に結びつけて考え行動しているかどうかを示す
- **持続可能な生産性**：組織全体の長期的な効果性を維持・向上させるやり方で，結果を達成するリーダーの能力を示す。長期的に高いパフォーマンスを維持するために人的・技術的リソースをうまくバランスさせる能力
- **システム思考**：どの程度全体的なシステムの視点から行動・思考するか，またシステム全体の長期的健全性の点から意思決定しているかどうかを示す

（訳注1）原文では「Personal Learner」。直訳すると「個人的に学ぶ人」。LCPでは「自ら学ぶ」と訳している。

（訳注2）原文では「Authenticity」。LCPでは「本質」と訳している。

（訳注3）英語原文は integrity。辞書では高潔，誠実などと記載されているが，ここではあえて「一貫性」と訳している。

　目標達成は，ビジョンを示し，本質的で，高度な達成を生み出すリーダーシップをどの程度提供しているかを表します。以下の項目があります。

- **戦略思考**：組織の短期・長期的な繁栄を確保するために，どの程度厳密・戦略的に考え，計画するかを示す
- **目的とビジョン**：どのくらい周囲に対して自分の目的やビジョンを伝え，それにコミットし体現しているかを示す
- **結果を出す**：目標志向の度合いや，どの程度目標達成や高いパフォーマンスを出すなどの実績を出しているかを示す
- **決断力**：意思決定をタイミングよく行う能力。不確かな状況の中でも臆せず前進できる能力

　他者依存は，自分の意図や欲することに従って行動せずに，他者の期待に沿うことによって自分に価値があり安全であるという感覚を得る度合いを表します。以下の項目があります。

- **保守的**：保守的に思考・行動する，既存の手順に従う，自分の属する組織の既定のルール内で生きている程度を示す
- **他者の喜び優先**^{訳注4}：人として価値があると感じ安心感を得るために他者からの支持や承認を必要とする度合い。承認への強いニーズがある人は，他者からの好意や確証を得られるかどうかによって自分の価値の度合いを判断する傾向がある
- **帰属**：順応する，規則に従う，権力のある人の期待に応えようとする度合い。他の人々とうまくやっていけるように他者の言うことに従う，つまり，自分がもつ創造的な力を全て発揮せずに，文化的に受け入れられる箱に押し込んでいる程度の指標でもある
- **受け身**：自分の力を放棄して，他者や自分がコントロールできない周りの状況に任せる度合い。自分がする努力にはそれほど影響力はない，自分には自分が望む将来を生み出す力がないと信じている程度

（訳注4）原文では「Pleasing」。直訳すると「喜ばせる」。

自己防衛は，身を引く，距離を置く，隠れる，超然として打ち解けない，皮肉っぽくなる，他者より優れる，または理性的であることによって，自分を守り自分に価値があるという感覚を得ることができる，という思い込みの指標です。以下の項目があります。

- **傲慢**：強い自我意識のイメージを醸し出している傾向を示す。上位に立っている，自分勝手，自己中心的などと他者から感じられる振る舞い
- **批判**：批判的，懐疑的，皮肉っぽい態度をとる傾向を示す
- **心理的な隔たり**[訳注5]：引き下がること，人より上位にいること，打ち解けず超然としていること，感情的に距離を置くこと，そして他者よりも超越することを通じて，自分の価値や安全の感覚を確立しようとする傾向を示す

操作[訳注6]は，リーダーがどの程度，任務の完遂や個人的達成によって自尊心を確立しているかを表します。以下の項目があります。

- **完璧主義**：人として安全で価値があると感じるために，非の打ちどころのない結果を成し遂げ，極めて高い水準のパフォーマンスを出したいというニーズの指標。自分の価値や安全は，完璧であること，いつも英雄的なレベルでパフォーマンスできていること，あらゆる期待感を上回り成功していることと同一視される
- **過度な意欲**[訳注7]：どのくらい過剰に自らを駆り立てているかの指標。自分の価値や安全は，ハードワークを通して大きなことを成し遂げることで得られると信じている度合い。自分が人として価値があると思えるように非常に高レベルで仕事をしたいというニーズ。リーダーが物事のバランスをとり，他者の達成の支援と自分自身の達成のバランスをとれている限り，高い職業倫理はこのスタイルの強みとなる
- **野心**：出世や組織内での昇進，他者を上回ることを必要とするニーズの度合い。一般に野心は強力なモチベーターとなるが。この項目は，そのモチベー

（訳注5）原文では「Distance」。直訳すると「距離」。
（訳注6）原文では「Controlling」。
（訳注7）原文では「Driven」。直訳は「駆り立てられている」。

ションが肯定的（進歩的）なものか，否定的（過度に自己中心的・競争的）なものかを評価する

- **独裁的**：強引，攻撃的，操作的になる傾向を示す。また，自分の価値や安全を，力があること，主導権を持っていること，強いこと，独占していること，弱みがないこと，一番であること，と同一視する程度を示す。比較することで価値を図っている。つまり，より多くの収入，より高い地位への到達，最も価値のある／他者より価値のある貢献者と見られること，功績を認められること，または昇進することなど

付録B

効果的なリーダーシップの発現度とビジネスの業績

　前著 *"Mastering Leadership"* で，LCP での効果的なリーダーシップの発現度のスコアとビジネスの業績の関係調査について述べました。管理職の人々に，市場シェア・収益性・総資産利益率（ROA），および製品・サービスの質などの基準項目で企業のパフォーマンスを評価するようお願いして，業績を評価する評価基準を作成しました。それから，その業績指数と LCP での効果的なリーダーシップの発現度の相関を調べると，両者の間には相関係数0.61という強い相関が確認されました（図 B.1）。この図は，評価した500の組織の結果を示しています。調査はその後組織数2,000，調査対象者25万人に拡大されましたが，同様の結果が出ました。

　私たちは業績指標のデータを高い方から低い方に並べてみました。そして，業績指標が上位10% と下位10%に位置づけられた組織のリーダーの，「効果的なリーダーシップの発現度」スコアの平均を調べてみました。図 B.2に示すとおり，効果的なリーダーシップの発現度スコア平均は上位10%の組織のリーダーでは80パーセンタイルなのに対し，下位10%の組織のリーダーは30パーセ

ンタイルでしかありません。データが物語る通りです。最高度の業績の組織で
は，創造的リーダーシップが大勢を占めるのに対し，最低レベルの業績の組織
ではリーダーが反応的でした。

　さらに，最高レベルの企業のリーダーのLCPと，最低レベルの企業のリー
ダーのそれとを比較しました（図B.3参照）。

　業績が最高と評価された企業は，高い創造的リーダーシップの文化がありま
す。一方，業績の低い企業では，反応的リーダーシップのスタイルが多いので
す。

　図B.4は，同じ内容を別角度からまとめたものです。最高レベルの業績の企
業では，創造的コンピテンシーの平均スコアは80パーセンタイルですが，反応
的傾向のスコアは30パーセンタイルと低くなっていました。ところが，最低レ
ベルの業績の企業では，反応的傾向のスコアが70パーセンタイルで，創造的コ
ンピテンシーのスコア平均は30パーセンタイルだったのです。パフォーマンス
の点でも，明らかに，創造的リーダーシップは反応的リーダーシップを大きく

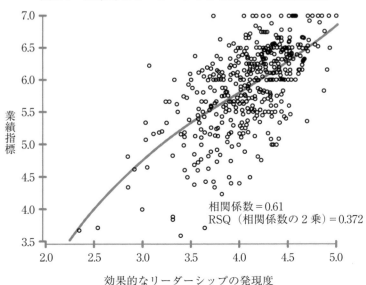

図B.1　効果的なリーダーシップの発現度と業績指標

相関係数＝0.61
RSQ（相関係数の2乗）＝0.372

業績指標

効果的なリーダーシップの発現度

上回っています。創造的リーダーシップは決定的に競争上の有利をもたらし，反応的なリーダーシップスタイルは競争上不利であると言えます。

図B.2　最高および最低レベルの業務パフォーマンスの組織のリーダーの効果的なリーダーシップの発現度スコア

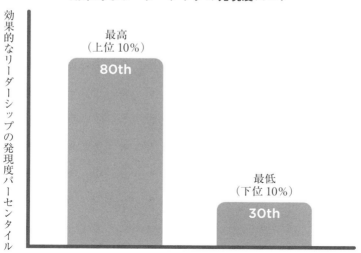

図B.3 最高および最低レベルの業績の組織のリーダーのLCP（まとめたもの）

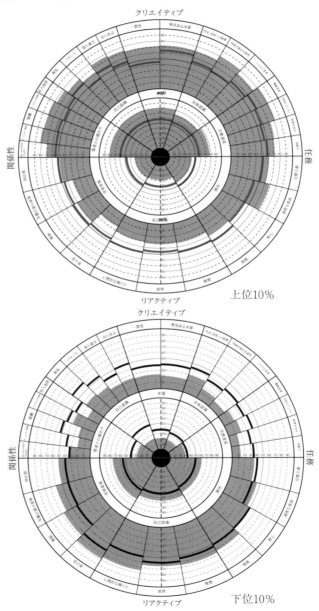

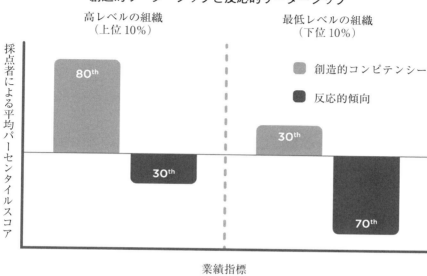

図B.4　最高および最低レベルの業績指標の組織における
創造的リーダーシップと反応的リーダーシップ

付録C

調査の方法論

　本書でお伝えした記述コメントの調査は，個人や組織に技術的な評価のサポートを行う1978年設立の独立調査会社，世界調査評価研究所（WIRE）が実施しました。WIRE取締役ラニ・ヴァン・ドゥーゼンが，この調査の方法論についての付録を執筆してくれました。

●リーダーシップ指数（LQ）とLQに基づく具体的サンプル選択の説明
　リーダーシップ・サークルのデータベースを整理し，サンプル・グループを定義するためには，リーダーシップ指数（LQ）を用いました。
　LQは，世界的なデータベースとの比較で創造的コンピテンシー・反応的傾向というレンズを通して見た時に（比較の基準には標準偏差を用います），

図C.1　世界的なデータベースとの比較に基づくLQ分類別スコア[1]

		反応性スコア			
		低	中低	中高	高
創造性スコア	高	2	1.75	1.5	1.33
	中高	1.5	1.33	1	0.75
	中低	1	0.75	0.67	0.50
	低	0.67	0.50	0.33	0.01

リーダーシップの発達の進化度に基づいた分類別の採点用スケールです。

　採点されたスコアは16カテゴリーに分類できます（図 C.1参照）。スコアは0.01から2の間です[2]。「転換点」は1で，これ以降リーダーが創造的なスタンス，つまりリーダーシップ発達の進んだ段階でリードするのが優勢になります。1未満のスコアは，リーダーにまだ反応的傾向が影響している，またはリーダーの創造型コンピテンシーを相殺してしまうレベルのリーダーシップで活動するのが優勢であることを示します。

　LQ は LCP の効果的なリーダーシップの発現度と正の相関があります（相関係数0.93）。LQ の分類別スコアが高いほど，リーダーは効果的と見なされる確率が高くなります[3]。

　本書のサンプルには，上記表で薄いグレーのセルに該当する分類別スコア区分のリーダーからランダムに選びました。この特定の人たちが，下の図 C.2に示すようなリーダーシップの発達と効果性において（他のセルと比べて）最も分散が大きくなるためです。

　図 C.2の効果量の数値は，私たちの基準データベースでの西洋のリーダーに関するものであり，本書で述べられたサンプルの効果量の数値とは若干異なります。

●記述コメントによるフィードバックの質的分析の説明

　LCP の評価の中でリーダーたちに与えられた自由回答形式のフィードバッ

図C.2　効果的なリーダーシップの発現度平均スコアと
本調査で用いた 4 つのLQ区分の効果量[4]

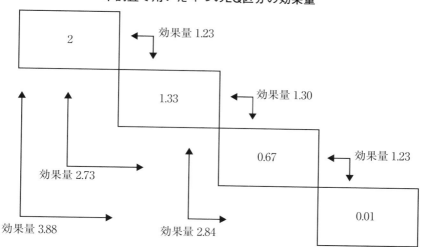

クから，4つのサンプルグループそれぞれに共通する項目を特定するには，マ
トリックス分析を用いました。マトリックス分析[5]は特定のグループの分類別
反応のマトリックス，つまり表を用いて，記述コメントをコード化したり解釈
したりする質的分析手法です。行は全体に共通の項目，列は当該グループ（こ
の調査では様々な創造的・反応的区分のグループのそれぞれ）を表します。行
で捉える項目は，特定のキャッチフレーズやコンセプト，構成概念，その同義
語に基づいてデータから出てきたものです。ある考えと性質のよく似た他の考
えが表明されたら，その考えは同じ項目の例に追加されます。項目自体も，そ
の全体的な意味において表現された内容の簡略版を反映していると言えます。
このプロセスで，表現は異なるけれども実質的に同じこと，つまり共通の項目
を指している多くの回答を捕捉することができます。そのコメントのデータ内
のフレーズや文章がある項目に関連している場合は毎回，その項目（行）と
リーダーのグループ（列）に関連するマトリックスのセルに，リーダーのコー
ドを記入します。

　私たちは，少なくとも10％以上のリーダーで見られる項目だけを取り上げま
した。これらの項目は中核的項目と考えることができます。中核的項目は，評

価者の視点から見たリーダーシップ効果性に全体に寄与している，最も優勢で目につきやすい強みと課題の表れであることに注意して下さい。リーダーの強みと課題をすべて網羅したリストではありません。

　さて，それから私たちは，その項目に関するコメントをもらったリーダーの数とその強度に基づいて，中核的項目のそれぞれの「コメント量スコア」を計算しました。たとえば，ある中核的項目はあるリーダーについて評価者1人か2人しか触れていないかも知れません。この場合，それは認定され方が弱いと考え，0.5ポイントとします。しかし，その項目が3人以上の評価者によって触れられていたら，それは強い認定と見なし，1ポイントをつけます。ですから，コメント量スコアは可能な総スコアの一部のパーセンテージになるわけです。100人のリーダーで構成するグループ（高創造的と高反応的のグループ）では，最高100ポイントのうち一部のパーセンテージであり，50人のリーダーで構成するグループ（中創造型と中反応型のグループ）では，最高50ポイントのうち一部のパーセンテージになります。コメント量スコアが高いほど，それらのリーダーの間でその特性が優勢であることを示します。

付録D

強みとマイナス要因の項目の定義

●強みの項目

分析的に考える：主要な問題に焦点を当てるために複雑な情報を入念に調べ上げ状況を素早く分析する。

はっきり主張する（アサーティブ）：発言し，前提に異議を唱える勇気がある。口にしにくい質問をすることを恐れない。

バランス：仕事と家庭生活を健全に維持している。

落ち着きがある：特にプレッシャー下や難しい問題に対処している時でも，冷静にその場に存在する。「穏やかで落ち着いている」。

創造的・革新的：型に囚われずに考え，変化を求める。

人を育成／開発する：経験を共有し，メンタリング・コーチング・キャリアプラン・成長体験機会を提供し，他者を育成開発する。

専門領域内の・技術的知識がある：知識・技術スキル・経験に優れる。特に組織の文化や市場に関することで。

人々に力を与える：リーダーシップを共有し，人々が主体性をもち，自ら解決策を見つけ，意思決定し，失敗から学ぶよう促し勇気付ける。人々が喜んで方向性に従うことや彼らの能力を信頼している。

効果的に意思決定する：入手できるあらゆる情報を利用して，すばやくよい決断をする。

公平で一貫性がある：皆を同じ基準で扱い，一度方向性を定めたら揺らがない。

継続的向上を重視する：システムとプロセスの効率・効果性を向上させる。

自己開発を重視する：パフォーマンスについてのフィードバックを求めることで，常に学び，成長しようとする。

コミュニケーションがうまい：口頭でも書面でも，内容を手短に解りやすい形にまとめる。明瞭で話がうまい。

よい聴き手：人々が考えを述べている時，意識を十分に向けその場に身を入れて聴く。

交渉・調停がうまい：反対意見からも合意を得，全員の最善の利益の点から論争を解決する。妥協点やウィンウィンの解決策を見つけるのがうまい。

問題解決がうまい：問題の根源を把握し，革新的な解決策を見つけ出す。

ハードワーカー：高い勤労意欲を持っている。

知性的で頭がいい：明晰な頭脳を持ち，考えが鋭い。

自ら例となりリードする：よいロールモデルである。有言実行。

企業の価値観を体現している：企業の価値観に沿ったやり方でリードする。企業が重視する価値観を体現している。

モチベーターである：他者が成長するよう鼓舞・触発する。カリスマ性がある。

人間関係において，オープン，正直，率直である：透明性があり，直言する。

心が広く偏見がない：新しい考え方にオープンであり，物事を複数の見方で見られる。

情熱と意欲：熱意があり，やる気に満ち，組織と自分の成功に強くコミットしている。

誠実で一貫性がある：自分の価値観を体現している。正直で信頼・尊敬できる。

人柄がよい・近づきやすい：フレンドリーで感じがよく，ユーモアのセンスがある。オープンな方針を維持する。いつでも話ができるような姿勢がある。近づきやすく，必要な時には話をすることができる。

肯定的な態度：楽観的で「やればできる」という前向きで明るい態度。

正しい方向性を示す：目標達成への明確で方向性が揃ったロードマップを示すことで，組織のビジョンを行動に落とし込む。

フィードバックを提供する：他者に正直で建設的なアドバイスを与える。

貢献を認める：努力や良いパフォーマンスに対し，オープンに賞賛し，これに報いる。

ニーズに対応する：他者の支援のニーズや要請に応える。

結果中心主義：何を達成すべきか，どうやって結果を出すかを知っている。人々に責任を持たせ，結果を出すために頼れる。信頼でき，行動志向である。

サーバント（奉仕する）リーダー：他者や組織のニーズを最優先する。謙虚で無私である。

高い基準を設定する：自分と組織に対し，高い基準を持つ。

複数の視点や関係者の認識を求める：事業計画を立案し，決定を下すためにこれらを利用する。

ネットワークをうまく築く：他の業務上のリーダーとうまくパートナーシップを築く。多様なグループをまとめ，強い顧客重視をもたらす。

人間関係のスキルが高い：人間関係の能力が高い。思いやり・慈愛があり，心が広く，尊敬の気持ちを持っている。他者との関係をうまく築き，他者が「自分には価値がある」と感じられるようにする。

チームを築く：メンバーを団結させ，絆を持たせ，チームとしての努力を支援する。チームのメンバーを支援し，自発的に取り組むことを支持する。

綿密・きちょうめん：考えが整理され，細部まで気を配る。

ビジョナリー：全員の方向性を揃えるような説得力ある将来のビジョンを伝え

る。チーム・組織が繁栄できる戦略的方向性とビジネスプランを知ってお
り，設定する。

●課題・マイナス要因の項目

よそよそしい：他者とつながらず，距離がありすぎるとか近寄りにくいなどと
言われがちである。

対立を避ける：すぐに問題と向き合わず，介入や問題解決するまで待ちすぎる。
状況を長引かせる。

非難がましい：結果が出ないと他者を咎め，評価判断し仕事の欠陥を探す。

個人の問題を論ずる：過度なストレスを生むことなく問題を解決できる一対一
の対話をせずに，ある個人に対して他の人に偏見を持たせたり，他者の前
で叱責したりする。

ミスを認めない：物事がうまくいかない時，責任を負わない。

アドバイスや建設的批判を受け付けない：物事を個人的に受け取りすぎたり防
御的になる傾向がある。

他者とうまく繋がらない：他者に共感することがなく，人が他の強みをもたら
すことを喜ばない。

リソースの見積もりが甘い：目標達成に必要なリソースの数量を認識しない。
他者に負担をかけすぎるリスクがある。できる以上の約束をする。

贔屓をする：チームメンバーによって，取る振る舞いが一貫しない。気に入っ
た人とのみ仕事をし，話を聴き，信頼し，成長させることを選ぶ。

ビジョンを完全に，明確に伝えていない：他の人が理解できる表現でビジョン
を説明したことがなく，適切な方向性・目標・優先順位を示さない。全員
の認識を一致させることがなかなかできない。

忍耐力がない：他者が理解するのが遅いとすぐに苛立つ。物事を理解して情報
に基づいて意思決定する時間を十分に与えずに，物事を急いでやる傾向が
ある。

衝動的に反応する：あまりにもすぐに判断したり，すべての事実を見たりすべ
ての見解を聞いたりせずに結論に飛びつく。

真剣に話を聴かない，よく聴かない：他者の考えを聴かない。特に自分の考え

と合わない意見を聴かない。人が意見を述べている時に他のことをしたり，話を遮って自分の考えを述べたりする。

コミュニケーションが非効果的：人に常に最新情報を伝えない，情報を保留する，タイムリーに情報を与えない。

非効果的な意思疎通・交流のスタイル：言語・非言語問わず，不快感を与えるコミュニケーションスタイル。しばしば傲慢・軽蔑的・独裁的・対決的・過度に批判的と評される。

柔軟性に欠ける：心が狭く，あらゆる状況を同じやり方でコントロールしようとする。「私のやり方に従うか出て行くか」。

人のよさを認めたり称賛しない：他者の貢献を公に認めたり，成功を分かち合ったりしない。

感情をコントロールできない：激しやすく，特に物事が計画通りに進まない時に感情的にキレて爆発する。

マイクロマネージ：仕事をやり遂げる上で他者を信頼せず，意思決定や問題解決を任せない。全部自分でやろうとする。

異論を唱えさせない：リーダーに異議がなかった，誰も気づかずそれに触れなかったと示唆する。

チームプレーヤーでない：単独で動き，チームに十分なサポートをしなかったり，チームのニーズを認識しなかったりする。自分だけで決定を下し，自分だけの目標に集中する。

経験不足：リーダーシップのことをよく知らない。その地位での知識・背景・経験が足りない。

信頼できない：言葉と行動が違う。約束するが守らない。誤解を招く，誠実さや一貫性がないと評されることもある。

要求が厳しすぎる：他者を過度に駆り立てたり，急がせたりする。他者が現在の能力では追いつかないような非現実的な期待をする。その期待を満足できないと手厳しくて容赦がない。

仕事持ちすぎ・請負い過ぎ：多くに手を広げすぎたり，多くを持ちすぎたりする。

意思決定が下手：難しい決断を躊躇したり延ばしたりする。決断力に欠けると

言われる。

他者に変化を受け入れてもらうのが下手：変化を推し進めることをしない。変化への抵抗をどう打破するかを知らない。

細かいことにくよくよする：物事に神経質で，あまりに細部を重視する。

チームを十分育成しない：成長の機会を与えない。役割と責任を明確にしない。

チームに責任を持たせない：チームが質の高い結果を出すことへの責任を果たさず，ただ納期に見合うように，戦略に反する動きもしてしまう。「このくらいでいいだろう」と妥協し品質を重視しない。

慣習的すぎる：会社の規則に従う。現状を維持する。

細部にこだわりすぎる：あまりにも細部に入り込む。策を弄しすぎる。

他者を喜ばせることに意識を向け過ぎる：他者がどう思うかを気にする。受け入れられる・認められる・好かれることを強く必要とする。

ネガティブすぎる：基本がネガティブで，敗者意識を持ち，チームや組織に否定的なことが多い。

控えめ・受け身すぎる：自分の信じるもののために戦わない。変化や新たなチャレンジを過度に嫌がるように見える。

過度に自己中心的：自分のテーマや利得をチームより優先する。他者の仕事を自分の手柄として自慢する。

ワーカホリック：あまりに長時間仕事に没頭する。プライベートの時間がない取らない。

付録E ───────────────────────────────

リーダーシップの普遍的サークルモデルに取り入れた
理論・理論家

リーダーシップの普遍的モデルの中核を成す基礎的思想・理論のリーダー一覧

理論のリーダー	理論・研究	TLCリーダーシップの普遍的モデル
ビル・アダムズ	ホール・システム・アプローチ	全体認識の次元，創造的・統合リーダーシップ
ピーター・ブロック	本質，注意力，コントロール，政治的脚本	本質の次元，反応的段階の次元
デイヴィッド・バーンズ	認知と合理の感情表現心理学	すべての反応的段階の次元。内在する自己制限的な思い込み・前提と関連する振る舞い
ロバート・フリッツ	クリエイティブとリアクティブの志向	LCPサークル（円）の上半分と下半分。発達段階における2つを表す
カレン・ホーナイ	性格構造，3つの中核的タイプ	心・頭・意志のタイプ。他者依存・自己防衛・操作，および他者との関わり・認識・目標達成
ロバート・キーガン	発達心理学，成人の発達段階，変化への免疫	キーガンの発達モデルはLCPの縦軸。著書の「Immunity to Change（邦題：なぜ人と組織は変われないのか）」は，反応的構造とそれがもたらす行動や結果のパターンを説明している
ピーター・センゲ	システム思考とシステムダイナミクス，個人の熟達	全体認識の次元，反応的構造と創造的構造
ケン・ウィルバー	インテグラル・モデル	リーダーシップの普遍的モデルはインテグラル・モデルである。ケンの独創的な研究はこのモデル開発に大きく影響した

成人の発達段階の思想・理論のリーダー一覧

理論のリーダー	理論・研究	TLCリーダーシップの普遍的モデル
ドン・ベック	スパイラル・ダイナミクス	成人の発達段階
スザンヌ・クック・グロイター	成熟度評価プロファイルと段階モデル	キーガンの段階モデルと統合し，LCPと発達段階の関連を探る調査研究に用いた
ジェームス・ファウラー	信仰発達理論	スピリチュアルな発達段階
キャロル・ギリガン	もうひとつの声	発達段階。マインド構造の間を行き来する様々なタイプと声
ブライアン・ホール	価値観のシフト	成人の発達段階。組織の発達段階，どの段階でビジョン・戦略・直感・システム思考が発達するか
ビル・ジョイナーとスティーヴン・ジョゼフ	リーダーシップ・アジリティ	成人の発達段階
ロバート・キーガンとリサ・レイヒー	発達心理学，成人の発達段階，変化への免疫	キーガンの発達モデルはLCPの縦軸。著書の「Immunity to Change（邦題：なぜ人と組織は変われないのか）」は，反応的構造とそれがもたらす行動や結果のパターンを説明している
ビル・トルバート	行動論理	成人の発達段階

取り入れたその他の思想・理論のリーダー，枠組み，スピリチュアルな伝統一覧

理論のリーダー	理論・研究	TLCリーダーシップの普遍的モデル
ウェス・エイゴー	直感的マネージメント	直感の実践
ウォレン・ベニス	リーダーになる	リーダーシップの実践，創造的段階のリーダーシップ，目的とビジョンの次元
ケヴィン・キャッシュマン	インサイド・アウト・リーダーシップ	インナーゲーム，リーダーシップの実践
CCL, PDI, DDI	360°コンピテンシーの研究	主要な創造的リーダーシップのコンピテンシー

ジム・コリンズ	第5水準のリーダーシップ	野心ある強い意志の両極性，針鼠の概念
スティーヴン・コヴィー	7つの習慣	リーダーシップの実践，自我の発達段階（依存・独立・相互依存）
ミハイ・チクセントミハイ	フロー	創造型リーダーシップ，マスタリー，直感
マックス・デプリー	インクルーシブな組織	全体認識の次元，創造型リーダーシップ
アルバート・エリス	論理感情療法	反応的段階の次元，アイデンティティーの核になる思い込みと前提，リーダーシップの実践
ヴィクトール・フランクル	夜と霧，ロゴセラピード	目的とビジョンの次元，創造型のマインド構造
ティム・ガルウェイ	インナーゲーム理論	インナーゲーム，OS，反応型・創造型のマインド構造
ダニエル・ゴールマン	EQ 感情的知性	自己認識の次元
ロバート・グリーンリーフ	サーバント・リーダーシップ	創造的から統合段階のリーダーシップ
マイケル・ハマー	組織の再デザイン	全体認識の次元
キャスリーン・ハーリーとセオドア・ドブソン	エニアグラム	エニアグラムは普遍的モデルの基礎。反応的マインド構造，成長の道筋
ウィリアム・ジェイムズ	人は考えた通りの人間になる	創造・統合のマインド構造
ジョー・ジャウォースキー	シンクロニシティ	直感，創造的段階の意識
バリー・ジョンソン	両極の理論	LCPサークルに存在する両極性。両極を取り扱う能力は発達段階とともに高まる
カール・ユング	エゴ・シャドウのダイナミクス	タイプによる，シャドウのダイナミクス
ロバート・カプラン	野心を超える	操作の次元，持続可能な生産性の次元

ジェイムズ・コージズとバリー・ポズナー	インテグリティ	一貫性（integrity）の次元
クレイ・ラファティ	ライフスタイルのツール	反応的段階の次元とLCPサークル上のデータ配置の妙
パトリック・レンシオーニ	チームの5つの機能障害	集団的に表れる反応的マインド構造
ジェイムズ・マグレガー・バーンズ	トランザクショナル（取引型）vsトランスフォーメーショナル（変容型）リーダーシップ	反応的・創造的リーダーシップ
エイブラハム・マズロー	欲求の段階，自己実現	ヒエラルキー・モデルは段階モデル。自己認識の次元
デイヴィッド・マクレランド	達成のモチベーション	目標達成の次元
ダグラス・マクレガー	セオリーX，セオリーY	リーダーシップのスタイルと効果性に与える内的前提の影響。他者との関わりと操作の両極性
オットー・シャーマー	出現する未来，U理論	統合段階のマインド，全体認識の次元，自己認識の次元，直感の実践
ウィル・シュッツ	真実の選択肢，FIRO-B	本質の次元，他者依存と操作の次元
老子	道徳経	自己認識の次元
マーヴィン・ワイスボード	ホールシステムの再デザイン	全体認識の次元
メグ・ウィートリー	リーダーシップとニューサイエンス	全体認識の次元，統合段階のマインド構造で現れるシステム思考に関すること
ラリー・ウィルソン	勝つためのプレー，負けないためのプレー	創造的・反応的マインド構造
伝統的な知恵	スピリチュアルな発達	一体の意識，意識の発達段階
ゼンガー，フォークマン	並外れたリーダーシップ	リーダーシップ・コンピテンシー，類稀なリーダーの研究

著者について

　ロバート（ボブ）・J・アンダーソンはリーダーシップ・サークルの創設者・会長で，フル・サークル・グループの共同創設者・会長でもあります。ボブ（ロバート）はそのキャリアを通じて，リーダーシップ・熟達・コンピテンシー・意識・スピリチュアリティ・ビジネスの間の関係を探求してきました。

　過去35年以上，彼は複数のリーダーシップ理論・研究の最もよい部分を統合しようとしてきました。その結果，リーダー育成の総合的枠組み，最初の「リーダーシップの普遍的モデル」を世に送り出したのです。リーダーシップ・サークル・プロファイル™（LCP）は，リーダーシップの普遍的モデルの目を通した360°フィードバックをリーダーに提供する，リーダーシップ評価システムです。リーダーシップの普遍的モデルと LCP は，どんな業界のどんな規模の組織にも，リーダーの効果（個人的にも集団的にも）を測定するのに必要なことを提供し，その育成の道筋を具体的に示し，リーダーが成長すればその進歩度合いを評価します。フォーブズ誌は LCP を最善の幹部育成のための評価の1つだと述べました。

　ボブは *"Mastering Leadership: An Integrated Framework for Breakthrough Performance and Extraordinary Business Results"* の共著者（ビル・アダムズとの共著）です。この本はリーダーシップの分野で大きな影響を与えた著作と言われており，800-CEO-Read でトップ10，Amazon でも書評者の選ぶトップ10に入るベストセラーとなりました。

　ボブはリーダーシップ育成とその研究分野で，真のパイオニアです。彼は人生の長い時間を世界中での調査・著作・コンサルティング・講演に充ててきました。全世界でリーダーシップの意識と効果性にインパクトを与えることに力を注いできました。ボブの実践的な知恵・謙虚さ・創造性・ユーモア・専門知識は稀少なものであり，彼が関わってきた人々は変容を体験してきました。

　リーダーシップ・サークルとフル・サークル・グループは，HR.com の2015年リーダーシップ500優秀賞の大規模リーダーシップ・パートナーおよびプロバイダのカテゴリーで，第1位を獲得しました。ボブはノートルダム大学メン

ドーサ・カレッジ・オブ・ビジネスのステイヤー幹部教育センターで補助教員を務め，ここで2005年イノベーション学部のパートナー賞を受賞しました。また，MEECO リーダーシップ研究所も，2018年，違いのある国際的思想リーダー賞を授与しました。

ボブはジョン・キャロル大学経済学部で経済学士，ボーリング・グリーン州立大学で組織開発の修士号を獲得しました。ボブと32年来の妻のキムは，オハイオ州トレド近郊で3人のすばらしい子どもたちとの家庭を築いています。

ウィリアム（ビル）・A・アダムズはフル・サークル・グループの共同創設者・CEO でリーダーシップ・サークルの CEO です。ビルは30年以上，世界中の CEO とそのチームから信頼されるアドバイザーとしての経験を積んできました。彼はリーダーたちのパートナーとなり，ブレークスルーとなるパフォーマンスを解き放ち，深いリーダーシップのキャパシティや能力を育てて，その結果として業績も変革させてきました。ビルは，複雑で難しい状況を整理する上での実践的で常識的なアプローチと，異例なまでの結果を出すことで知られています。彼のクライアントは，フォーチュン誌トップ100の多国籍企業から急成長中のスタートアップまで多岐にわたり，世界で最も有名で尊敬される企業も含まれています。

ビルは *"Mastering Leadership: An Integrated Framework for Breakthrough Performance and Extraordinary Business Results"*，*"The Whole Systems Approach: Involving Everyone in the Company to Transform and Run Your Business"*（シンディ・アダムズとの共著），および *"The Quest for Quality: Prescriptions for Achieving Service Excellence"* の共著者です。また，*"The Change Handbook: Group Methods for Shaping the Future and Managing Quality in America's Most Admired Companies"* にも貢献しました。

ビルはモンタナ大学で対人関係のコミュニケーションの修士号を得，40年以上にわたって実際のビジネス経験を積んで，複数の企業を立ち上げ，経営し，売却してきました。熱心なアウトドア愛好家で，現在ユタ州・モンタナ州の山岳地域に居を構えています。愛妻シンシア・アダムズと一緒に，親として，また10人の孫たちの祖父母として温かい家庭生活を営んでいます。

原　注

第1章

1．ボブ・ヨハンセン　"Leaders Make the Future: Ten New Leadership Skills for an Uncertain World"（2009年，サンフランシスコ，Berrett-Koehler）。最新版は "Leaders Make the Future: Ten New Leadership Skills for an Uncertain World" 第2版（2012年，サンフランシスコ，Berrett-Koehler）。
2．ボブ・ヨハンセン　"The New Leadership Literacies: Thriving in a Future of Extreme Disruption and Distributed Everything"（2017年，オークランド，Berrett-Koehler）。

第2章

1．前著 "Mastering Leadership"（p.101）で，LCP の結果における文化差をより詳細に論じた。LCP で見たリーダーシップのコンピテンシーはすべて，リーダーシップ効果と常に一貫した相関がある。反応的行動はすべて効果性に逆効果を示すが，相関の程度には多少の違いがある。途上国など一部の国では，家父長的なリーダーシップのスタイルがより高く評価されるのを目にする。理想的・最適なプロファイルでも同じである。

第4章

1．私たちは，大半の評価者は組織に属するリーダーであるという仮説を立てそれを元に本書を書いた。この調査のために大組織の上級リーダー（L1～L3）を選んだので，採点者の多くも上級リーダー（L4までの役員）と思われる。

　　もちろん，すべての評価者がそうというわけではないが，「評価者」という語と「リーダー」という語は互換として用いている。本調査の多くの部分は，他の上級リーダーにフィードバックを与える上級リーダーについてのものだからである。
2．調査員たちが情熱（passion）と意欲（drive）を分けるのは難しいとコメントしたため，一緒にしている。場合によっては，リーダーの意欲の性格の違いを区別するのに役立つ，別の関連項目がある。調査員たちは報告の中で，高反応的リーダーへのコメントでは自己中心的な意欲が強調され，高創造的リーダーでは，使命への奉仕が強調されていることに気づいたとコメントした。彼らは下位項目でこれらの区別の一部を引き出したが，多くの場合，どういった種類の意欲が述べられているのか区別することはできず，「情熱と意欲」という2つを結合したままにした。
3．https://www.nordea.com/en/press-and-news/news-and- press-releases/news-en/2017/investing-in-female-ceos-pays-off.html.
4．ロバート・キーガンおよびリサ・レイヒー　Immunity to Change: How to Overcome It and Unlock Potential in Yourself and Your Organization（2009年，ボスト

ン，Harvard University Press）．（『なぜ人と組織は変われないのか──ハーバード流 自己変革の理論と実践』2013年，英治出版）。

第5章

1．ロバート・カプラン "Beyond Ambition: How Driven Managers Can Lead Better and Live Better"（1991年，サンフランシスコ，Jossey-Bass）。

第6章

1．https://www.predictiveindex.com/blog/what-a-millennial- learned-from-a-ceo/
2．https://globalgurus.org/reminder-2014-goals-purpose-success-serve-others-purpose-life-love-loved/

第9章

1．効果量0.3とは，2つの異なるサンプル群で，職場での行動において，小さいが気づくことのできる違いが見られることを示す。効果量0.8は大きく有意な違いが見られることを示す。本調査の連続した4群それぞれの効果量のスコアは，すべて1.2以上で，最高1.7だった（付録C参照）。高反応的と中創造的など，間に別のサンプル群が挟まるサンプル群では，効果量は2.8にもなった。

2．前著 "Mastering Leadership" で，LPCは十分に文化を超えた測定が可能だと立証した。従って，このリーダーシップのフルスペクトラムも文化の枠を超えて適用できると仮定している。本調査では英語圏の国のサンプル群しか選ばなかったため（記述コメントの調査に文化の違いを介在させたくなかったため），別の文化では記述コメントがリーダーシップの範囲にどのように相関するかは，今後の調査に任されている。創造的リーダーシップと反応的リーダーシップの口頭での説明には文化による違いがあるだろうが，本調査の全体的結論は世界中で通用すると想像している。

3．ジム・コリンズ Why Some Companies Make the Leap ... and Others Don't（2001年，ニューヨークシティ，Harper Business）。（『ビジョナリー・カンパニー2　飛躍の法則』2001年，日経BP）。

第10章

1．私たちが最初にこの性質を「3タイプ」に分けるという枠組みに出会ったのは，1940年代・50年代に活躍した心理分析学者，カレン・ホーナイの著作だった。その著作 "Our Inner Conflicts" で，彼女はそれぞれの性格構造を「近づく，対峙する，遠ざかる」と表現していた。この中核的な性格タイプないしエネルギーの3種類の説明は，他の多くのシステムにも見られる。グルジエフのエニアグラム（3の法則），パスワーク（愛のマスク・平静のマスク・力のマスク），キリスト教の宗教的伝統（三位一体），東洋のスピリチュアルな伝統（陰陽と中道），錬金術，それに科

学（電子・陽子・中性子）。深遠な意味を持つ普遍的構造なのである。

2．『なぜ人と組織は変われないのか――ハーバード流 自己変革の理論と実践』の中で，ボブ・キーガン（成人の発達に関する世界で最も優れた研究者の1人）とリサ・レイヒーは，成人の発達の3段階について説明している。キーガンの言う最初の段階は社会適応（環境順応）段階で，この段階で，私たちは自分の人生の初期の条件づけや，過去と現在の周囲の環境からのメッセージ・期待に基づいて自分を規定する。大半の大人は，この発達段階で機能している。

成人の発達の分野には多くの段階的発達理論があり，そのすべてが同じ普遍の人間の発達軌道について述べたものだ（どれもが成長の様々な地点で段階間に線を引き，段階を別の名で呼んでいるが）。

同じことが東西の宗教的伝統にも言える。これらの枠組みは，人間の発達の普遍的なプロセスを指している。

3．ボブ・キーガンの成人発達モデルで次に来る段階は，自己主導である。社会適応から自己主導への移行は，ほとんどの成人の人生で大きな成長上の変容となる。この根本的なマインドの移行が起きると，人は他者によって規定され，他者の期待に沿って生きることから，自分で自分を規定し，自分が深く認識した目的意識や価値観，ビジョンで生きるようになる。自己主導は創造的リーダーシップの前提条件である。

第11章

1．ロナルド・ハイフェッツ "Leadership without Easy Answers"（1998年，ボストン，ハーヴァード大学出版刊）。

2．"Mastering Leadership" で，私たちは，キーガンの三つの段階の成人の発達モデルの同義語として，反応的・創造的・統合という枠組みを用いた。その後，若干枠付けを変更している。今では，リーダーシップの各段階（反応的・創造的・統合）は，発達段階が（社会適応・自己主導・自己変容）と成熟するに連れて生じてくるものだと考えている。

この図式は意図的にシンプルにしたもので，様々な発達理論がどれくらい互いに関連しているか，リーダーシップのレベルに関連しているか，LCPの基準データに関連しているかを統計的・理論的なニュアンスを持って表そうとしたものではない。方向性として正しいように考えたものである。すなわち，リーダーシップの段階的進化は成人の段階的進化が基本ということである。また，リーダーの内的成熟の進化と，今日のVUCAな環境下で大組織の幹部が置かれる状況において，そのリーダーがどれくらい効果的か（およびそれがLCP上でどう測定されるか）には，関係性があることを示すものでもある。リーダーの現在の能力（現在の自己の複雑さ）とリーダーが効果的であろうとする環境（状況の複雑さ）との相互作用は，発達に極めて重要である。活動する環境の変わりやすさ・複雑さ・不確かさ・曖昧さは，リーダーに発達を要求する。リーダーは現在の成人発達段階で備わった能力を

持って，その要求に対応する。

　他者はこの能力の表現をリーダーシップ，つまり反応的・創造的・統合の傾向と行動の表れとして受け止める。

　私たちは，本書全体を通じて説明したように，リーダーの成人発達段階が自己主導型の後期段階にある時，複合的な文脈としては創造的リーダーシップはより完全な成熟に達すると考える。創造的リーダーシップはこのマインドと心と行動の移行に依拠するのであり，従って後期自己主導型の意味づけシステムからうまく引き出される。キーガンのモデルの成人の発達段階は幅広い三つの段階から成っており，私たちが成熟した自己主導型と呼ぶ段階はキーガンの「第4段階」の域とされる人々全員を含むわけではないが，完全な第4段階もしくはそれを超えて成熟している人々を含んでいる。私たちは，リーダーの20〜25％がこのカテゴリーにあると推測している。

　ただし，この推測をする上で，発達モデルの段階とその測定はまだ発展途上であり，発達段階の測定とリーダーシップの測定を結びつける研究の母体もまだ始まったばかりであると注意しておくことは重要である。私たちの20〜25％という推測は，以下の3つの研究調査に見られるパターンに基づいている。(1)CEOの行動論理と組織変容施策の間の関係を見る，ビル・トーバートの縦断的研究，(2)個人のメンタル能力とビジネス効果の関係を見る，『なぜ人と組織は変われないのか——ハーバード流 自己変革の理論と実践』でキーガンとレイヒーが報告した調査，(3)私たちの調査。そのパターンはシンプルである。成人の発達の段階的進化と効果的なリーダーシップの発現度の間には正の関係があるが，測定されるパフォーマンスの大きな飛躍はもっと後の段階に来る（第4段階以降）。このパターンは，"Mastering Leadership"で述べた調査で見られたパターンとも一致する。

3．この分析のため，私たちは調査で特定された下位項目に注目する。内容分析から選び出された強み項目は40あるが，もっと多くの下位項目が表れた。マトリックス内容認定スコアの計算方法では，単純に下位項目を合計しても主要項目の合計にならない。これが，高反応的リーダーと高創造的リーダーで大きな差のある一部の下位項目が，最大の差のある項目リストに載らない理由である。最大の差のある項目リストは下位項目ではなく，主要項目を掲載しているからである。

4．ロバート・カプラン "Beyond Ambition: How Driven Managers Can Lead Better and Live Better"（1991年，サンフランシスコ，Jossey-Bass刊）。

5．ジャック・ゼンガーおよびジョゼフ・フォークマン "The Extraordinary Leader: Turning Good Managers into Great Leaders" 第2版（2009年，ニューヨーク，マグローヒル）。

第12章

1．最初の2つの質問は，パトリック・レンシオーニ『あなたのチームは，機能してますか？』（2003年，翔泳社）より。

2．創造的指向と構造的緊張の枠組みについては，ロバート・フリッツの研究（1989年）に負うところ大である。

3．https://news.stanford.edu/2005/06/14/jobs-061505/

4．https://www.goodreads.com/quotes/1465306-until-one- is-committed-there-is-hesitancy-the-chance-to

5．ラリー・ウィルソンおよびハーシュ・ウィルソン "Play to Win!: Choosing Growth over Fear in Work and Life"（1998年，オースティン，Bard Press 刊）。最新版は，ラリー・ウィルソンおよびハーシュ・ウィルソン "Play to Win!: Choosing Growth Over Fear in Work and Life" 改訂版（2004年，オースティン，Bard Press）。

6．https://ottawa.bibliocommons.com/item/quotation/986822026

7．https://upliftconnect.com/spiritual-wisdom-of-albert-einstein/

第13章

1．ジョフリー・ウェスト "Scale: Universal Laws of Growth, Innovation, Sustainability, and the Pace of Life in Organisms, Cities, Economies, and Companies"（2018年，ニューヨーク，ペンギン・ブックス）。

2．ジョン・マッキーおよびラジェンドラ・シソーディア『世界でいちばん大切にしたい会社』（2014年，翔泳社刊）。

3．フレデリック・ラルー "Reinventing Organizations: A Guide to Creating Organizations Inspired by the Next Stage in Human Consciousness"（2014年，ミリス，Nelson Parker）。

4．ロバート・キーガンおよびリサ・レイヒー "An Everyone Culture: Becoming a Deliberately Developmental Organization"（2016年，ボストン，ハーヴァード・ビジネス・スクール出版）。

5．https://news.stanford.edu/2005/06/14/jobs-061505/

6．https://www.goodreads.com/quotes/1465306-until-one-is- committed-there-is-hesitancy-the-chance-to

付録 C

1．低スコアとは，33パーセンタイル未満を指す（中間値から1標準偏差低い）。中低スコアは33～49パーセンタイルである（中間値から標準偏差×0.5の範囲）。中高スコアは50～66パーセンタイル（中間値から標準偏差×0.5の範囲），高スコアは66パーセンタイル以上をいう（中間値から1標準偏差高い）。

2．数字そのものは任意のもので，"Mastering Leadership" で設定した効果的なリーダーについての重要な解釈を維持するように選ばれた。

3．分類別スコアが0.67未満のリーダーは，一般に「効果的なリーダーシップの発現度」のスコアも平均を下回る（33パーセンタイル未満）。これは，なぜ彼らがあま

り効果的に見えないかの理由になるかも知れない。逆に，分類別スコアが1.33以上
のリーダーは「効果的なリーダーシップの発現度」も平均を上回ることが多い（66
パーセンタイル以上）。

4．効果量は実際的な効果の大きさである。サンプルのサイズに影響されないので，
意味のある差をよりよく示す指標である。効果量は両グループ内の平均の差をプー
ルされた分散で割った値に基づいて計算されている。コーエンは，効果量の有意性
について解釈の基準を以下のように示している。
- 効果量0.2未満は実際の効果の大きさはほとんどない。
- 効果量0.3〜0.5は効果は小さい。
- 効果量0.5〜0.8は効果があると見なせる。
- 効果量0.8以上は大きく，リーダーたちが非常に違って見えることを示す。

5．マトリックス分析についてより完全に理解するためには，A. E. G. グレンラン
ド教授の次の論文を一読されたい。*"Employing the Matrix Method as a Tool for
the Analysis of Qualitative Research Data in Business Domain"*（2014年，オランダ，
ナイエンローデ経営大学校　Center for Marketing and Supply Chain Manage-
ment）。下記リンクで閲覧可能。http://ssrn.com/abstract=2495330

参考文献

Abrams, Jeremiah, and Connie Zweig. *Meeting the Shadow: The Hidden Power of the Dark Side of Human Nature*. New York: Penguin Putnam, 1991.

Adams, Cindy, and W. A. Adams. *Collaborating for Change: The Whole Systems Approach*. San Francisco : Berrett-Koehler, 2000.

Adams, W. A., and Michael Bowker. *The Whole Systems Approach Involving Everyone in the Company to Transform and Run Your Business*. Provo, UT: Executive Excellence, 1999.

Agor, Weston H. *Intuitive Management: Integrating Left and Right Brain Management Skills*. Englewood Cliffs, NJ : Prentice-Hall, 1984.

Allen, James. *As a Man Thinketh*. Chicago : Science Press, 1905.

Anderson, Robert. *Leadership: The Uncommon Sense*. Position paper, theleadership circle.com, 1990.

Anderson, Robert. *Pathways to Partnership*. Position Paper, theleadershipcircle.com, 1995.

Anderson, Robert. *Mastering Leadership*. Position Paper, theleadershipcircle.com, 1991.

Anderson, Robert J., and William A. Adams. *Mastering Leadership: An Integrated Framework for Breakthrough Performance and Extraordinary Business Results*. Hoboken, NJ : Wiley, 2016.

Autry, James A. *Love and Profi t: The Art of Caring Leadership*. New York: Morrow, 1991.

Barks, Coleman. *The Essential Rumi: New Expanded Edition*. New York : Harper Collins, 2004.

Beck, Don, and Christopher C. Cowan. *Spiral Dynamics: Mastering Values, Leadership, and Change: Exploring the New Science of Memetics*. Cambridge, MA.: Blackwell Business, 1996.

Beesing, Maria, and Robert J. Nogosek. *The Enneagram: A Journey of Self Discovery*. Denville, NJ: Dimension Books, 1984.

Belasco, James A., and Ralph C. Stayer. *Flight of the Buffalo: Soaring to Excellence, Learning to Let Employees Lead*. New York: Warner Books, 1993.

Bennis, Warren. *On Becoming a Leader,r* 4th ed. New York : Basic Books, 2009.

Bennis, Warren, and Burt Nanus. *Leaders: The Strategies for Taking Charge*. New York: Harper & Row, 1985.

Berger, Jennifer Garvey. *Changing on the Job Developing Leaders for a Complex World*. Stanford, CA: Stanford Business Books, 2012.

Block, Peter. *The Empowered Manager: Positive Political Skills at Work.* San Francisco : Jossey-Bass, 1987.

Block, Peter. *Stewardship: Choosing Service over Self-Interest.* San Francisco : Berrett-Koehler, 1993.

Bly, Robert. *Iron John: A Book about Men.* Reading, MA : Addison-Wesley, 1990.

Bly, Robert. *News of the Universe: Poems of Twofold Consciousness.* San Francisco : Sierra Club Books, 1980.

Bonhoeffer, Dietrich, and Manfred Weber. *Meditations on the Cross.* Louisville, KY: Westminster John Knox Press, 1998.

Burns, D. *Feeling Good: The New Mood Therapy.* New York: Signet, 1980.

Campbell, Joseph. *The Hero with a Thousand Faces.* New York: Pantheon Books, 1949.

Campbell, Joseph. *The Hero with a Thousand Faces: The Collected Works of Joseph Campbell,* 3rd ed. Novato, CA: New World Library, 2008.

Campbell, Joseph, and Bill Moyers. *The Power of Myth.* New York: Anchor, 1991.

Capitalizing on Complexity : Insights from the Global Chief Executive Officer Study. http://www-01.ibm.com/common/ssi/cgibin/ssialias?infotype=PM&subtype=XB&htmlfid=GBE03297USEN (accessed June 15, 2015).

Cashman, Kevin. *Leadership from the Inside Out: Seven Pathways to Mastery.* Provo, UT: Executive Excellence, 1998.

Collins, Jim. "Good to Great." *Fast Company,* September 30, 2001.

Collins, Jim. *Good to Great: Why Some Companies Make the Leap... And Others Don't.* New York : Harper Business, 2001.

Cook-Greuter, Susanne R. "Making the Case for a Developmental Perspective." *Industrial and Commercial Training* 36, no. 7 (2004).

Covey, Stephen. *The 7 Habits of Highly Effective People.* New York: Simon & Schuster, 1989.

Csikszentmihalyi, Mihaly. *Flow: The Psychology of Optimal Experience. New York : Harper & Row, 1990.*

Csikszentmihalyi, Mihaly. *The Evolving Self: A Psychology for the Third Millennium.* New York : HarperCollins, 1993.

Depree, Max. *Leadership Is an Art.* New York : Doubleday, 1989.

Ellis, Albert. *How to Stubbornly Refuse to Make Yourself Miserable about Anything—Yes, Anything.* NY: Carol Publishing, 1988. —, and Melvin Powers. *A New Guide to Rational Living.* Chatsworth, UK : Wilshire Book Company, 1975.

Emerson, Ralph Waldo. *Nature.* Boston : James Munroe and Company, 1936.

Fowler, James W. *Stages of Faith: The Psychology of Human Development and the Quest for Meaning.* San Francisco : HarperSanFrancisco, 1995.

Fox, Matthew. *Meister Eckhart: A Mystic-Warrior for Our Times*. Novato, CA : New World Library, 2014.

Frankl, Viktor. *Man's Search for Meaning*. New York : Washington Square Press, 1959.

Fritz, Robert. *The PathofLeast Resistance*. New York: Fawcett-Columbine Books, 1989.

Gallway, W. Timothy. *The Inner Game of Work: Focus, Learning, Pleasure, and Mobility in the Workplace*. New York: Random House, 2000.

Gilligan, Carol. *In a Different Voice: Psychological Theory and Women's Development*. Cambridge : Harvard University Press, 1982.

Goethe, Johann Wolfgang von. "The Holy Longing." *In News of the Universe*. Trans. Robert Bly. Oakland : University of California Press, 1980.

Goleman, Daniel. *Emotional Intelligence: Why It Can Matter More Than IQ*, 10th anniversary ed. New York City : Bantam, 2005.

Greene, Robert. *Mastery*. New York: Viking, 2012.

Greenleaf, Robert K. *Servant Leadership: A Journey into the Nature of Legitimate Power and Greatness*. New York: Paulist Press, 1977.

Hall, Brian P. *Values Shift: A Guide to Personal and Organizational Transformation*. Eugene, OR : Wipf & Stock, 2006.

Heaney, Seamus, trans. *Beowulf: A New Verse Translation*. New York: Norton, 2000.

Heifetz, Ronald. *Leadership without Easy Answers*. Boston: Harvard University Press, 1998.

Hersey, Paul, and Blanchard, Ken. "Life Cycle Theory of Leadership." *Training and Development Journal* 23 (1969) : 26 – 34.

Hill, Napoleon. *Think and Grow Rich*. Meriden, CT: The Ralston Society, 1937.

Horney, Karen. *Our Inner Conflicts*. New York : W.W. Norton & Company, 1945.

Hudson, Frederic M. *The Adult Years: Mastering the Art of Self-Renewal*. San Francisco : Jossey-Bass, 1991.

Hurley, Kathleen V., and Theodore Elliott Dobson. *What's My Type?: Use the Enneagram System of Nine Personality Types to Discover Your Best Self*. San Francisco : HarperSanFrancisco, 1991.

"Investing in Female CEOs Pays Off." Nordic Financial Services. August 9, 2017. https://www.nordea.com/en/press-and-news/ news-and-press-releases/news-en/2017/investing-in-femaleceos-pays-off.html (accessed August 1, 2018).

Isaacson, Walter. *Steve Jobs*. New York: Simon & Schuster, 2011.

Jobs, Steve. "*You've Got to Find What You Love*," *Jobs Says*. Stanford: Stanford Report, 2005.

Johansen, Bob. *The New Leadership Literacies Thriving in a Future of Extreme Disruption and Distributed Everything*. Oakland, CA: Berrett-Koehler, 2017.

Johansen, Bob. *Leaders Make the Future: Ten New Leadership Skills for an Uncertain World*, 2nd ed. San Francisco : Berrett-Koehler, 2012.

Johanson, Gregory J., and Ron Kurtz. *Grace Unfolding: Psychotherapy in the Spirit of the Tao-te Ching*. New York: Bell Tower, 1991.

Johnson, Barry. *Polarity Management: Identifying and Managing Unsolvable Problems*. Amherst, MA : HRD Press, 2014.

Jung, Carl. *Psychological Types: The Collected Works of C. G. Jung. Vol. 6*. Princeton : Princeton University Press, 1976.

Jaworski, Joseph. *Synchronicity: The Inner Path of Leadership*. San Francisco, CA: Berrett-Koehler, 1996.

Jones, Susan, ed. *The New Jerusalem Bible*. New York: Doubleday, 1985.

Kaplan, Robert. *Beyond Ambition: How Driven Managers Can Lead Better and Live Better*. San Francisco : Jossey-Bass, 1991.

Kauffman, Draper. *Systems One: An Introduction to Systems Thinking*. St. Paul, MN : Future Systems/TLH Associates, 1980.

Kegan, Robert. *The Evolving Self*. Boston : Harvard University Press, 1982.

Kegan, Robert. *In Over Our Heads: The Mental Demands of Modern Life*, 4th edn. Boston : Harvard University Press, 1998.

Kegan, Robert, and Lisa Laskow Lahey. *Immunity to Change: How to Overcome It and Unlock Potential in Yourself and Your Organization. Boston : Harvard University Press, 2009*.

Kegan, Robert, and Lisa Laskow Lahey. *An Everyone Culture: Becoming a Deliberately Developmental Organization*. Boston: Harvard Business School, 2016.

Kelly, Walt. *Pogo: We Have Met the Enemy and He Is Us*. New York: Simon and Schuster, 1972.

Klein, Eric, and John B. Izzo. *Awakening Corporate Soul: Four Paths to Unleash the Power of People at Work*. Lion's Bay, BC : Fairwinds Press, 1998.

Kohlberg, Lawrence. *The Philosophy of Moral Development: Moral Stages and the Idea of Justice*. San Francisco : Harper & Row, 1981.

Kouzes, Jim, and Barry Posner. *The Leadership Challenge: How to Keep Getting Extraordinary Things Done in Organizations*. San Francisco : Jossey-Bass, 1995.

Kouzes, Jim, and Barry Posner. *Leadership Challenge*, 3rd ed. San Francisco : Jossey-Bass, 2002.

Kurtz, Ron. *Body-Centered Psychotherapy: The Hakomi Method: The Integrated Use of Mindfulness, Nonviolence, and the Body*. Mendocino, CA : LifeRhythm, 1990.

Lafferty, J. Clayton, and Robert Cooke. *The Life Styles Inventory and the Guttman Scale: Using the Items to Help the Focal Individual Identify Strategies for Developing Constructive Thinking and Behaviour*. South Melbourne, Australia : Human Synergistics International, 2009.

Laloux, Frederic. *Reinventing Organizations: A Guide to Creating Organizations Inspired by the Next Stage of Human Consciousness*. Millis, MA : Nelson Parker, 2014.

Lao-tzu. *Tao Te Ching*. Trans. S. Mitchell. Radford, VA: Wilder Publications, 2008.

Lencioni, Patrick. *The Five Dysfunctions of a Team: A Leadership Fable*. San Francisco : Jossey-Bass, 2002.

MacGregor Burns, James. *Leadership*. New York : Harper Collins, 1978.

Mackey, John, and Raj Sisodia. *Conscious Capitalism*. Boston: Harvard Business School, 2014.

Marion, Jim. *Putting on the Mind of Christ: The Inner Work of Christian Spirituality*. Charlottesville, VA : Hampton Roads, 2000.

Maslow, Abraham. *Motivation and Personality*. New York : Harper and Row, 1954.

May, Rollo. *The Courage to Create*. New York : Norton, 1975.

McClelland, David. *Human Motivation*. Cambridge, MA : Cambridge University Press, 1988.

McClelland, David. *The Achievement Motive*. New York : AppletonCentury-Crofts, 1953.

McGregor, Douglas. *The Human Side of Enterprise*. New York City : McGraw-Hill, 1960.

Mitchell, Stephen. *Bhagavad Gita: A New Translation*. New York: Harmony Books, 2000.

Mitchell, Stephen. *Tao Te Ching: A New English Version*. New York: Harper & Row, 1988.

Moore, Thomas. *Care of the Soul: A Guide for Cultivating Depth and Sacredness in Everyday Life*. New York: HarperCollins, 1992.

Murray, W. H. *The Scottish Himalayan Expedition*. Denver, CO: J. M. Dent & Company, 1951.

Oliver, Mary. "The Summer Day." *In House of Light*. Boston: Beacon Press, 1990.

Palmer, Helen. *The Enneagram: Understanding Yourself and the Others in Your Life*. San Francisco : Harper & Row, 1988.

Peter, Laurence J., and Raymond. Hull. *The Peter Principle*. Taipei : Imperial Book, Sound & Gift, 1969.

Peters, Thomas J. *Thriving on Chaos: Handbook for a Management Revolution*. New York: Knopf, 1987.

Rilke, Rainer Maria. *Letters to a Young Poet*. Trans. M.D. Herter Norton. New York: W. W. Norton & Company, 1993.

Rilke, Rainer Maria. *The Selected Poetry of Rainer Maria Rilke*. Stephen Mitchell, Trans. New York : Random House, 1982.

Rooke, David, and William R. Torbert. "Organizational Transformation as a Function of CEOs' Developmental Stage." *Organizational Development Journal* 16, no. 1 (1998) : 11 – 28.

Rogers, Carl. *On Becoming a Person: A Therapist's View of Psychotherapy.* Boston : Houghton Miffl in Company, 1962.

Rowan, Roy. *The Intuitive Manager.* New York: Little, Brown and Company, 1986.

Schaef, Anne Wilson, and Diane Fassel. *The Addictive Organization.* San Francisco : Harper & Row, 1988.

Schopenhauer, Arthur. *Parerga and Paralipomena Short Philosophical Essays, Vol. 1,* 1st ed. Oxford: Clarendon Press, 1974.

Schutz, Will. *The Truth Option.* Berkeley, CA : Ten Speed Press, 1984.

Schutz, Will. *Profound Simplicity.* San Diego, CA : Learning Concepts, 1982.

Schweitzer, Albert, in a speech to the students of Silcoates School, Wakefield (along with "a number of boys and girls from Ackworth School"), on "The Meaning of Ideals in Life," at approximately 3:40 p.m. on December 3, 1935. "Visit of Dr. Albert Schweitzer" (as translated from the French of the address by Dr. Schweitzer's interpreter), *The Silcoatian,* New Series No. 25 (December, 1935) : 784 – 785 (781–786 with 771–772 ("Things in General")).

Senge, Peter. *Systems Principles for Leadership.* Cambridge, MA : Massachusetts Institute of Technology, 1985.

Senge, Peter. *The Fifth Discipline: The Art and Practice of The Learning Organization,* Revised ed. New York: Doubleday, 2006.

Senge, Peter M. *Presence: Exploring Profound Change in People, Organizations, and Society.* New York: Doubleday, 2005.

Singh, M. P. *Quote, Unquote: A Handbook of Famous Quotations.* New Delhi : Lotus Press, 2006. 172.

"Success Is the Enemy" and Other Truths: The CEO Of Johnsonville Foods Inc. Preaches His Management Mistakes and Methods to Those Looking to Improve. Madison: The Wisconsin State Journal, 1997.

Torbert, William R. *Action Inquiry: The Secret of Timely and Transforming Leadership.* San Francisco, CA: Berrett-Koehler, 2004.

Torbert, W. *The Power of Balance: Transforming Self, Society, and Scientific Inquiry.* Newbury Park: Sage, 1991.

Van Dusen, Lani. "Leadership: The Next Productivity Frontier." Lecture, Leadership and Human Capital Management, 53rd Annual Convention from Equipment Leasing and Finance Association, San Diego, October 21, 2014.

Van Dusen, Lani. "The Importance of Investing in Leadership." *Journal of Equipment Lease Financing,* Spring 2015.

Vries, Manfred F. R., and Danny Miller. *The Neurotic Organization*. San Francisco : Jossey-Bass, 1984.

Wade, Jenny. *Changes of Mind: A Holonomic Theory of the Evolution of Consciousness*. Albany : State University of New York Press, 1996.

Wei, Wu Wei. *Ask the Awakened*. Boulder, CO : Sentient Publications, 2002.

Weisbord, Marvin. *Productive Workplaces Revisited: Dignity, Meaning, and Community in the 21st Century*. San Francisco : Jossey-Bass, 2004.

Wenger, Michael. *Wind Bell: Teachings from the San Francisco Zen Center 1968–2001*. Berkeley, CA: North Atlantic Books, 2002.

West, Geoffrey. *Scale: Universal Laws of Growth, Innovation, Sustain-ability, and the Pace of Life in Organisms, Cities, Economies, and Companies*. New York: Penguin Books, 2018.

Wheatley, Margaret. *Leadership and the New Science: Discovering Order in a Chaotic World*. San Francisco : Berrett-Koehler, 2006.

Whyte, David. *Songs for Coming Home: Poems*. Revised edn. Langley, WA: Many Rivers Press, 1989.

Whyte, David. *Where Many Rivers Meet: Poems*. Langley, WA : Many Rivers Press, 1990.

Whyte, David. *Fire in the Earth: Poems*. Langley, WA : Many Rivers Press, 1992.

Whyte, David. *The Heart Aroused: Poetry and the Preservation of the Soul in Corporate America*. New York: Currency Doubleday, 1994.

Whyte, David. *Crossing the Unknown Sea: Work as a Pilgrimage of Identity*. New York: Riverhead Books, 2001.

Whyte, David. *River Flow: New and Selected Poems*. Langley, Wash: Many Rivers Press, 2012.

Wilber, Ken. *A Theory of Everything: An Integral Vision for Business, Politics, Science, and Spirituality*. Boston : Shambhala, 2001.

Wilber, Ken. *Integral Psychology: Consciousness, Spirit, Psychology, Therapy*. Boston : Shambhala, 2000.

Wilber, K. *One Taste: Daily Reflections on Integral Spirituality*. Shambhala, Boston, 1999.

Wilson, Larry, and Hersch Wilson. *Play to Win!: Choosing Growth over Fear in Work and Life*, revised ed. Austin, TX : Bard Press, 2004.

Zenger, Jack, and Joseph Folkman. *The Extraordinary Leader: Turning Good Managers into Great Leaders*, 2nd ed. New York : McGraw-Hill Professional, 2009.

索　引

［監訳者紹介］

井上　奈緒（Nao Inoue）

株式会社 UNI-CO代表取締役，The Leadership Circle（TLC）ファカルティ。
東京大学大学院農学系研究科修士課程修了。

　グローバル企業にてマーケティングやコンシューマー・インサイトのプロジェクト
に従事，独立後は，コーチ，ファシリテーターとして，企業や非営利組織のリーダー・
次世代リーダー・チーム力等の育成を多数手がけている。TLCを日本に導入した主要
メンバーであり，当時からファカルティを務めている。また，2011年から2018年まで
関係性コーチ育成のトレーナー（CRRのファカルティ）も務めた。

　地球上のあらゆる存在の多様性がありのままに輝くことを願い個人やチームのリー
ダーシップの目覚めと成長を支援するために活動している。

［訳者紹介］

バランスト・グロース・コンサルティング株式会社

https://www.balancedgrowth.co.jp/
戦略を実行するため，組織とリーダーの成長をサポートする組織開発コンサルティン
グ会社。

　組織サーベイ，リーダーシップサーベイをきっかけに，深いレベルの対話や内省を
促進し，具体的な変革の実践を伴走するパートナー。変容の心理学「プロセスワーク」
をビジネスに応用している点に独自性を持つ。国際コーチング連盟認定（ACTPパス）
のコーチ養成機関であり，独自性のあるプロセスワーク・コーチングで定評のある豪
州GCIと包括提携し，日本でのコーチ養成プログラムを実施。一般社団法人「組織開
発コーチ協会」の運営も行う。異質なもの同士の出会いから生まれる未来「connect
different for emerging future」を標榜している。

成長する組織とリーダーのつくり方
——データで解明された持続的成果を生み出す法則

2021年12月1日　第1版第1刷発行

著　者　ロバート・J・アンダーソン
　　　　ウィリアム・A・アダムズ
監訳者　井　上　奈　緒
訳　者　バ　ラ　ン　ス　ト　・
　　　　グ　ロ　ー　ス　・
　　　　コ　ン　サ　ル　テ　ィ　ン　グ
　　　　株　式　会　社
発行者　山　本　　　継
発行所　㈱中　央　経　済　社
発売元　㈱中央経済グループ
　　　　パ　ブ　リ　ッ　シ　ン　グ

〒101-0051　東京都千代田区神田神保町1-31-2
電　話　03 (3293) 3371 (編集代表)
　　　　03 (3293) 3381 (営業代表)
https://www.chuokeizai.co.jp
印刷／㈱堀内印刷所
製本／誠　製　本　㈱

© 2021
Printed in Japan

◎社員の才能＝タレントが開花するマネジメントとは

日本企業のタレントマネジメント

―適者開発日本型人事管理への変革

石山恒貴[著]　　　　　　　　A5判・並製・248頁

中央経済社